당신의 첫 아파트는
여기입니다

나의 첫 아파트 선택의 기준 50

당신의 첫 아파트는 여기입니다

— 아파트써처 지음 —

일에일북

왜 아파트
투자인가?

10년 전, 나는 지방에서 서울로 올라와 직장을 다니던 평범한 30대 초반 회사원이었다. 월급의 일부를 저축하고 청약통장도 만들었지만 아무런 기준 없이 시작한 주식 투자로 모은 돈의 대부분을 잃었다. 소비 습관은 더더욱 최악이었다. 결국 카드 돌려막기로 급한 돈을 해결하는 상황에 이르렀다.

그러던 중 우연히 옛 직장 선배 A를 만났다. A는 직장을 다니며 일찍이 부동산 투자에 성공해 큰 부를 쌓았다. 돈에 허덕이는 내가 안타까웠는지 A는 지금이라도 부동산 공부를 하길 권했다. A의 다음과 같은 조언은 내가 갖고 있던 돈에 대한 편견을 완전히 바꿔놓았다.

"돈이 생기면 공부를 한다는 생각은 틀렸고, 공부를 해야 돈이 생기는 게 맞아."

A처럼 성공한 사람은 먼저 배움을 통해 확신을 얻었고, 분명한 목표의식을 바탕으로 투자를 실천했다. 그러한 마인드셋과 실행력이 결국 돈을 끌어당긴다는 것을 알게 되었다. 돈이 없었기에 더 미룰 이유가 없었다. 바로 시작해야 했다.

그때부터 책과 강의를 통해 부동산 공부를 시작했다. 그리고 곧바로 실행에 옮겼다. 아주 적은 돈으로 시작해 수익과 경험을 동시에 쌓아갔다. 물론 첫 시작은 아파트 투자였다. 시장 참여자의 심리와 선택이 가격에 그대로 반영되는 구조가 강하게 다가왔다. 아파트에 대한 이해가 깊어질수록 자산도 함께 늘어나는 경험을 하게 되었다.

이 경험을 주변에 공유했지만 생각보다 반응은 미미했다. 그래서 아파트 데이터를 직접 정리해 차트로 만들고 블로그에 올렸다. 검증된 흐름을 보여줘도 글을 읽는 사람은 거의 없었다. 그렇게 2019년 말, 야심차게 시작한 첫 유튜브 채널은 3개월 만에 구독자 60명을 남기고 사실상 실패로 끝났다.

아파트에 대한 기준을 알리는 일, 그리고 타인을 위한 콘텐츠를 만드는 일은 전혀 다른 문제였다. 수도권 부동산이 처참히 폭락하던 2022년 말, 나는 몸소 기회가 왔음을 느꼈다. 사람들의 조언자 역할을 다시 한번 제대로 해보기로 했다. 그동안 쌓인 투자 경험은 충분했다. 내 도움을 필요로 하는 사람들을 위해 '아파트 선택의 기준'을 제시하고자 여러 영상을 촬영했다.

그때까지 인터넷 커뮤니티를 통해 소소하게 오프라인 강의만 하던 내가 '아파트써처'라는 이름으로 유튜브 채널을 만들었다. 스스로 '전문가'라고 칭하는 게 영 어색했지만 갈 길을 잃고 헤매는 사람에게 어떤 조언이 필요한지 누구보다 잘 알고 있었다. 나 역시 길을 잃고 헤맸던 경험이 있기 때문이다.

서울로 직장을 구해 처음 올라왔을 때, 전세가가 올라 원치 않은 이사를 해야 했을 때, 신혼집을 구할 때, 아이가 생겼을 때 등 여러 기쁨과 시련 속에서 늘 아파트가 함께였다. 특히 내 첫 아파트를 찾아가는 과정이 가장 어려웠다고 생각한다. 첫째로 방법을 몰랐고, 둘째로 확신이 없었다. 그래서 이 책에 그 조언을 상세히 담기로 했다.

나는 정말 '아파트'가 좋았고, 그걸 찾는 데에 흥미가 있는 사람이었다. 틈만 나면 아파트 실거래가를 들여다봤고, 잠들기 전 아파트와 관련된 데이터를 찾아 인터넷을 떠돌았다. 아파트와 관련된 것이라면 어떤 것이든 확인하고 검증했다. 그래서 '아파트' 하면 누구와 대화하더라도 지지 않는다는 자신이 있었다.

아파트가 좋았던 가장 큰 이유는 자본주의 사회인 대한민국에서 일반인이 부를 쌓을 수 있는 최고의 수단이기 때문이다. 여러 투자를 해봤지만 지금에 와 가장 큰 자산을 이뤄준 건 결국 아파트였다. 지금도 우리나라에서 '아파트'만큼 좋은 자산은 없다고 생각한다. 그 이유를 좀 더 자세히 살펴보면, 먼저 일반인이 돈을 벌 수 있는 수단 중 가장 안정적이고 쉬운 소득이라는 데 있다.

소득의 종류로는 노동으로 버는 근로소득, 사업으로 버는 사업소득, 그리고 자산이 돈을 버는 자산소득까지 세 가지가 있다. 근로소득은 안정적인 현금흐름을 위해 반드시 필요하지만 시간과 노동이 들어간다. 큰 기업이 아닌 이상 사업소득도 마찬가지다. 요즘은 AI 덕분에 많은 업무가 간소화되었다고 하지만 꼭 육체적 노동이 아니라도 정신적 노동이 들어가기 마련이다. 하지만 자산으로 버는 소득은 조금 다르다. 초기에 잘 세팅해놓으면 이후로는 노동이 들어가지 않는다. 자고 있는 순간에도 인플레이션에 맞춰 성장한다. 큰 자산일수록 곱하기(퍼센트 수익률)가 적용되기 때문에 더 많은 수익을 얻을 수 있다.

말 그대로 돈이 돈을 버는 것이다. 그래서 '돈을 던져 놓는다'란 의미의 '투자(投資)'라는 용어가 부동산에도 그대로 쓰인다. 그런데 투자자산에는 꼭 부동산만이 유효한 것은 아니다. 요즘은 비트코인도 선호하는 투자처다. 미국주식이 유행한 지도 꽤 오래되었다. 그럼에도 나는 부동산이 암호화폐, 주식보다 뛰어난 투자자산이라고 생각한다.

첫 번째 이유는 가장 쉽기 때문이고, 두 번째로는 감정노동이 심하지 않기 때문이다. 암호화폐가 오토바이라면 부동산은 항공모함에 비유할 수 있겠다. 이성적으로 계획할 수 있고, 변동성에 대처할 시간이 있다. 감정에 흔들리는 폭이 가장 적다. 마지막으로 부동산은 실물자산이다. '땅' 위에 '공간'의 개념이라 지구상에서 더 이상 늘어날 수 없다는 '부증성'의 특성을 가지고 있다. 돈은 늘어도 땅은 늘지 않는다. 이 점이 여타 암호화폐, 증자 가능한 주식과의 차별점이다. 그래서 인플레이션 방어 수단으로 부동산이 최고인 것이다.

이 중 주거형 부동산은 인간에게 필요한 '의식주' 중 하나다. 시장에는 '매매' '전세' '월세'라는 세 가지 형태로만 존재한다. 길거리에서 노숙을 하지 않는 이상 이 세 가지 중 비용 측면에서 유리한 한 가지를 택할 수밖에 없다. 균형을 맞춰 성장할 수밖에 없고, 어느 포지션이든 가격이 크게 떨어지기는 힘든 구조다.

주거형 부동산에는 단독주택과 빌라, 오피스텔과 같은 여러 종목이 있지만 으뜸은 아파트다. 대한민국 사람이 가장 선호하는 주거 형태라 늘 잠재수요가 풍부한 최상위 포식자다. 따라서 아직 당신에게 제대로 된 아파트가 없다면 이 책을 부디 끝까지 읽기 바란다. 그리고 가능한 빨리 시장의 흐름에 올라타야 할 것이다. 그러려면 제일 먼저, 지금 살 수 있는 아파트가 어디 있는지 반드시 알아둬야 한다. 모르고 지나가는 것만큼 치명적인 기회 손실은 없다.

부족한 내 돈으로도 살 수 있는 아파트는 무조건 있다. 꼭 지금 사지 않더라도, 아직은 형편이 안 된다는 생각이 들더라도 찾아보자. 미리 본다고 해서 돈이 들지는 않는다. 이걸 알고 기회를 기다리는 것과 그냥 모르고 지나가는 건 천지차이다. 나 역시 아무것도 모르고 지나간 과거가 있다. 그때가 기회인지조차 인지하지 못했다. '그때 알고만 있었어도 어떻게든 돈을 마련해서 사놨을 텐데' 하고 후회한 적이 있다. 이건 아파트를 사본 사람이라면 누구나 공감하는 내용일 것이다. 지나간 과거를 운운해봤자 별

의미가 없다는 걸 잘 알지만, 아직 깨닫지 못한 사람에겐 큰 의미가 있다고 생각한다.

이 책은 시장 흐름에 올라탈 수 있는 방법과 구체적인 방향을 제시한다. 내 첫 아파트를 어디에, 어떻게 살 것인지 바로 이 책에 답이 있다. 부디 이 책이 당신의 첫 아파트를 찾는 여정에 도움이 되기 바란다.

아파트써처

목차

PART 1

내 집 없는
부자는 없다

결국 아파트가
답이다

PART 5

내 집 마련
테크트리

PART 6

입지와 시장 흐름을
읽는 법

PART 7

타깃 지역 분석부터
내 집 마련까지

PART 1

내 집 없는
부자는 없다

아파트 투자는
끝났다?

한국에서 아파트 가격이 지속적으로 하락한 시기는
매우 이례적이었다.

폭락론의
허와 실

무주택자가 내 집 마련을 고민할 때 가장 먼저 마주하는 것은 정보가 아니라 각종 편견과 고정관념이다. 이미 머릿속에는 '지금은 사면 안 되는 시기'라는 전제가 깔려 있는 경우가 많다. 그래서 첫 장에서 먼저 그 편견부터 짚고 넘어가려고 한다. 이 과정을 거쳐야만 이후에 다루게 될 내 집 마련 전략이 현실적으로 와 닿을 것이다.

요즘 언론을 보면 비슷한 이야기가 반복된다. 서울을 중심으로 집값이 빠르게 오르자 규제가 강화되었고, 그 결과 앞으로는 시장이 주춤할 것이라는 전망이다. 거래량은 급감했고, 투자 수요가 더 이상 서울이나 경기 주요 지역으로 들어오지 못하면서 시장이 얼어붙을 것이라는 분석도 자주 등장한다. 이런 이야기만 들으면 지금은 무조건 관망해야 할 시기처럼 느껴진다.

하지만 우리가 접하는 언론보도의 특성을 냉정하게 돌아볼 필요가 있다. 언론의 메시지는 대부분 양극단에 위치한다. 그래야 사람들의 관심을 끌 수 있고, 자극적인 제목이 조회수를 만든다. 중간 지점에서 '상황을 좀 더 지켜보자' '비판적으로 분석하자' 하는 이야기를 하면 주목을 받기 어렵다. 그래서 언론보도는 대체로 한쪽으로 치우친 결론을 먼저 내놓고, 그 결론을 뒷받침하는 근거를 나열하는 방식으로 구성된다.

아파트 투자에 대한 담론도 마찬가지다. '아파트 투자는 끝났다'라는 말은 어제오늘 나온 이야기가 아니다. 지금도 규제, 가계부채, 한국 경제의 불확실성과 같은 요소를 한데 묶어 한국 아파트 시장이 더 이상 투자 대상이 되기 어렵다는 주장이 이어지고 있다. 여기에 전세 제도 변화에 대한 이야기가 더해지면서 앞으로는 전세가 사라지고 아파트 투자로 돈을 벌 수 있는 시대도 끝났다는 분위기가 만들어진다.

실제로 언론 지면이나 SNS에 노출된 정보들을 보면 이런 정서를 쉽게 확인할 수 있다. '빚더미로 나라가 망하고 있다' '한국 아파트 전부 물갈이된다' '집값, 내년부터 무서울 것이다'와 같은 자극적인 표현이 반복된다. '가계대출 역사상 최악의 붕괴가 온다' '이때까지 기다려라'라는 메시지를 지속적으로 던지다가, 2022년처럼 급격한 하락이 한 번 나오면 "내 말이 맞지 않았느냐?"라고 말한다.

물론 이런 전망이 완전히 틀렸다고 말하고 싶은 것은 아니다. 시장에는 언제든 조정이 올 수 있고, 단기적인 하락 구간도 반복된다. 가장 큰 문제는 이런 주장만을 근거로 내가 지금 아파트를 매수할 수 있는 조건임에도 불구하고 계속 전세에 머무르는 것이다. 역사적으로 장기간의 통계를 놓고 보면 한국에서 아파트 가격이 지속적으로 하락한 시기는 매우 이례적이었다. 하락이 없었던 것은 아니지만 결국에는 회복했고 이전의 고점을 넘어섰다. 무엇보다 이 세상에 '내 집 없는 부자'는 없다.

"주식에 투자하기 전에 먼저 집을 사라."

세계적인 투자가 피터 린치의 말이다. 일평생 주식 투자로 자산을 일군 피터 린치조차 내 집 마련의 중요성을 강조했다. 이는 단순한 가격 상승의 관점이 아니라, 주거 안정을 통해 사업과 투자에 온전히 집중할 수 있는 환경을 먼저 구축해야 한다는 의미에 가깝다. 오마하의 현인 워런 버핏 역시 비슷한 맥락에서 주거 안정이 재무적·심리적으로 긍정적이라고 강조했다. 즉 무주택자라면 폭락론에 휘둘리기보다, 장기 거주와 자산 안정성을 동시에 고려해 내 집부터 마련해야 한다.

그럼에도 많은 무주택자가 언론의 극단적인 전망에 영향을 받아 결정을 늦춘다. '조금만 더 지켜보자' '조금만 더 떨어지면 들어가자'라는 생각을 반복하다 보면 어느새 시장은 다른 위치로 이동해 있다. 내가 서 있는 자리는 그대로인데 목표 지점만 멀어지는 셈이다. 말하고 싶은 것은 단순하다. 언론의 전망을 참고하되, 그것이 내 판단의 전부가 되어서는 안 된다는 점이다. 특히 매수가 가능한 상황이라면, 공포심을 키우는 전망에 휘둘려 결정을 미루는 것은 결코 좋은 선택이 아니다.

중요한 것은
나만의 기준

집값 전망에 대한 재미있는 일화가 있다. 2018년 사이버대학교 소프트웨어학과에 재학하던 시절, 교양 과목으로 부동산 강의를 들은 적이 있다. 이미 부동산 투자를 시작한 지 2년쯤 된 상태였지만 대학에서 부동산을 어떻게 가르치는지 궁금해 수강 신청을 했다. 강의는 온라인으로 진행되었는데 내가 듣고 있던 강의 영상은 2013년에 촬영된 것이었다. 2013년이면 서울 아파트 가격이 본격적으로 오르기 전이니, 그때의 전망을 접할 수 있다는 점에서 나름 의미 있는 경험이었다.

교수는 앞으로 부동산 시장의 미래가 밝지 않다고 단언했다. 도시별 PIR과 같은 지표를 근거로 아파트 가격이 더 이상 오르기 어렵다고 설명했고, 고령화와 출산율 감소를 이유로 한국 역시 일본처럼 주택 가격 상승을 기대하기 힘들 것이라고 단정 지었다. 당시엔 매우 논리적이고 설득력 있는 이야기였다. 부동산을 전공한 교수의 설명이었고, 데이터와 지표를 근거로 한 전망이었기 때문이다.

하지만 결과는 정반대였다. 그 강의가 촬영된 이후 서울 아파트 가격은 2013년부터 빠르게 상승했고, 2019년까지도 상승세는 이어졌다. 이후 2020년에는 코로나19라는 변수가 더해지면서 상승폭은 오히려 더 커졌다. 지금 돌아보면 그 강의는 서울 아파트 시장이 바닥에 가까웠던 시기의 심리를 잘 보여주는 사례에 가깝다.

흥미로운 점은 그 교수가 지금도 각종 매체와 유튜브를 통해 활발하게 활동하고 있다는 사실이다. 공교롭게도 지금은 또 다른 전망을 내놓고 있다. 과거에는 "앞으로 집값이 오르기 어렵다"고 말하던 사람이 이제는 "집값이 무섭게 오를 것이다"라고 말한다. 이 사례가 말해주는 점은 분명하다. 전문가라고 해서 항상 맞는 것은 아니라는 점이다.

그래서 나는 어떤 전문가의 말 한마디에 인생의 중요한 결정을 맡기는 선택을 경계해야 한다고 생각한다. 결국 시장을 이해하고, 판단하고, 책임지는 주체는 나 자신이다. 강의를 듣고, 책을 읽고, 정보를 쌓는 이유도 전문가의 말을 그대로 따르기 위해서가 아니라, 나만의 시각을 만들기 위해서다. 그래야 어떤 시나리오가 닥치더라도 미리 예상하고 대응할 수 있는 계획을 세울 수 있다.

부동산은 한국만의 특수한 자산이 아니라, 전 세계적으로도 쉽게 가치가 붕괴되지 않는 실물자산이다. 그렇기에 비관적인 전망 하나에 과도하게 흔들려 시기를 미루거나, 반대로 낙관적인 전망 하나에 모든 것을 맡기는 태도는 지양해야 한다. 중요한 것은 외부의 목소리가 아니라 스스로 이해한 흐름과 기준이다.

인구 감소의
오해와 진실

인구 감소 시대의 부동산은 사라지는 시장이 아니라,
더 선명해지는 시장이다.

부동산을 조금 멀리서 바라보는 사람들, 혹은 깊이 공부하지 않은 상태에서 시장을 평가하는 사람들은 인구 감소를 폭락의 근거로 든다. 논리적으로는 꽤 그럴듯해 보인다. 실제로 우리나라는 2020년 12월을 기점으로 인구 감소 국면에 들어섰고 인구는 계속 줄어들고 있다. 출산율은 빠르게 낮아지고 있고, 고령 인구 비중은 점점 높아지고 있다. 흐름만 놓고 보면 앞으로 집을 살 사람은 줄어들 것이고, 이미 지어진 아파트가 많은 상황에서 집값이 떨어지는 것은 당연한 수순처럼 보인다.

　물론 1~2인 가구의 증가로 세대수는 증가하고 있지만, 인구 감소라는 키워드 하나만 놓고 보면 불안감이 커질 수밖에 없다. 그래서 "앞으로 집을 살 수요 자체가 없어지는 것 아니냐?" "그럼 아파트 가격도 결국 떨어질 수밖에 없지 않겠느냐?"라는 결론에 도달하게 된다. 하지만 이런 사고방식에는 중요한 전제가 빠져 있다. 인구는 주택 가격에 영향을 주는 요소 중 하나일 뿐, 집값을 결정하는 단일 변수는 아니라는 점이다.

인구수와
집값의 관계

인구수는 집값을 결정하는 단일 변수가 아니다. 이를 가장 잘 보여주는 사례가 있다. 전 세계에서 인구 감소가 가장 심각하게 진행된 나라 중 하나인 불가리아다. 불가리아는 1990년대 초반 약 900만 명을 정점으로 인구가 줄기 시작했고, 이미 우리나라보다 30년 먼저 인구 감소 국면에 들어섰다. 경제 전망이 어두워지면서 해외로 이민을 떠나는 인구가 급증했고, 그 결과 인구는 빠

▌ 불가리아 주택가격지수

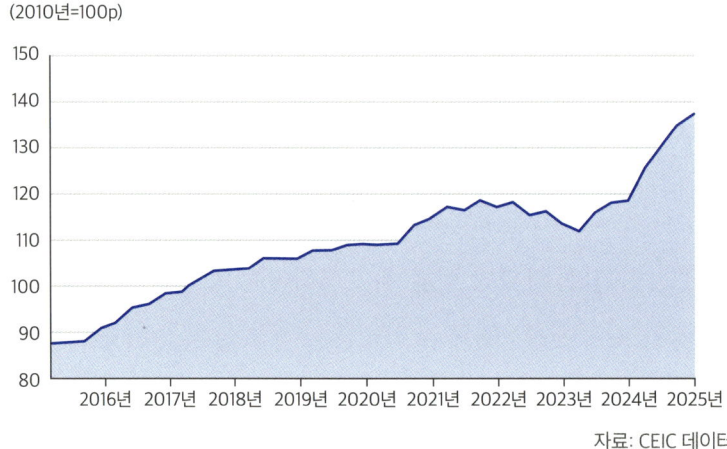

(2010년=100p)

자료: CEIC 데이터

르게 줄어들었다. 2020년 기준으로는 약 700만 명 수준이었고, 현재는 630만 명 안팎까지 감소했다. 앞으로 20년 안에 인구가 500만 명 이하로 줄어들 가능성도 거론될 만큼 상황은 심각하다.

그렇다면 불가리아의 주택 가격은 어떻게 되었을까? 인구 감소가 지속되는 동안 주택 가격도 함께 무너졌을까? 실제 데이터를 보면 그렇지 않다. 불가리아의 주택가격지수를 살펴보면 인구 감소가 꾸준히 진행된 지난 10여 년 동안에도 주택 가격은 오히려 상승해왔다. 인구가 줄어들었다는 사실 하나만으로 주택 가격이 필연적으로 하락하지는 않았다는 의미다. 이 사례는 인구 감소와 집값 하락을 하나의 공식처럼 연결하는 사고가 얼마나 위험한지를 보여준다.

그럼 이번엔 반대로 생각해보자. 인구가 증가하면 집값은 반드시 오를까? 우리나라는 오랜 기간 인구 증가를 경험해왔고, 그 시기에 집값이 크게 오른 것도 사실이다. 그래서 인구 증가가 곧 집값 상승을 이끈다는 주장도 종종 나온다. 하지만 이 논리를 그대로 적용하면 전 세계에서 가장 빠르게 인구가 증가하고 있는 나라들이 가장 큰 주택 가격 상승을 겪어야 한다.

대표적인 예가 인도다. 인도는 인구가 14억 명을 넘어서며 중국을 제치고 세계 최대 인구 국가가 되었다. 인구 증가 속도도 매우 빠르다. 매년 수천만 명 단위로 인구가 늘고 있고, 주택 수요 역시 계속 증가하고 있다. 이 논리대로라면 인도는 전 세계에서 집값이 가장 많이 오른 나라여야 한다. 하지만 현실은 다르다. 인도의 주요 도시들을 제외하면 지난 10년간 주택 가격은 전반적으로 지지부진했고, 코로나19 이후에는 오히려 하락한 지역도 적지 않다.

인구는 분명히 늘었지만 집값은 큰 폭으로 오르지 않았다는 점에서 인도는 인구 증가가 곧 집값 상승으로 이어지지 않는다는 또 하나의 반증이 된다. 인도를 단순히 저개발 국가로 치부하며 예외로 돌릴 필요도 없다. 뭄바이처럼 경제적으로 특화된 대도시에는 고가 주택과 고소득층이 분명히 존재하고, 지역별로 시장의 모습은 크게 다르다. 결국 인구라는 하나의 지표만으로 전체 주택 시장을 설명하는 것은 무리다.

이 장에서 강조하고 싶은 것은 단순하다. 인구는 장기적인 주택 수요를 구성하는 중요한 요소 중 하나지만, 그것이 곧 집값 하락으로 연결되는 절대적인 기준은 아니라는 점이다. 인구 감소만을 근거로 집값 하락을 단정해버리면 통화량 증가, 금리 변화, 유동성 확대와 같은 다른 핵심 변수를 놓치게 된다. 부동산 시장은 여러 요소가 복합적으로 작용하는 구조다. 인구 하나로 모든 것을 판단하는 순간, 시장을 지나치게 단순화하게 된다.

인구 감소 이야기를 좀 더 현실적으로 들여다보면, 결론은 '모두가 사라진다'가 아니라 '어디에 남느냐'로 귀결된다. 한국고용정보원 자료(2024년 3월 기준 소멸위험지역의 현황과 특징)만 봐도 이 흐름은 명확하다. 소멸위험지역은 소멸위험지수(20~39세 여성 인구수를 65세 이상 인구수로 나눈 값)를 통해 측정하는데 그 값이 0.5~1.0 미만이면 소멸주의단계, 0.2~0.5 미만이면 소멸위험진입단계로 구분된다.

소멸위험진입단계 지역에서는 이미 젊은 세대의 이탈이 진행되어 왔다. 일자리는 부족하고, 학교는 유지되기 어렵고, 생활

▮ 시도별 소멸위험지수

전국 평균	0.615	경남	0.444	제주	0.590	대전	0.736
전남	0.329	충남	0.464	울산	0.636	경기	0.781
경북	0.346	충북	0.487	광주	0.732	서울	0.810
강원	0.388	부산	0.490	인천	0.735	세종	1.113
전북	0.394	대구	0.553				

■ 소멸주의   ■ 소멸위험진입   ■ 정상지역

자료: 한국고용정보원

인프라도 점점 약해진다. 그러다 보니 사람들은 자연스럽게 가까운 다른 살기 좋은 도시로 이동한다. 인구 감소의 실체는 '전국적인 소멸'이 아니라 '지역 간 이동과 집중'이라는 모습으로 나타난다. 이 현상을 흔히 지역 양극화라고 부른다.

중요한 것은
수요의 이동

지방이라고 해서 모두 같은 방향으로 움직이는 것은 아니다. 각지역마다 중심 역할을 하는 대도시가 있고, 그 도시를 중심으로 다시 안쪽과 바깥쪽의 격차가 벌어진다. 전남 지역에서는 광주가 중심이 되고, 충남과 충북에서는 대전과 세종, 청주와 천안이 역할을 한다. 수도권에서는 서울을 중심으로 화성, 송도, 청라와 같은 신도시들이 또 다른 축을 형성한다.

이 과정에서 중요한 점은 소멸주의단계나 소멸위험진입단계인 도시라고 해서 당장 모든 주거 수요가 사라진다고 단정할 필요는 없다는 것이다. 이 수치들은 현재의 흐름과 젊은 세대의 이동 패턴을 바탕으로 한 전망치일 뿐이다. 실제 생활에서는 그 지역 안에서도 사람들이 살아가야 하고, 주변 지역에서 가장 접근성이 좋은 대도시로의 유입은 계속 발생한다. 결국 문제는 '그 지역 안에서 어디에 위치하느냐'다.

양극화가 본격화될수록 광역시 안에서도 입지가 좋은 곳을 선호하게 되고, 외곽으로 갈수록 수요는 빠르게 약해진다. 전국 단위로 보면 수도권으로의 인구 유입이 가장 크지만, 그렇다고 해서 지방 대도시의 핵심 입지까지 동시에 무너지는 구조는 아니다. 오히려 지방에서도 각 지역의 중심이 되는 곳들은 상대적으로 강한 수요를 유지하게 된다.

이 흐름을 극단적으로 가정해보면 이해가 더 쉽다. 만약 인구가 계속 줄어들어 결국 마지막에 다다른다면 사람들이 남는 지역은 어디일까? 전국 단위에서는 서울일 가능성이 높다. 그리고 서울 안에서도 끝까지 남는 곳은 한강변과 강남을 중심으로 한 핵심 지역일 것이다. 풍부한 일자리와 잘 갖춰진 인프라, 그리고 축적된 선호도가 있기 때문이다.

이 논리는 지방에서도 그대로 적용된다. 지방에는 지방 나름의 '강남'이 있고, 그 지역 안에서 가장 선호도가 높은 주거지가 존재한다. 사람들은 완전히 사라지는 것이 아니라, 그 안에서 더 나은 위치로 이동하려고 경쟁한다. 그래서 인구 감소 시대에도 집값이 움직이는 방향은 '전체 하락'이 아니라 '안쪽으로의 집중'이다.

인구 감소를 이유로 주택 시장을 비관적으로만 볼 필요는 없다. 중요한 것은 전국 평균이 아니라, 수요가 남는 지역과 남지 않는 지역을 구분하는 눈이다. 인구 감소 시대의 부동산은 사라지는 시장이 아니라, 더 선명해지는 시장이다.

공급 과잉이라는
오해

단순히 아파트가 많이 지어진다는 이유만으로
시장을 비관하는 것은 현실과 맞지 않다.

아파트 투자가 끝났다는 주장에 늘 빠지지 않고 등장하는 논리가
있다. 바로 '공급 과잉'이다. 인구는 줄어드는데 아파트는 계속 지
어지고 있으니, 결국 남아도는 집들 때문에 가격이 떨어질 수밖
에 없다는 주장이다. 여기에 유령도시, 상가 공실과 같은 사례가
덧붙여지면서 '이제는 공급이 너무 많다'는 인식이 강화된다. 하
지만 이 주장은 주택 시장의 구조를 지나치게 단순하게 본 결과
에 가깝다.

먼저 전체 주택 구조부터 살펴볼 필요가 있다. 아파트 공급이 늘어난 것은 사실이지만, 전체 주택 유형에서 아파트가 차지하는 비중은 여전히 절반 수준이다. 최근 통계를 보면 일반 가구 중 아파트 거주 비율은 약 약 51~52% 내외다. 즉 여전히 전체 가구의 절반 가까이는 아파트가 아닌 주거 형태에 살고 있다. 아파트가 과잉 공급된 상태라기보다는 여전히 아파트에 대한 잠재수요가 상당 부분 남아 있다는 의미다.

이 잠재수요의 상당수는 지금 당장 아파트에 살지 못하고 있을 뿐이다. 단독주택을 선호하는 사람도 물론 존재하지만, 현실적으로는 비용과 접근성 문제 때문에 빌라나 오피스텔에 거주하는 경우가 훨씬 많다. 특히 서울의 빌라 전세 시장을 보면 신혼부부나 사회초년생이 다수를 차지한다. 이들은 빌라에 살고 싶어서 사는 게 아니라, 직주근접과 향후 내 집 마련을 염두에 두고 어쩔 수 없이 빌라를 선택한 경우가 대부분이다. 이 수요는 언젠가 아파트로 이동할 가능성이 높은 잠재수요다.

서울의 구조를 보면 이 점은 더 분명해진다. 서울은 전체 주택 중 아파트 비중이 50%에도 미치지 못한다. 오히려 40%대에 머물러 있다. 아파트 수요가 가장 강한 지역임에도 불구하고 공급 비중은 여전히 낮은 편이다. 그럼에도 앞으로 서울에서 아파트 공급이 대폭 늘어날 것이라고 기대하기는 어렵다. 이유는 간단하다. 서울과 수도권 아파트는 대부분 빈 땅에 새로 지어지는 것이 아니라, 기존 주택을 철거하고 재건축·재개발하는 방식으로 공급되기 때문이다.

이 과정에서 중요한 개념이 멸실가구다. 기존의 빌라나 노후 주택을 철거하면 사라지는 가구수가 발생한다. 수도권 멸실가구수는 꾸준히 증가하고 있다. 이는 아파트가 무조건 '순증'되는 구조가 아니라는 뜻이다. 빌라 100채를 철거하고 아파트를 짓는 과정에서 공급이 늘어나는 것처럼 보이지만, 실제로는 기존 주택을 대체하는 성격이 강하다. 단순히 숫자만 놓고 공급 과잉을 논하기 어려운 이유다.

턱없이 부족한
입주물량

여기에 최근 몇 년간의 건축 환경 변화도 중요하다. 급격한 건축비 상승으로 인해 서울을 포함한 수도권에서 인허가와 착공물량이 크게 줄었다. 건설사 입장에서는 분양 수익이 나오지 않는 구

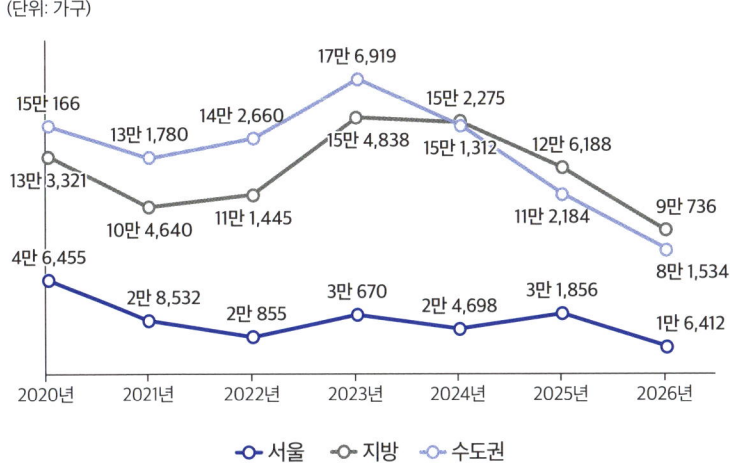

(단위: 가구)

자료: 직방

조에서 무리하게 착공을 할 이유가 없다. 그 결과 향후 수년간 서

울 아파트 입주물량은 눈에 띄게 줄어들 가능성이 높다. 이미 공

개된 입주물량 전망만 봐도 가까운 시점에 공급이 크게 늘어날

요인은 보이지 않는다.

실제로 2026년 서울 아파트 입주물량은 2025년의 절반으로

줄어들 것으로 예상된다. 서울 25개 자치구 중 관악구·성동구·용

산구·종로구·중랑구 등은 입주물량이 '0'이었다. 하물며 입주물

량 중 상당수(87%)가 정비사업 물량이다.

입주물량이 부족해지면 전월세 시장에 부정적인 영향을 미칠 수 있다. 신규 입주 아파트가 많을 때는 전세 물량이 한꺼번에 쏟아지면서 가격이 눌릴 수 있다. 기존 전세 100건에 신축 입주 물량이 더해지면 경쟁이 발생하기 때문이다. 하지만 입주물량이 줄어들면 이런 효과는 사라진다. 현재는 전셋값을 강하게 누를 만한 요소가 부족한 상황이다.

전월세 가격이 오르기 시작하면, 시장의 심리도 변한다. 전월세로 거주하던 사람들이 자연스럽게 매매를 고민하게 된다. 문제는 이 전환이 항상 여유롭게 이뤄지지 않는다는 점이다. 전월세 가격이 급하게 오르는 국면에서 조급하게 내 집 마련을 하게 되면, 충분히 비교하고 판단할 시간 없이 가격을 쫓는 선택을 하기 쉽다. 이런 선택은 후회로 이어질 가능성이 높다.

그래서 공급 과잉이라는 프레임은 지금 시점에서는 특히 조심해서 바라봐야 한다. 단순히 아파트가 많이 지어진다는 이유만으로 시장을 비관하는 것은 현실과 맞지 않다. 중요한 것은 어디에, 어떤 방식으로, 얼마나 지속적으로 공급이 이뤄지는지다. 그리고 그 구조를 이해한 상태에서 전월세 시장과 매매 시장의 심리가 어떻게 연결되는지를 함께 봐야 한다.

대한민국 부동산은 일본을 따라간다?

한국의 부동산 시장을 단순히 '일본처럼 무너질 것'이라고
단정하는 것은 지나치게 단순한 해석에 가깝다.

부동산 이야기를 하다 보면 "한국도 결국 일본을 따라간다"는 말을 쉽게 접한다. 유튜브나 각종 칼럼에선 일본의 사례를 들며 한국 부동산의 미래를 비관적으로 전망하곤 한다. 고령화, 출산율 감소, 성장 둔화와 같은 요소가 일본과 닮아 있다는 점에서 이런 주장이 그럴듯하게 들리는 것도 사실이다. 문제는 여러 상황과 변수를 배제한 채 일본 집값의 흐름을 한국에 그대로 대입한다는 데 있다.

일본의 주택 가격을 이해하려면 먼저 당시의 구조를 살펴봐

야 한다. 일본은 1950년대 이후 고도성장기를 거치며 주택 가격이 급격히 상승했다. 이 과정에서 대출 구조는 지금의 한국과는 비교하기 어려울 정도로 과도했다. 당시 일본에서는 주택담보대출이 집값의 120%까지 가능했고, 이는 자기자본이나 소득과 무관하게 레버리지를 극대화할 수 있는 환경을 만들었다. 집값이 오르자 대출이 늘고, 대출이 늘자 다시 집값이 오르는 구조가 반복되면서 가격은 실물경제와 완전히 괴리된 수준까지 치솟았다.

이 시기의 일본 주택은 전 세계 주요국 평균과 비교해도 압도적으로 높았다. 장기간에 걸쳐 주택 가격이 수십 배씩 상승했고, 이는 명백한 자산 버블이었다. 이후 1990년대 초반 거품이 붕괴되자 상황은 급변했다. 과잉 공급된 주택을 감당하지 못하면서 가격은 장기간 하락했고, 이 흐름이 2010년대까지 이어지며 이른바 '잃어버린 30년'이라는 표현이 생겨났다.

일본과 한국, 무엇이 다를까?

일본의 사례를 현재 한국에 그대로 적용하는 것은 무리가 있다.

▍도쿄 주택가격지수

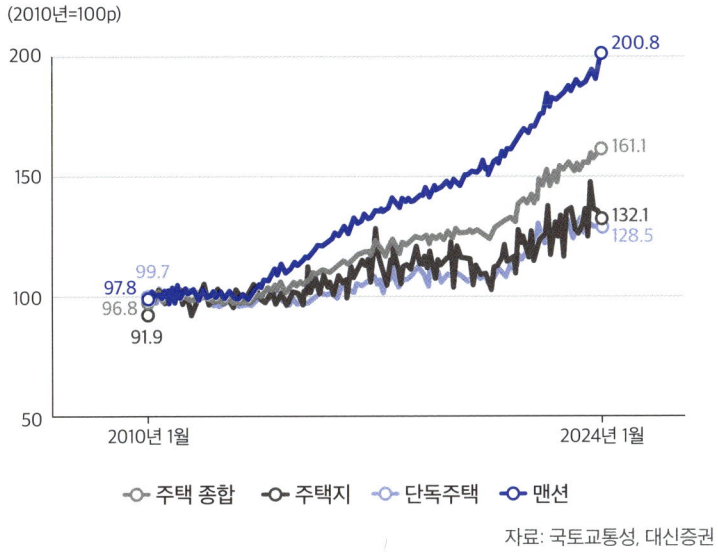

(2010년=100p)

주택 종합 ── 주택지 ── 단독주택 ── 맨션

자료: 국토교통성, 대신증권

지금의 한국은 일본 버블 당시와 전혀 다른 대출 구조를 가지고 있다. 한국의 주택담보대출은 LTV 40~70% 수준으로 제한되어 있고, 소득을 기준으로 한 DSR 규제가 적용된다. 즉 일정 수준의 자기자본과 상환 능력이 없는 상태에서는 주택을 매수할 수 없는 구조다. 일본처럼 무제한에 가까운 레버리지를 통해 가격이 폭발적으로 상승하는 환경과는 본질적으로 다르다.

더 중요한 점은 일본 시장 역시 시간이 지나며 구조가 변화했다는 사실이다. 일본의 주택 가격이 영원히 하락만 했던 것은 아니다. 공급이 줄고, 글로벌 유동성이 확대되면서 도쿄를 중심으로 한 수도권 아파트 가격은 다시 상승 흐름으로 전환되었다. 2010년대 이후 도쿄의 주택가격지수를 보면, 특히 아파트에 해당하는 맨션 가격이 가장 가파르게 상승했다. 연평균 두 자릿수에 가까운 상승률을 기록한 시기도 있었고, 이제는 '잃어버린 30년'이라는 표현 자체가 더 이상 현재를 설명하지 못하는 상황이 되었다. 한국이 일본을 따라간다면 한국의 아파트도 이처럼 하락 없이 큰 폭으로 상승해야만 한다.

이 점은 중요한 시사점을 준다. 일본조차도 수요와 공급의 구조가 바뀌고, 유동성 환경이 달라지자 핵심 지역의 주택 가격이 다시 움직이기 시작했다는 것이다. 그렇다면 일본보다 훨씬 강한 규제 구조를 가지고 있고, 여전히 수도권 집중 현상이 이어지고 있는 한국의 부동산 시장을 어떨까? 한국의 부동산 시장을 단순히 '일본처럼 무너질 것'이라고 단정하는 것은 지나치게 단순한 해석에 가깝다.

내 집 마련을 미루는 많은 사람과 상담하다 보면, 이런 일본의 사례를 언급하며 막연한 불안감을 내비치는 경우가 적지 않다. '혹시 더 떨어지는 것 아닐까?'라는 생각이 머릿속을 떠나지 않는 것이다. 이런 편견을 하나씩 걷어내지 않으면 내 집 마련은 계속 뒤로 밀릴 수밖에 없다. 중요한 것은 일본이라는 하나의 결과가 아니라, 그 결과를 만들어낸 구조와 지금의 환경이 얼마나 다른지를 구분해서 보는 일이다.

대출은
위험하다?

내가 대출을 받았을 때 감당해야 할 주거비와 자산 상승 속도를
비교해보는 것이 훨씬 중요하다.

레버리지에 대한
막연한 불안감

부동산 이야기를 하다 보면 대출에 대한 반응은 극단적으로 갈린
다. 어떤 사람들은 대출을 무조건 위험한 것으로 인식하는 반면,
어떤 사람은 '영끌' '빚투'에 망설임이 없다. 대출을 무서워하는
사람은 아예 알아볼 생각조차 하지 않는다. 대출을 많이 받으면

인생이 망가진다는 식의 인식은 주로 과거 고금리 시절을 겪은 부모 세대의 경험에서 비롯된 경우가 많다. 하지만 지금의 대출 환경과 과거의 경험을 그대로 겹쳐서 보는 것은 합리적인 판단과는 거리가 있다.

현재 주택담보대출 금리는 대략 연 4~5% 수준이다. 이 말은 단순하다. 대출을 활용했을 때 자산의 가치 상승률이 이 비용을 넘어설 수 있다면, 대출은 위험이 아니라 자산 증식의 도구가 된다. 이 점이 주식이나 비트코인과 비교했을 때 부동산이 가지는 가장 큰 특징이다. 현금 1억 5천만 원으로 비트코인을 매수한다면, 가격이 2배가 올라야 같은 금액의 수익을 얻는다. 하지만 대출을 활용해 5억 원짜리 아파트를 매수했다면, 집값이 6억 5천만 원이 되는 순간 이미 자기자본 대비 수익률은 100%에 도달한다.

수도권 아파트 가격은 장기적으로 연평균 10% 안팎의 상승률을 보였다. 특히 서울의 주요 지역은 이 평균을 훨씬 웃도는 경우도 많다. 2025년 한 해만 놓고 보더라도 서울 아파트 가격 상승률은 19년 만에 가장 가팔랐다. KB부동산에 따르면 아파트 매매 가격지수(2022년 1월 기준 100p)의 상승폭이 가장 큰 곳은 송파구로 2024년 12월 99.9p에서 2025년 12월 123.9p로 24p나 올랐다. 성동구는 같은 기간 97.8p에서 120.3p로 22.5p 높아졌다. 상승률로 환산하면 연간 송파구는 24%, 성동구는 23% 오른 셈이다. 강남구(21.9p), 광진구(20.5p)도 20p 이상 상승했다. 아파트 1개 단지가 아니라 지역 평균이 20%를 넘었다는 건 특정 단지는 30~40%도 급등했다는 의미다.

이런 시장에서 대출을 무조건 위험하다고 단정하기보다는, 내가 대출을 받았을 때 감당해야 할 주거비와 자산 상승 속도를 비교해보는 것이 훨씬 중요하다. 내가 돈을 모으는 속도보다 집값이 오르는 속도가 빠르다고 판단된다면 '대출은 위험하다'는 편견부터 내려놓아야 한다.

『플팩의 상급지로 가는 대출력』이라는 책에서도 이 부분을 인상 깊게 다룬다. 금융권 출신의 부동산 대출 전문가인 저자는 대출을 활용할 줄 아는 능력을 '대출력'이라고 표현한다. 대출을 단순한 빚으로 볼 것인지, 자산을 만드는 도구로 인식할 것인지에 따라 결과는 완전히 달라진다는 주장이다. 이 관점에 전적으로 공감한다. 나 역시 대출이라는 도구가 있었기 때문에 보다 적극적인 선택을 할 수 있었고, 그 경험이 지금의 기준을 만들었다.

아파트써처 유튜브 채널에 대출을 활용한 매수 전략을 다룬 영상이 올라가면 늘 비슷한 댓글이 달린다. '돈이 없으면 사지 말지, 왜 대출까지 받아서 사느냐' 하는 반응이다. 이런 생각은 두

가지 경우로 나뉜다. 실제로 대출로 인해 힘든 경험을 한 경우이 거나, 혹은 대출 자체를 막연히 위험한 것으로만 인식하는 경우 다. 전자는 충분히 이해할 수 있다. 하지만 후자의 경우라면 오히 려 위험한 사고방식일 수 있다. 자본주의 구조에 대한 이해가 부 족한 상태에서 중요한 선택을 스스로 제한하고 있기 때문이다.

물론 소득으로 감당할 수 없는 대출은 분명히 위험하다. 하지 만 그런 대출은 개인보다 금융기관이 먼저 걸러낸다. 현재 금융 권은 LTV와 DSR 규제가 촘촘하게 적용되고 있다. 다시 말해 일 정 수준 이상의 상환 능력이 검증되어야 대출이 나온다.

자본주의에서 신용은 숫자로 표현된 나의 능력이다. 대출을 위험한 빚으로만 보지 말고, 내 신용을 믿어준 하나의 지원군으 로 바라볼 필요가 있다. 대출은 평생 짊어지고 가야 할 짐이 아니 라, 필요한 시기에 지렛대로 활용할 수 있는 도구다. 진짜 위험한 것은 대출 그 자체가 아니라 오로지 저축으로만, 현금으로만 움 직여야 한다는 닫힌 사고일지도 모른다.

여기까지가 사람들이 흔히 가지는 아파트 투자에 대한 대표 적인 편견들이다. 아직 완전히 동의되지 않는 부분이 있어도 괜 찮다. 이 책을 읽어가다 보면 생각의 기준이 조금씩 정리되고, 내 상황에 맞는 판단의 틀이 생기게 될 것이다.

PART 2

결국 아파트가
답이다

인플레이션을 이기는 방법

돈의 액면가는 그대로일지 몰라도 화폐의 구매력은
매년 조금씩 줄어든다.

17세기 유럽은 세계에서 가장 잘나가던 지역이었다. 신대륙을 발견하고 전 세계로 진출하며 막대한 부를 축적하던 시기다. 유럽이 급격히 부흥할 수 있었던 이유 중 하나는 사탕수수를 통해 설탕을 대량 생산하고 수출하면서 농경사회가 크게 성장했기 때문이다. 이 과정에서 막대한 노동력이 필요해졌고, 그 노동력을 충당하기 위해 신대륙의 원주민들이 동원되었다.

원주민들은 배에 실려 대륙을 건너왔다. 최대한 많은 인원을 실어 나르기 위해 사람들을 여러 단으로 겹겹이 눕혔고 다리에는 족쇄를 채웠다. 식사는 주걱으로 밥을 퍼서 뿌려주는 방식이었고, 대소변도 누운 상태에서 해결해야 했다. 대륙 간 이동에는 최소 3개월, 길게는 6개월이 걸렸는데 그 과정에서 죽는 사람도 적지 않았다. 그럼에도 최대한 많이 실어야 했기 때문에 희생은 감안되는 비용에 불과했다.

신대륙에는 사람을 사고파는 상인이 생겨났고, 살아남기 위해 다른 부족을 잡아다 넘기는 일까지 벌어졌다. 노예가 노예를 잡아오는 구조였다. 그렇게 데려온 사람들은 사탕수수밭에서 하루 종일 일했다. 최소한의 식량을 제공받고, 숙식을 해결받는 조건으로 계속 노동에 투입되었다.

그렇다면 노예 제도는 왜 사라졌을까? 인도주의적 이유 때문이었을까? 실제 이유는 훨씬 냉정했다. 숙식을 제공하며 노예를 관리하는 것보다 화폐를 만들어 임금을 주고 스스로 먹고 자게 하는 편이 훨씬 효율적이었기 때문이다. 숙소를 지어줄 필요도 없고, 유지·보수에 비용도 들지 않는다. 출퇴근을 시키고 각자 알아서 집을 마련하게 하는 구조가 비용 면에서 훨씬 유리했다. 그렇게 노예는 노동자가 되었고, 출퇴근이라는 개념이 생겨났다.

현대에는 노동자가 근로자라는 이름으로 바뀌었을 뿐, 구조 자체는 크게 달라지지 않았다. 월급을 받고 스스로 먹고 자는 문제를 해결하며 살아간다. 도심 곳곳에 있는 오피스텔 역시 기업이 지은 공간이다. 형태만 바뀌었을 뿐, 다른 사람을 위해 일하고 그 대가로 숙식을 해결하는 구조는 여전히 이어지고 있다.

이런 이유로 지금의 사회를 현대판 계급사회라고 부른다. 자산을 소유하지 못하면 인플레이션과 자본주의 구조 속에서 제자리에 머물 수밖에 없다. 열심히 일하는 것만으로는 부를 축적하기 어렵다. 자본주의의 피라미드 구조가 있다는 말이 괜히 나온 것이 아니다. 결국 자산을 소유하고, 그 자산을 기반으로 다음 단계로 나아갈 수 있어야 한다.

현실은 이렇다. 우리는 은행이라는 자본가에게 돈을 빌리고, 그 돈으로 집을 사고, 사업을 하고, 이자를 갚는다. 그 과정에서 자본가는 더 부유해지고, 자산을 가지지 못한 사람은 계속해서 자신의 노동으로 숙식을 해결하는 단계에 머문다. 많은 사람이 이 구조를 어렴풋이 알고는 있지만 바쁜 일상 속에서 깊이 생각할 여유를 갖기 어렵다.

직장인이 현실적으로 선택할 수 있는 투자 수단 중 많은 시간을 들이지 않으면서도 가장 강력한 효과를 가지는 것이 바로 내 집 마련이라고 생각한다. 내 집 마련은 내가 소유할 수 있는 가장 큰 자산을 갖는 일이자, 인플레이션을 방어하면서 동시에 실거주를 해결하는 선택이다. 이것이 모든 투자의 출발점이다.

아직 무주택자고, 한 번도 자산을 소유해본 경험이 없다면 가장 먼저 해결해야 할 과제가 남아 있는 셈이다. 내 집을 갖는 순간부터 비로소 투자자의 시선이 생기고, 이후 더 큰 자산 증식의 기회를 마주할 수 있다. 그래서 이 책은 묻는다. 왜 수많은 자산 중에서 가장 먼저 아파트인가?

아파트는 최고의 인플레이션 헤지 수단

인플레이션을 이해하려면 가장 먼저 통화량을 봐야 한다. 광의통화인 M2를 보면 흐름은 분명하다. 지난 10년간 통화량은 거의 2배 가까이 증가했다. 단순 계산으로 매년 약 7%씩 늘어난 셈이다. 이 수치는 우리가 체감하는 물가상승률보다 훨씬 빠르다. 또 2000년대 초반으로 시계열을 늘리면 통화량은 무려 4배 이상 증가했다.

우리가 흔히 접하는 소비자물가지수는 연 2~3% 수준으로 발

▮ 대한민국 통화량 추이(2000년 1월~2025년 10월)

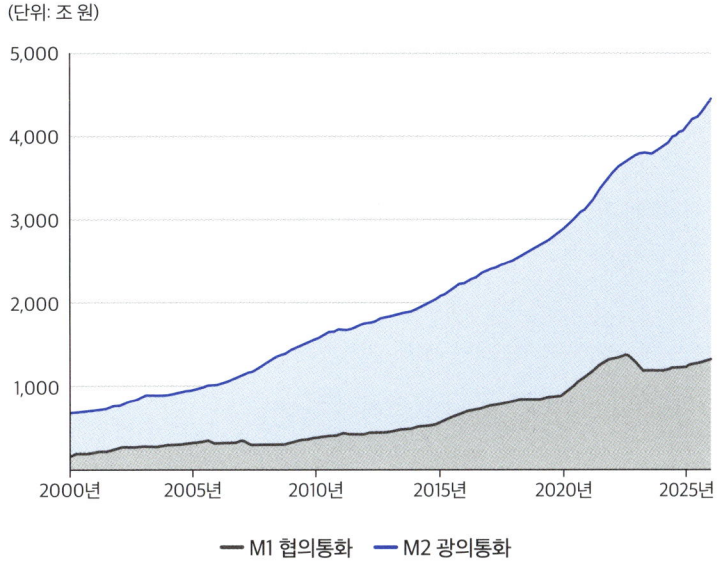

(단위: 조 원)

— M1 협의통화 — M2 광의통화

자료: 한국은행

표된다. 하지만 이 수치는 일부 품목을 기준으로 산정된 값일 뿐, 자산 가격이나 주거비 상승을 온전히 반영하지는 못한다. 실제로 지난 20년간 서울 주요 역세권 아파트의 가격 흐름을 보면 연평균 상승률은 통화량 증가 속도와 비슷한 수준을 보였다. 결국 통화량 이 늘어나는 속도만큼 자산 가격도 함께 움직인 것이다.

이 구조에서 현금을 그대로 보유하거나, 연 2~3%대 예적금 에만 돈을 넣어두는 선택은 어떤 의미일까? 가만히 있는 것이 가장 안전해 보일 수 있지만, 인플레이션 환경에서는 가장 느리게 가는 선택이 된다. 돈의 액면가는 그대로일지 몰라도 화폐의 구매력은 매년 조금씩 줄어든다.

코로나19 시기를 거치며 이 현상은 더 분명해졌다. 전 세계적으로 통화량은 급격히 늘어났고, 2023년 한 차례 축소 국면이 있었지만 2025년 들어 다시 증가 흐름에 올라타 있다. 매달, 매년 통화량은 계속 늘고 있다. 내가 아무 행동도 하지 않는 사이에 화폐 가치는 눈에 보이지 않게 줄어든다.

소득만으로 이 속도를 따라잡는 데는 분명한 한계가 있다. 소득이 빠르게 증가하지 않는 이상 저축만으로 통화량 증가 속도를 따라가는 것은 쉽지 않다. 그래서 현실적인 선택은 명확하다. 가능한 한 빨리 어떤 형태로든 자산을 보유해 인플레이션을 방어하면서, 그 위에서 조금씩 갈아타는 전략이다.

이 흐름은 한국만의 문제가 아니다. 미국 역시 마찬가지다. 2020년 코로나19 시기에 대규모 유동성이 풀렸고, 이후 금리 인상기 동안 일부 축소되었지만 다시 통화량은 증가 국면에 들어섰다. 전 세계 주요 국가가 같은 방향으로 움직이고 있다는 점에서, 인플레이션은 일시적인 현상이 아니라 구조적인 환경에 가깝다.

이제 선택은 단순하다. 인플레이션을 뛰어넘는 기대수익률을 가진 자산을 보유하느냐, 아니면 아무것도 하지 않은 채 화폐 가치 하락을 그대로 받아들이느냐. 인플레이션 환경에서는 '가만히 있는 것'이 결코 중립적인 선택이 아니다. 그래서 우리는 매달, 매년 인플레이션을 이길 수 있는 행동을 해야 한다.

암호화폐·주식과 부동산의 차이

토지는 늘릴 수 없다. 반포의 집값이 비싸다고 해서
반포의 땅을 더 만들어낼 수는 없다.

암호화폐·주식의
명확한 한계

우리가 투자할 수 있는 자산에는 여러 가지가 있다. 암호화폐도
있고, 주식도 있다. 이 두 자산 모두 투자 대상으로 유망한 것은
인정한다. 다만 두 자산은 하나의 공통점을 가진다. 눈에 보이는
실물자산이 아니라는 점이다. 가상의 숫자로만 존재하는 투자 대

상일 뿐이다.

　이 차이는 생각보다 크다. 암호화폐, 주식 시장에서 내가 상대해야 할 대상은 대부분 전문가다. 기업의 내부를 가장 먼저 아는 사람, 전업 트레이더, 기관 투자자가 그 대상이다. 직장을 다니며 제한된 시간 안에서 공부하는 개인이 이들과 같은 조건에서 경쟁하기란 쉽지 않다. 그래서 대부분 장기 투자를 권한다. 하지만 현실적으로 지금 내 손에 현금 5억 원이 있다고 해서 그 돈 전부를 암호화폐나 주식에 한 번에 넣을 수 있는 사람은 거의 없다. 투자 경험이 충분하고, 이미 자산 규모가 20억 원 이상인 사람이라면 가능할 수도 있다. 하지만 일반적인 개인 투자자가 집을 팔아서 마련한 5억 원을 암호화폐, 주식에 그대로 넣는 결정은 심리적으로 쉽지 않다.

　여기에 또 하나의 중요한 차이가 있다. 비트코인과 주식에서 개인이 레버리지를 활용하는 것은 극도로 위험하다. 5억 원으로 비트코인을 산다면 그 자체로는 한정된 수량만 살 수 있다. 레버리지를 써서 20억 원, 30억 원 규모로 투자하는 것도 가능하지만 가격이 조금만 흔들려도 자산이 순식간에 사라질 수 있다. 주식 역시 마찬가지다. 개인에게 레버리지는 기회라기보단 리스크가 되는 경우가 훨씬 많다. 소액으로 분산해 장기 투자하는 것은 의미가 있지만 짧은 시간 안에 큰 수익을 기대하는 방식은 생각보다 성공률이 낮다.

반면 부동산은 구조가 다르다. 부동산은 특정 투자자들만 참여하는 시장이 아니다. 일반인, 실거주자, 투자자 모두가 참여하는 자산이다. 삶을 살아가는 과정에서 반드시 필요한 '의식주' 중 하나이기 때문이다. 그렇기 때문에 정보 비대칭이 상대적으로 적고, 내가 조금만 더 빨리 움직이고 공부하면 충분히 경쟁력이 생긴다. 실제로 많은 사람이 부동산을 통해 자산을 늘린 이유가 여기에 있다.

부동산은 암호화폐나 주식과는 근본적인 속성이 다르다. 암호화폐는 발행량이 늘어날 수 있고, 주식은 증자를 통해 주식 수가 늘어나거나 기업의 실적이 악화될 수 있다. 하지만 부동산은 토지라는 한계를 가진 자산이다. 이를 부증성이라고 한다. 토지는 늘릴 수 없다. 반포의 집값이 비싸다고 해서 반포의 땅을 더 만들어낼 수는 없다. 이 한계 때문에 부동산은 통화량이 늘어나는 환경에서 자산 가격이 상대적으로 강하게 반응한다.

이 점에서 부동산은 인플레이션 방어 수단으로서 매우 강력하다. 화폐는 계속 늘어나지만, 토지는 늘어나지 않는다. 이 구조 속에서 수요가 집중되는 지역의 부동산 가격은 장기적으로 상승 압력을 받을 수밖에 없다. 그래서 선진국을 막론하고, 부유층 중 상당수는 부동산을 통해 자산을 축적해왔다.

"우리나라 부동산만 거품이다"라는 말은 늘 반복되어 왔다. 하지만 그런 주장에 매번 휘둘릴 필요는 없다. 중요한 것은 자산의 구조를 이해하고, 내가 참여할 수 있는 시장에서 가장 합리적인 선택을 하는 것이다. 부동산은 그 자체로 삶과 맞닿아 있는 자산이다. 그래서 더 꾸준히 관심을 가져야 하고 시세를 보는 습관을 들여야 한다.

수익형 부동산
vs. 주거형 부동산

내 집 마련을 통해 안정적인 자산 기반을 만든 뒤에
수익형 부동산으로 확장하는 것이 합리적인 순서다.

부동산은 크게 수익형 부동산과 주거형 부동산으로 나뉜다. 무주택자라면 처음부터 수익형 부동산에 관심을 갖는 것은 좋은 선택이라고 보기 어렵다. 자산을 처음 만들어가는 단계에서는 반드시 주거형 부동산부터 시작하는 것이 훨씬 빠르고 안정적이다. 수익형 부동산은 생활비가 당장 필요하거나, 은퇴를 앞두고 현금흐름이 중요한 사람에게 적합한 자산이다.

수익형 부동산으로도 시세차익을 낼 수는 있다. 상가나 빌딩을 통해 자산을 크게 불린 사례도 분명 존재한다. 하지만 그런 투자는 충분한 경험과 시장에 대한 이해가 쌓인 이후에 해도 늦지 않다. 투자는 단기간에 끝나는 일이 아니라 평생 이어지는 과정이다. 유튜브 영상 하나를 보고 상가나 빌딩에 뛰어들기에는 리스크가 너무 크다. 무엇보다 주거가 해결되지 않은 상태에선 어떤 투자도 심리적으로 불안할 수밖에 없다.

나 역시 상가와 지식산업센터에 대해 공부하고 임장도 많이 다녀봤다. 하지만 시간이 지나 돌아보면 지금까지 가장 안정적으로 자산을 만들어준 것은 주거형 부동산이었다. 주거형 부동산은 수요가 꾸준하다. 사람이 살아가는 한 거주 수요는 사라지지 않는다. 반면 수익형 부동산은 경기의 영향을 크게 받는다.

금리가 급격히 오르던 시기를 떠올려보면 이해가 쉽다. 금리가 오르자 상가와 지식산업센터와 같은 수익형 부동산은 빠르게 타격을 받았다. 사업을 하던 임차인들이 버티지 못하고 나가면서 공실이 늘었고, 소비심리가 위축되자 임차 수요도 함께 줄었다. 수익형 부동산은 수요가 항상 우상향하는 구조가 아니다. 그래서 충분히 공부한 뒤 접근해도 전혀 늦지 않다.

특히 상가와 빌딩은 공실 리스크가 크다. 공실이 발생하면 월세를 낮춰야 하는데, 문제는 월세를 낮추는 순간 자산 가치 자체가 함께 떨어진다는 점이다. 상가는 월세 수익률을 기준으로 매매가가 형성되기 때문에 월세가 내려가면 매매가도 같이 내려간다. 그 결과 내 자산이 눈에 보이지 않게 줄어들 수 있다. 신축 상가나 신규 분양 상가는 특히 조심해야 한다. 처음에는 높은 월세를 맞출 수 있지만, 임차인이 나간 뒤에는 월세를 낮추지 못한 채이자만 내며 공실을 감당해야 하는 상황이 생기기 쉽다.

지식산업센터 역시 마찬가지다. 한때 대체 투자상품으로 각광받으며 크게 유행한 시기가 있었다. 나 역시 관심을 가지고 지켜봤다. 하지만 시간이 지나며 상황은 빠르게 바뀌었다. 신규 공급이 늘어나면서 공실이 증가했고, 수도권 안에서도 비어 있는 지식산업센터가 적지 않다. 한때 붙은 프리미엄만 보고 접근하기에는 위험 요소가 분명하다. 일부 입지가 뛰어난 곳을 제외하면 초보자가 선택하기에는 부담이 크다.

결국 핵심은 단계다. 주거형 부동산을 충분히 이해하고, 내 집 마련을 통해 안정적인 자산 기반을 만든 뒤에 수익형 부동산으로 확장하는 것이 합리적인 순서다. 나 역시 아파트를 중심으로 자산을 만들어왔다. 공실 걱정이 없고, 장기적으로 안정적인 시세 흐름을 기대할 수 있기 때문이다. 그래서 이 책은 분명하게 말한다. 자산 형성의 출발점은 언제나 주거형 부동산이다.

주거형 부동산,
그중에서도 아파트

주거형 부동산은 크게 세 가지로 나뉜다. 단독주택, 다가구·다세대와 저층 주거 상품이 있고, 상업지역의 높은 용적률을 활용해 쪼개서 공급되는 도시형 생활주택이나 오피스텔이 있다. 그리고 마지막이 아파트다. 셋 다 주거를 목적으로 한 상품이지만 성격과 리스크는 분명히 다르다.

상승장 막바지에 접어들면 종종 아파트와 비슷하게 움직이는 상품이 등장한다. 아파텔, 생활형 숙박시설 등은 초기 투자금이 좀 더 적다는 이유로 잠깐 인기를 끈다. 하지만 이런 상품들은 외형만 비슷할 뿐, 본질은 아파트와 전혀 다르다. 실제로 이전 상승장 말기에 마곡 일대에서 큰 관심을 받았던 생활형 숙박시설 사례를 보면, 분양 당시에는 프리미엄이 크게 붙었지만 입주 시점에는 오히려 가격이 크게 조정되었다. 생활형 숙박시설은 애초에 '내 집'이 아니라, 임대사업을 전제로 한 수익형 상품에 가깝다. 이런 구조를 이해하지 않은 채 아파트처럼 접근하는 것은 매우 위험하다.

그래서 나는 주거형 부동산을 선택할 때 아파트부터 보라고 조언한다. 선택지를 넓히는 것이 아니라 오히려 좁혀야 한다는 의미다. 아파트가 가진 가장 큰 장점은 주거 편의성과 쾌적성을 동시에 충족한다는 점이다. 관리, 보안, 주차, 커뮤니티시설 등에서 다른 주거 상품과 비교할 수 없는 차이를 가진다.

아파트는 단순한 주거 공간을 넘어 하나의 상징이 되기도 한다. 어느 지역의 어떤 아파트에 사는지는 때로는 그 사람을 설명하는 하나의 명함처럼 작용한다. 이런 사회적 인식 역시 아파트 수요를 더욱 견고하게 만든다. 그 결과 아파트는 주거 상품 중에서도 가장 높은 가격대를 형성하고, 장기적으로도 가장 높은 상승률을 보였다.

물론 규제가 강할 때는 오피스텔과 같은 상품으로 수요가 옮겨가며 일시적인 풍선효과가 나타나기도 한다. 하지만 첫 내 집 마련의 관점에서 이런 상품을 선택하는 것은 신중해야 한다. 실거주 만족도와 자산 가치의 안정성 측면에서 아파트와는 분명한 차이가 있기 때문이다.

아파트의 장점을 하나만 꼽으라면 많은 사람이 주차 문제를 이야기한다. 빌라나 다세대주택은 대부분 골목 안에 위치해 있고, 주거환경이 체계적으로 정비되어 있지 않다. 그 결과 주차 공간은 늘 부족하다. 출퇴근 시간마다 전화로 차를 빼달라고 부탁

해야 하고, 그 과정에서 불필요한 감정 소모가 반복된다. 빌라에 한 번이라도 살아본 사람이라면 이 불편함이 얼마나 큰 스트레스인지 잘 알고 있다.

특히 주차 문제는 낮에는 잘 보이지 않는다. 낮에는 대부분의 차량이 출근해 자리를 비워두기 때문이다. 그래서 낮에 임장을 가면 "생각보다 주차하기 좋네"라는 착각을 하기 쉽다. 하지만 밤에 가보면 상황은 완전히 달라진다. 골목마다 차량이 꽉 차 있고 이중 주차가 반복된다. 재개발을 목적으로 빌라 임장을 할 때도 반드시 밤에 가봐야 진짜 리스크가 눈에 보인다.

대한민국의 아파트는 구조 자체가 다르다. 대부분 주차대수가 세대당 1.4대 이상으로 설계되어 있고, 신축일수록 지하 주차장을 2~3층까지 깊게 만든다. 그만큼 건축비와 공사 기간은 늘어나지만 그 대가로 주차 스트레스는 거의 사라진다. 지하 주차장에서 엘리베이터를 타고 바로 집으로 연결되고, 외출할 때도 집 앞에서 엘리베이터를 타고 내려가면 된다. 매일 반복되는 생활 속 스트레스를 크게 줄여준다. 이런 차이는 시간이 지날수록 더욱 크게 체감된다. 땅이 좁은 대한민국에서 선호할 수밖에 없는 구조다.

생활 편의성은 주차에서 끝나지 않는다. 아파트는 부대시설과 커뮤니티시설에서 다른 주거 형태와 확연한 차이를 보인다. 빌라나 오피스텔에서는 쓰레기 분리수거조차 불편한 경우가 많고, 아이들이 마음 놓고 놀 수 있는 공간을 기대하기 어렵다. 자녀를 키우는 입장이 되면 이런 요소는 선택이 아니라 필수가 된다. 놀이터가 없으면 아이들은 집 안에서만 시간을 보내게 되고, 부모는 결국 외부로 나갈 수밖에 없다.

요즘 아파트 커뮤니티시설은 과거와 비교할 수 없을 정도로 발전했다. 단지 안에 물놀이 시설이 있고, 산책로와 조경이 잘 조성되어 있다. 아이들이 뛰어놀 수 있는 공간이 확보되어 있고, 보호자는 옆에서 여유를 가질 수 있다. 스크린 골프장, 헬스장, 실내 놀이터, 작은 영화관까지 갖춘 곳도 있다. 일부 단지는 조식 서비스까지 제공한다. 이런 환경에 익숙해지면 다시 다른 주거 형태로 옮기기란 쉽지 않다.

이런 생활 인프라는 결과적으로 비용 절감으로 이어진다. 빌라나 오피스텔에 살면 놀이터도 없고 운동시설도 없기 때문에 주말마다 외부에서 소비를 해야 한다. 헬스장을 따로 등록해야 하고, 아이들과 시간을 보내기 위해서는 또 다른 비용이 발생한다. 반면 아파트는 관리비에 소액을 더하는 것만으로도 이런 시설을 이용할 수 있다. 생활의 질은 높아지는데 지출은 오히려 줄어드는 구조다. 이런 요소가 아파트 가격에 반영된다고 봐도 무리는 아니다.

그중에서도 가장 체감이 큰 요소는 역시 주차다. 이 스트레스는 경험해보지 않으면 알기 어렵다. 주차 문제와 생활비용 절감만 놓고 보더라도 아파트의 가치는 충분하다.

마지막으로 자산의 관점에서 중요한 요소가 하나 더 있다. 바로 거래량과 환금성이다. 서울 기준으로 보면 빌라의 월평균 거래량은 약 3천 건 수준이다. 적지 않은 수치지만 아파트는 월평균 6천 건 안팎으로 2배에 가깝다. 아파트에서 빌라로 내려가는 수요는 적지만, 빌라에서 아파트로 올라가려는 수요는 항상 많다.

상가나 지식산업센터, 빌라는 매도 과정이 쉽지 않다. 반면 아파트는 시장이 살아 있는 한 언제든 현금화가 가능하다. 그래서 많은 사람이 결국 아파트를 선택한다. 생활의 편의성과 자산의 유연성을 동시에 만족시키는 주거 상품은 아파트 외엔 찾기 어렵다. 이렇게 주거형 부동산 안에서도 답은 점점 좁혀진다. 여러 선택지를 검토해보면 알 수 있다. 결국 아파트가 정답이란 사실을 말이다.

청약에
목매지 마라

청약이든 경매든 겉핥기식으로는
아무것도 얻을 수 없다.

상담을 하다 보면 반복해서 듣게 되는 말이 있다.

"청약 당첨을 노리는 게 낫지 않을까요? 어떻게 하는 게 좋을

까요?"

"경매를 해보려고 하는데, 어떻게 생각하세요?"

이러한 질문의 의도는 대부분 비슷하다. 지금 가진 종잣돈으

로는 기축 아파트를 사기 어렵고, 상대적으로 진입장벽이 낮아 보이는 다른 방법을 찾고 있는 것이다. 청약은 계약금 10%만 있으면 된다는 점에서 부담이 적어 보이고, 경매는 시세보다 싸게 살 수 있을 것 같다는 기대가 앞선다. 당첨만 되면, 낙찰만 받으면 어떻게든 될 것이란 낙관적인 생각이다.

문제는 이 두 선택지 모두 '생각보다 훨씬 많은 시간과 집중'을 요구한다는 점이다. 청약을 진지하게 노리려면 분양가, 입지, 주변 시세를 꾸준히 분석해야 하고, 청약이 끝난 이후에도 경쟁률과 가점을 분석해 내가 실제로 당첨 가능권에 있는지 냉정하게 판단해야 한다. 단순히 '좋아 보이면 한 번 넣자' 하는 태도로는 결과를 기대하기 어렵다.

문제는 대부분의 사람이 청약을 꾸준히 공부하고 추적하지 않다는 데 있다. 관심이 생겼다가도 바쁘다는 이유로 놓치고, 그러다 보면 어느새 청약 일정은 지나간다. 그래서 "그때 이야기하셨던 청약은 어떻게 되었나요?"라고 물어보면, 아예 신청조차 하지 않고 흘려보낸 경우가 적지 않다.

경매 역시 비슷하다. "경매를 해보려고요"라는 말은 쉽게 나오지만, 실제로 물건을 분석하고 임장을 다니며 입찰까지 이어지는 경우는 많지 않다. 시간이 지나 다시 만나보면 "낙찰가율이

100%를 넘어서 힘들 것 같아요"라는 말로 돌아온다. 결국 시도 도 못한 채 시장 탓을 하다 끝난다.

이 과정에서 공통적으로 드러나는 문제는 분명하다. 뚜렷한 목표와 전략 없이 접근하면 어떤 방법이든 성과를 내기 어렵다는 점이다. 청약이든 경매든 겉핥기식으로는 아무것도 얻을 수 없다. 선택지를 늘리는 것보다 중요한 것은 하나를 선택했다면 그에 맞는 시간과 에너지를 투입할 각오를 다지는 것이다. 그렇지 않다면 그 선택은 '미루기'의 다른 이름에 불과하다.

청약의
현실

청약에 당첨되기만 한다면 분명히 좋은 일이다. 신축 아파트는 개인의 취향과 상관없이 시장에서 선호도가 높고, 당첨만 되면 자산 가치 측면에서도 유리한 경우가 많다. 그래서 많은 사람이 청약을 하나의 대안으로 생각한다. 문제는 청약이 '계획 가능한 선택지'로 보이지만 실제로는 그렇지 않다는 점이다.

청약은 구조적으로 내가 원하는 단지를 목표로 세우고 그에 맞춰 투자를 실행하기가 어렵다. 경쟁률이 낮은 단지를 노리는 전략은 이론적으로 가능하지만, 내가 반드시 당첨될 것이라는 전제하에 계획을 세우는 것은 의미가 없다. 현실에서는 당첨된 이후에야 비로소 계획을 세울 수 있다. 당첨 이전에 세운 계획은 대부분 가정에 불과하다.

사람들이 선호하는 단지는 이유가 있다. 입지가 좋고, 분양가가 상대적으로 싸고, 상품성이 뛰어나기 때문이다. 이런 단지일수록 경쟁률은 높고, 당첨 가점도 높다. 나 역시 과거 위례신도시와 미사지구 초기 분양 당시 청약에 큰 관심을 가졌던 경험이 있다. 모델하우스를 방문하면 설렘이 생기고, 마치 그 집에 살게 될 것 같은 기대감이 들기도 한다. 하지만 결과는 늘 같았다. 사회초년생의 가점으로는 경쟁 자체가 되지 않았다.

이 과정을 반복하다 보면 현실을 깨닫게 된다. 정말 좋은 단지는 당첨되기 어렵고, 당첨이 되는 단지는 소외된 곳이라는 사실이다. 예비 당첨까지 내려가서 겨우 당첨되는 경우도 있지만, 그런 단지는 상품성이 떨어지거나 나홀로 아파트인 경우가 많다. 경쟁이 적은 데는 그만한 이유가 있다.

이 지점에서 흔히 등장하는 것이 이른바 '로또 청약'에 대한 환상이다. 분양가 상한제가 적용되는 지역, 특히 강남·서초·송파·용산과 같은 곳이나 공공택지인 3기 신도시가 대표적이다. 이런 지역은 주변 시세 대비 분양가가 20% 이상 낮게 책정되기도 한다. 결과적으로 당첨과 동시에 수억 원의 시세차익이 발생할 수 있어 로또 청약이라는 이름이 붙었다.

하지만 이 로또 청약의 현실은 생각보다 훨씬 냉정하다. 실제 당첨자들은 장기간 무주택을 유지해온 고가점자들이고, 해당 지역 거주기간이 길고, 자녀가 있는 경우가 대부분이다. 이들끼리 경쟁해도 상위 극소수만 당첨된다. 게다가 이런 단지들은 대출도 제한적이어서 상당한 현금을 동원해야 한다.

2026년 1월, 이혜훈 기획예산처 장관 후보자가 '부정 청약' 의혹에 휩싸였다. 이혜훈 후보자의 배우자는 래미안 원펜타스 전용면적 137㎡A타입에 청약을 넣어 일반공급 1순위로 당첨되었다. 분양가 상한제 적용으로 분양가는 36억 7,840만 원, 현재 시세를 고려하면 시세차익은 2배 이상에 달할 것이라는 분석이 나온다. 당시 청약 가점은 84점 만점에 74점으로, 해당 평형 당첨자의 최저 당첨선(커트라인)이었다. 부양가족 수를 늘리기 위해 장남의 혼인신고를 미뤘다는 의혹이 제기되면서 '위장 미혼'과 '위장 전입' 논란이 불거졌다. 실제로 청약 신청일(2024년 7월)보다 7개월 앞선 2023년 12월에 장남이 결혼식을 올린 사실이 알려지며 의혹에 힘이 실렸다. 이미 20억 원 이상의 현금 자산과 다수의 상가 등 부동산을 보유한 상태에서 부정 청약 의혹까지 더해지면서 논란은 더욱 확산되었다. 당신은 이 국회의원보다 여유 있는 현금과 높은 청약 가점을 가지고 있는가? 그렇지 않다면 로또 청약에 대한 환상은 버리는 게 좋다.

많은 사람이 '당첨만 되면 돈을 버는 거 아닌가?'라는 생각을 쉽게 한다. 하지만 현재 수도권 분양권에는 전매제한이 적용된 상태다. 당첨되더라도 일정 기간 동안 매도가 불가능하고, 결국 실입주나 잔금을 위한 자금계획이 필요하다. 경험이 적을수록 이런 구조를 간과하기 쉽다.

로또 청약에 도전하는 것 자체를 말리고 싶은 것은 아니다. 다만 그것을 전제로 인생의 다음 단계를 설계할 필요는 없다는 것이다. 청약은 어디까지나 '되면 좋은 선택지'지 '기대고 기다릴 선택지'는 아니다. 청약에 당첨되면 그때 가서 판단하면 된다.

청약을 고민할 때 가장 먼저 따져봐야 할 것은 가점이다. 용산이나 강남3구처럼 누구나 선호하는 지역에 청약을 넣을 생각이라면 내 청약 가점이 어느 정도 되는지부터 냉정하게 확인해야 한다. 이런 조건을 갖춘 상태라면 "여기 청약을 해도 될까요?"라는 질문은 충분히 의미가 있다. 반면 가점도 없고, 거주 요건도 없는 상태에서 "청약을 기다릴까요?"라는 질문은 현실적인 질문이라고 보기 어렵다.

서울 주요 청약 단지들의 당첨 가점을 보면 기준은 명확하다. 최근 서울에서 분양된 단지들의 평균 당첨 가점은 대부분 60점대다. 마포, 광진, 서초 등 입지가 좋은 지역일수록 최저 가점조차 60점 안팎에서 형성된다. 이 말은 곧 서울 핵심지 청약은 일정 수준 이상의 무주택기간과 부양가족 수, 청약통장 가입기간을 갖춘 사람들만이 경쟁에 참여할 수 있다는 뜻이다.

간혹 40점대 당첨 가점이 나온 단지를 보고 '이 정도면 나도 가능하겠다'고 생각하는 경우가 있다. 하지만 가점이 낮게 형성된 데는 반드시 이유가 있다. 입지가 불리하거나, 교통 접근성이 떨어지거나, 생활 편의성이 부족한 경우가 대부분이다. 신축이라는 점만 놓고 보면 좋아 보일 수 있지만 시장은 입지와 편의성을 냉정하게 평가한다.

실제로 입지가 나쁜 일부 서울 신축 단지들은 분양 당시에는 분위기가 매우 뜨거웠지만 이후 시세가 분양가 수준에 머물렀다. 즉 완판되었다는 사실만으로 상품성을 판단하는 것은 위험하다. 청약으로 당첨되었다고 해서 100% 좋은 결과를 얻는 것은 아니다. 같은 자금이라면 더 나은 입지의 기존 아파트가 나을 수도 있다.

▌ 청약 가점제 항목별 배점

항목	배점 방법	총 배점
무주택기간	1년 미만(2점)부터 15년 이상(32점)까지 1년 단위로 2점씩 부과	32점
부양가족 수	부양가족 0명(5점)부터 6명 이상(35점)까지 1명당 5점씩 부과	35점
청약통장 가입기간	6개월 미만(1점)부터 15년 이상(17점)까지 1년 단위로 1점씩 부과	17점

* 합계 84점

청약 가점을 구조적으로 보면 더욱 분명해진다. 무주택기간 점수는 최대 32점이고, 부양가족 수 점수는 인원에 따라 10점, 15점씩 쌓인다. 청약통장 가입기간 역시 장기간 유지해야 점수가 올라간다. 무주택기간 10년, 자녀 수 1명, 청약통장 가입기간 10년을 유지해도 가점은 40점대 초반에 그친다. 이마저도 무주택기간은 만30세 이후부터 계산된다. 현실적으로 40대가 되어야 경쟁이 가능하다는 의미다.

이 구조를 알면 답은 명확해진다. 아직 사회초년생이거나 30대 초반이라 가점이 낮다면 청약을 인생의 주된 전략으로 삼는 것은 쉽지 않다. 무주택 상태에서 40대가 될 때까지 10년을 더 기다리고, 아이까지 낳아야 하는데 기회비용 측면에서 현실성이 떨어진다. 정말 청약을 목표로 한다면 집값이 오르든 말든 오랜 기간 무주택을 유지하겠다는 각오가 필요하다. 그렇지 않다면 청약은 '가능하면 도전해보는 선택지' 정도로 두는 것이 훨씬 현실적이다.

청약은 준비된 사람에게는 기회가 될 수 있다. 하지만 준비되지 않은 상태에서 막연히 기다릴 대상은 아니다. 가점을 기준으로 냉정하게 자신을 판단하는 것. 그것이 청약을 대하는 가장 현실적인 태도다.

3기 신도시를
노린다면

청약 이야기의 끝에는 늘 '3기 신도시'가 등장한다. 분양가 상한제가 적용되어 주변 시세보다 싸게 공급되고, 당첨만 되면 큰 시세 차익을 기대할 수 있다는 이유에서다. 흔히 말하는 '로또 청약'의 대표적인 사례다. 그래서 많은 사람이 마지막 희망처럼 3기 신도시 청약을 바라본다.

하지만 3기 신도시 역시 현실은 녹록치 않다. 과거 사전청약 당시 제시되었던 분양가보다, 실제 본청약 시점의 분양가는 이미 상당 부분 올라간 상태다. 주변 시세를 반영할 수밖에 없기 때문이다. 청약이라고 해서 무조건 싸게 받는 구조는 아니다. 강남3구나 용산처럼 분양가 상한제가 적용되는 극소수 지역이 아니라면 결국 '신축을 제값에 사는 것'에 가깝다.

그렇다면 3기 신도시는 상대적으로 당첨이 쉬울까? 결코 그렇지 않다. 하남 교산, 인천 계양, 부천 대장, 고양 창릉, 남양주 왕숙 등 주요 3기 신도시의 경쟁률을 보면 알 수 있다. 올해 분양된 하남 교산의 경우 59m² 타입에만 4만 명이 넘는 신청자가 몰렸고 경쟁률은 300대1을 훌쩍 넘었다. 이 정도 경쟁률은 '높다'는 표현으로도 부족하다.

이 구조에서 3기 신도시 청약이 의미를 가지려면 조건이 분명해야 한다. 해당 지역에 장기간 거주하고 있고, 가점이 높고, 당첨될 때까지 신규 주택 매수는 절대 하지 않겠다는 확고한 선택이 있어야 한다. 그래야 비로소 전략이 된다. 반대로 '혹시 되지 않을까?'라는 마음으로 가끔 넣어보는 정도라면 기대할 수 있는 결과는 거의 없다.

이미 부동산에 관심을 갖기 시작했을 때 청약 가점이 충분히 쌓여 있고 무주택기간도 길다면 이야기는 달라진다. 그런 경우라면 청약을 진지하게 공부해볼 만하다. 하지만 그렇지 않다면 3기 신도시에 지나치게 몰입할 필요는 없다. 기대할수록 시간만 흘러가고 그동안 시장은 다른 방향으로 움직이기 때문이다.

입지 역시 냉정하게 봐야 한다. 일부 3기 신도시는 교통과 생활 인프라가 아직 제대로 갖춰지지 않은 상태다. 외곽에 위치한 지역일수록 출퇴근 부담은 커지고, 입주까지 시간도 길다. 같은 자금이라면 이미 생활 인프라가 형성된 준신축이나 구축 아파트를 선택하는 것이 현실적일 수 있다. 신축이라는 이유만으로 몇 년의 시간을 기다리는 것이 항상 정답은 아니다.

결국 3기 신도시는 '되면 좋은 선택지'이지 인생의 다음 단계를 맡길 수 있는 계획은 아니다. 청약을 중심에 두고 시간을 보내기보다는 지금 내가 선택할 수 있는 현실적인 대안을 먼저 검토하는 것이 훨씬 중요하다.

무엇보다 청약이라고 해서 내 돈이 들지 않는 것은 아니다. 당첨되면 누군가 대신 비용을 부담해주는 구조가 아니다. 생애최초 대출로 분양가의 70%까지 대출을 받더라도, 최소 10% 이상은 반드시 현금이 필요하다. 여기에 중도금, 잔금까지 고려하면 실제로 들어가는 자기자본이 결코 적지 않다.

청약통장에 매달 납입한 금액도 마찬가지다. 매월 10만 원씩 2~3년을 넣었다면 그 돈 역시 내 자산이다. 단지 '청약을 위한 돈'으로 인식될 뿐이지 공짜가 아니다. 분양가가 10억 원이라면 대출을 최대한 활용하더라도 수억 원의 자기자본이 필요하다. 구조적으로 보면 기존 아파트를 매수하는 것과 크게 다르지 않다.

그럼에도 많은 사람이 청약을 선택하는 이유는 과거의 경험 때문이다. 예전에는 신축에 당첨만 되면 전세가가 빠르게 올라 잔금 시점에 전세를 맞춰 사실상 갭투자 형태로 보유하는 전략이 가능했다. 하지만 지금은 상황이 완전히 달라졌다. 수도권에서는 전세를 끼고 잔금을 치르는 것이 사실상 불가능해졌다. 실입주가 원칙이 되면서 과거에 통하던 전략이 더 이상 작동하지 않는 구조다.

이런 환경에서 청약만을 고집하는 태도는 오히려 위험하다. 청약은 언제나 '가끔' 나온다. 관심 있는 단지가 나오면 그때 집중해서 살펴보면 된다. 문제는 청약을 기다린다는 이유로, 평소에 내가 실제로 매수할 수 있는 아파트를 전혀 보지 않는 경우다. 청약만 바라보면 시장을 읽는 감각은 점점 떨어지고, 부동산에 대한 관심 자체가 멀어지기 쉽다.

최근 정책 변화도 이를 더욱 분명하게 만든다. 수도권 분양권의 전매 제한이 3년으로 강화되었다. 어떤 단지에 당첨되든 최소

3년 동안은 매도가 불가능하다. 그 전에 처분할 경우에는 과도한 세금 부담이 따른다. 즉 청약은 단기적인 자산 증식 수단으로 활용하기 어렵다.

정말로 평생 거주할 목적이 아니라면 청약을 통해 자산을 불리겠다는 생각은 다시 한번 점검해볼 필요가 있다. 청약은 분명히 좋은 기회가 될 수 있지만 그 전제는 명확하다. 내가 감당할 수 있는 자금 구조인지, 실입주가 가능한 상황인지, 그리고 장기간 보유할 의지가 있는지다.

청약은 선택지 중 하나일 뿐이다. 답은 아니다. 시간을 들여 기다리는 동안 지금 내가 움직일 수 있는 현실적인 선택지를 함께 살펴보는 태도가 훨씬 중요하다.

경매는 누구에게 맞는 선택인가?

과정이 번거롭고 진입장벽이 높은데 가격까지 저렴하지 않다면
경매를 주력으로 삼을 이유가 있을까?

경매는 어떨까? 결론부터 말하면 쉽지 않다. 청약과 경매에 대해
다소 부정적으로 들릴 만큼 현실적인 이야기를 하는 이유는 단순
하다. 내 집 마련의 과정에서 선택지가 많아질수록 오히려 결정
만 늦어지기 때문이다. 그래서 이 장에서 불필요한 선택지를 하
나씩 소거해가는 것이다.

경매에 대해 환상을 가진 사람이 꽤 있다. 시세보다 싸게 살
수 있고, 한 번에 큰 수익을 낼 수 있을 것 같다는 기대다. 하지만

무주택자가 경매부터 선택하는 것은 여러 면에서 불리할 수 있다. 경매로 내 집 마련을 하면 생애 최초로 받을 수 있는 각종 금융·세제 혜택을 활용하지 못할 가능성이 크고, 일반 매매 시장에서 충분히 비교할 수 있는 좋은 매물을 놓칠 수 있다.

경매는 구조적으로 '싸게 사는 것'과 '시세차익'에 초점이 맞춰져 있다. 실제 매물을 충분히 보지 못한 상태에서 판단해야 하는 경우도 많고, 권리분석과 명도와 같은 추가적인 부담도 따른다. 그만큼 에너지 소모가 크다. 막연히 '경매를 해볼까?'라는 생각으로 접근하기에는 요구되는 준비 수준이 결코 낮지 않다.

실제로 법원 경매 현장을 가보면 알 수 있다. 어느 지역이든 사람이 많다. 나 역시 최근에도 법원 경매 현장을 다녀왔는데 그 열기는 여전했다. 그렇다고 해서 모두가 싸게 낙찰받는 것은 아니다. 싸게 살 수 있는 기회는 분명 존재하지만, 그것은 경매를 '주력'으로 삼고 깊이 공부한 사람에게 해당되는 이야기다.

실제로 경매 시장 분위기를 보면 아파트를 시세보다 낮은 가격에 취득하는 것은 만만치 않은 일이다. 2025년 낙찰가율 자료를 보면 서울 아파트 경매 시장은 과열 조짐을 보인다. 참고로 낙찰가율은 감정가 대비 실제 낙찰가격의 비율로 100%를 넘으면 감정가보다 높은 가격에 낙찰되었다는 뜻이다. 지지옥션에 따르면 2025년 12월 서울 아파트 경매 낙찰가율은 전월 대비 1.5%p 오른 102.9%를 기록했다. 2022년 6월(110.0%) 이후 3년 6개월 만에 최고치다. 자치구별로 보면 양천구(122%), 성동구(120.5%), 강동구(117.3%) 등이 상승세를 주도했다. 권리분석과 명도 등 일반 매매에 비해 과정이 번거롭고 진입장벽이 높은데 가격까지 저렴하지 않다면 경매를 주력으로 삼을 이유가 있을까?

목적이 분명하고
공부가 충분하다면

만약 내 집 마련 자체를 경매로 하겠다는 명확한 목표가 있고, 그에 맞춰 경매 위주로 공부하고 움직일 생각이라면 이야기는 달라진다. 그런 경우라면 충분히 좋은 전략이 될 수 있다. 하지만 그렇지 않다면 경매에 기웃거리기보다 시장을 이해하고 아파트 시세를 꾸준히 보는 것이 낫다.

다만 최근 들어 경매에 대한 생각이 조금 달라졌다. 부동산 대책으로 인해 수도권에서는 매매사업자 대출이 사실상 막혔다. 단기 매매를 목적으로 한 매매사업자 대출이 제한되면서, 이른바

'단타' 수요가 크게 줄어든 것이다. 그 결과 경매 시장에서도 경쟁이 이전보다 완화되는 흐름이 나타나고 있다. 이런 환경에서는 조건이 맞는 사람에 한해 경매가 의미 있는 선택지가 될 수 있다. 단타가 목적이 아니라 실거주 또는 장기 보유를 전제로 한다면 지금의 경매 시장은 오히려 기회가 될 수 있다. 다만 이 역시 전제가 분명하다. 경매를 선택한다면 그에 맞는 공부와 준비가 반드시 필요하다.

정리하자면 이렇다. 경매는 모두에게 맞는 답이 아니다. 하지만 목적이 분명하고, 지금의 시장 구조를 이해하고 있다면 선택지 중 하나가 될 수는 있다. 중요한 것은 방법이 아니라 태도다. 막연한 기대가 아니라, 내가 감당할 수 있는 전략인지 스스로에게 묻는 것이 먼저다.

결국 답은
빠른 시작

내 집 마련은 언제나
빠르게 시작한 사람이 유리하다.

청약도, 경매도
답이 아니라면?

나 역시 모든 과정을 거쳤다. 청약을 고민했고, 경매도 알아봤고, 더 좋은 선택지가 있지 않을까 수없이 흔들렸다. 지금까지 이야기한 내용은 막연한 조언이 아니라, 직접 경험하고 시행착오를 겪으며 얻은 결론이다. 그 과정 끝에 남은 답은 단순했다. 내가 지금 가진 돈으로 살 수 있는 아파트들을 최대한 많이 비교해보고, 가능한 한 빨리 시작하는 것이 가장 낫다는 것이다.

과거에는 지금보다 정보가 훨씬 불확실했다. 만약 투자금이 5천만 원이라면 그 돈으로 어디를 사는 게 가장 나은지 스스로 발품을 팔아 찾아야 했다. 밤새 시세를 비교하고 데이터를 정리했다. 전국 시세를 이해하고 싶어서 매주 분양 일정을 확인했고, 분양가를 하나씩 정리하며 지역별 가격 감각을 익혔다. 시간이 많이 들고 비효율적이었지만 그 과정이 쌓이면서 시장을 보는 기준이 생겼다.

신축 분양은 그 지역의 현재 가치를 가장 잘 보여준다. 주변 시세와 상품성이 모두 반영되기 때문이다. 이 흐름을 오랫동안 보다 보니 어느 지역이든 대략적인 가격 수준이 머릿속에 잡히기 시작했다. 이 정도면 저렴한지, 비싼지, 프리미엄이 붙을 여지가 있는지 판단할 수 있게 되었다. 이런 기준은 단기간에 만들어지지 않는다. 시간을 들여 시장을 계속해서 보며 쌓이는 것이다.

이런 경험을 하면서 느낀 점은 분명했다. 대부분의 사람은 방향을 고민하느라 시간을 쓰고 정작 움직이지 못한다. 그러는 사이 시장은 계속 변하고, 같은 자금으로 갈 수 있는 선택지는 점점 줄어든다. 예전에 가능했던 지역이 어느 순간부터는 불가능해지고, 더 외곽으로 밀려나는 상황을 뒤늦게 체감하게 된다.

그래서 중요한 것은 복잡한 선택지를 늘리는 것이 아니라, 지금 가능한 범위 안에서 최대한 빨리 시작하는 것이다. 완벽한 타이밍을 기다릴 필요는 없다. 오히려 기다릴수록 선택지는 줄어든다. 지금 내가 살 수 있는 곳이 어디인지, 현재 기준으로 현실적인 선택지를 반복해서 확인하는 것이 훨씬 중요하다.

이 장에서 말하고 싶은 핵심은 이것이다. 청약을 기다리느라, 경매를 고민하느라 시간을 보내기보다 지금 나에게 가능한 선택지를 직시하라는 것이다. 내 집 마련은 언제나 빠르게 시작한 사람이 유리하다. 완벽해서가 아니라, 먼저 움직였기 때문이다.

PART 3

나의 첫
아파트로
가는 길

관점을 바꿔야
답이 보인다

중요한 것은 사람들이 왜 그곳을 선택하는지,
어떤 입지를 오래도록 선호하는지 이해하는 능력이다.

나의 관점이 아닌
타인의 관점으로

내 집 마련을 고민할 때 대부분의 사람은 자신의 관점에서만 집
을 본다. 직장과의 거리, 자녀 수, 신축 여부, 생활 편의성 등 주관
적인 조건을 중심으로 판단한다. 물론 이런 기준이 중요하지 않
다는 뜻은 아니다. 다만 이 방식만으로 집을 고르면 장기적으로

는 최선의 선택이 아닐 가능성이 높다.

내 집 마련의 본질을 다시 생각해볼 필요가 있다. 단순히 주거 안정만이 목적이라면 굳이 집을 살 이유는 없다. 월세나 전세가 더 합리적인 선택일 수 있다. 그럼에도 집을 산다는 것은 주거 안정과 함께 향후 시세차익까지 기대한다는 의미다. 그렇다면 기준은 달라져야 한다. 내가 좋아하는 곳이 아니라, 다수의 타인이 어떤 곳을 좋아하는지를 먼저 공부해야 한다. 시세는 언제나 다수의 선택에 의해 만들어지기 때문이다.

내 생활권 안에서만 집을 보다 보면 결국 그 범위 안에서 한정된 자금에 맞는 선택지를 고르게 된다. 그러다 보면 처음 마음에 든 아파트에 쉽게 애착이 생긴다. 하지만 시간이 지나 돌아보면 이런 생각이 들 때가 많다. '그때 시야를 조금만 더 넓혔더라면' 하는 후회는 생각보다 흔하다.

만약 과거로 돌아가 다시 내 집 마련을 해야 한다면 나는 이렇게 할 것이다. 가능한 한 많은 지역을 둘러보고, 남들이 좋다고 하는 곳을 보다 많이 공부할 것이다. 내가 좋아하는 집은 바뀔 수 있지만, 사람들이 좋아하는 입지는 훨씬 오래간다.

30대 초반, 아파트에 대해 거의 알지 못했기에 나 역시 같은 실수를 했다. 빼곡하게 지어진 아파트 단지들을 보면서 '저런 닭장 같은 아파트에 누가 살고 싶어 할까?'라고 생각했다. 내 기준으로 판단하고, 내 시선으로만 평가했던 것이다.

이를 잘 설명할 수 있는 대표적인 사례는 수원 화서역파크푸르지오다. 용적률이 높아 외관만 보면 병풍처럼 보일 수 있지만, 신분당선 역세권에 위치해 있고 대형 상업시설과 인접한 고층 대단지여서 선호도가 높다. 40층이 넘는 아파트는 주변 구축 아파트와 확연히 다른 인상을 주고, 자금 여력이 있는 수요층의 관심을 끌어낸다. 그 결과 서울에서 멀고, 광교도 아닌 서수원에 위치했음에도 높은 가격을 형성하고 있다. 내가 선호하지 않는 지역일 수는 있지만, 그 지역 내 거주민의 수요가 가격에 그대로 반영된 것이다.

부동산은 결국 공급과 수요의 시장이다. 공급은 집이고, 수요는 사람이다. 그렇다면 우리가 공부해야 할 대상은 집보다 사람이다. 정책이나 대출 조건, LTV와 같은 숫자도 중요하지만 그보다 더 중요한 것은 사람들이 왜 그곳을 선택하는지, 어떤 입지를 오래도록 선호하는지 이해하는 능력이다.

내 집 마련의 관점을 나 중심에서 시장 중심으로 옮기는 순간, 선택지는 달라진다. 이 관점의 전환이 있어야 비로소 다음 단계로 나아갈 수 있다.

가장 비싼 아파트가
알려주는 것

이 기준을 이해하는 순간, 앞으로 어떤 아파트를 봐야 할지
방향이 잡히기 시작한다.

대한민국에서 가장 비싼 국민평수 아파트는 반포에 위치한 래미안원베일리다. 초고가 하이엔드 아파트인 나인원한남과 같은 특수한 사례를 제외하고, 일반적인 전용면적 84m² 기준으로 가장 높은 가격을 형성하고 있다. 2026년 초 기준 평당가는 1억 8천만 원을 넘어섰고, 한강 조망이 가능한 세대는 70억 원에 거래되기도 했다.

　이 아파트가 왜 이런 가격을 형성할 수 있었는지를 보면 좋은

아파트의 기준이 명확하게 드러난다. 래미안원베일리는 서울 반포라는 입지에 위치해 있고, 한강변에 자리 잡아 쾌적성을 갖췄다. 역세권이면서 초등학교를 품은 초품아 단지고, 신축 아파트에 브랜드까지 갖췄다. 여기에 3천 세대가 넘는 대단지라는 조건까지 더해진다.

정리하면 이 아파트는 사람들이 선호하는 요소를 모두 갖추고 있다. 입지, 쾌적성, 편의성, 상품성이다. 서울이라는 입지, 한강변이라는 쾌적성, 역세권과 초품아라는 편의성, 신축·브랜드·대단지라는 상품성까지 갖췄다. 이런 조건을 충족할수록 아파트 가격은 높아지고, 하나씩 빠질수록 가격은 내려간다.

가격은 우연히
만들어지지 않는다

사실 내 집 마련의 정답은 어렵지 않다. 사람들이 좋아하는 요소를 최대한 많이 갖춘 집을 고르면 된다. 문제는 자본이다. 이런 조건을 모두 갖춘 아파트를 살 수 있는 사람은 많지 않다. 그래서 대부분은 선택의 과정에서 하나둘 포기하게 된다. 한두 가지 요소만 갖춘 아파트를 두고도 고민하게 되고, 어느 순간에는 '이 정도면 군이 사야 하나?' '차라리 청약을 기다리는 게 낫지 않나?'라는 생각이 들기도 한다.

여기서 가장 중요한 개념은 입지다. 서울이라는 입지는 단순한 행정구역의 의미가 아니다. 입지는 일자리다. 사람들이 경제활동을 하기 좋은 장소, 다시 말해 먹고사는 문제가 집중된 곳을 의미한다. 그중에서도 양질의 일자리가 많은 지역일수록 입지가 좋다고 평가된다. 여기에 일자리에 빠르게 접근할 수 있는 교통 환경이 더해지면, 시간적 거리가 줄어들고 입지 가치는 높아진다.

한강변이 상징하는 것은 쾌적성이다. 주거환경에서 쾌적함은 생각보다 큰 영향을 미친다. 가족과 함께 산책할 수 있는 공간이 있는지, 단지 주변이 걷기 좋은 구조인지, 유모차를 끌고 이동하기에 불편하지 않은지 등이 모두 포함된다. 서울에서 가장 상징적인 곳이 한강변이기 때문에 한강 조망과 인접성은 가격에 직접적으로 반영된다.

단지 내부뿐만 아니라 주변 환경도 중요하다. 단지 앞에 유흥주점이나 유해시설이 밀집해 있다면 다른 조건이 좋아도 가격이 제대로 형성되기 어렵다. 반대로 공원이나 정돈된 도로, 안정적인 상권이 형성된 곳은 장기적으로 선호도가 유지된다.

역세권과 초품아는 편의성을 대표하는 요소다. 사람들은 주거에서만큼은 불편함을 피하려 한다. 아이를 가까운 학교에 보낼 수 있는 환경, 대중교통을 이용하기 수월한 위치, 생활권 안에 상업시설이 갖춰진 입지는 시간이 갈수록 더 큰 가치를 가진다.

결국 가장 비싼 아파트는 우연히 만들어지지 않는다. 사람들이 좋아하는 이유가 분명하고, 그 요소들이 가격에 그대로 반영된 결과다. 이 기준을 이해하는 순간, 앞으로 어떤 아파트를 봐야 할지 방향이 잡히기 시작한다.

좋은 아파트를
판단하는 기준

집을 공부하는 것이 아니라,
사람을 이해하면 된다.

사람들은 왜 신축을 좋아할까? 왜 브랜드 아파트를 선호할까? 왜 대단지를 찾을까? 답은 단순하다. 대부분의 사람은 새 상품을 선호하기 때문이다. 스마트폰을 떠올려보면 이해가 쉽다. 오래된 모델보다 신제품이 나올 때마다 더 많은 사람의 선택을 받는다. 기능과 디자인, 사용성 모두 이전보다 개선되기 때문이다.

아파트도 마찬가지다. 2000년대에 지어진 아파트만 해도 지하주차장이 단지와 연결되지 않은 경우가 많았다. 지금은 지하주차장이 단지와 완전히 연결되어 있고, 집 안에서 엘리베이터를 호출하면 바로 앞까지 올라온다. 음식물 처리 시스템, 섀시 성능, 환기 시설, 단열과 방음까지 모든 요소가 이전보다 발전했다. 아파트는 시간이 지날수록 진화하고 있다.

물론 재건축 대상 아파트에서 미래 가치를 보고 들어가 '몸테크'를 선택하는 수요도 있다. 하지만 이런 수요는 신축 아파트를 선호하는 실수요에 비하면 분명히 적다. 실제로 많은 사람이 원하는 것은 명확하다. 내가 들어가 바로 거주했을 때 새것이라는 만족감이 있고, 쾌적하고, 디자인이 깔끔하고, 커뮤니티와 조경까지 잘 갖춰진 환경이다. 이것이 상품성이다.

네 가지
핵심 요소

정리하면 내 집 마련을 할 때 고려해야 할 요소는 네 가지로 압축된다. 입지, 쾌적성, 편의성, 상품성이다. 여기서 학군을 따로 떼어 강조하는 경우가 많은데, 학군은 반은 맞고 반은 틀린 기준이다. 학군은 위 네 가지 요소가 잘 갖춰진 지역에 자연스럽게 형성되는 결과에 가깝다.

　물론 학군을 보고 집을 선택하는 사람도 여전히 많다. 다만 최근에는 학군 하나만 보고 움직이기보다는, 살기 편하고 쾌적한 아파트를 더 중요하게 여기는 경향이 강해졌다. 게다가 학군은 특정 아파트 하나에 붙어 있는 요소가 아니라, 지역 전체 생활권에 걸쳐 형성되고 쉽게 바뀌지 않는다. 그래서 학군은 개별 아파트를 고르는 기준이라기보다, 어느 생활권을 선택할 것인지를 판단하는 상위 기준에 가깝다.

　예를 들어 학군이 좋은 A지역에 살고 있는 사람을 떠올려보자. 그 지역 안에서는 어디가 쾌적한지, 어디가 살기 편한지, 어떤 아파트가 선호도가 높은지 대략 알고 있다. 하지만 그 범위를 조금만 벗어나면 갑자기 판단이 어려워진다. 이때 많은 사람이 "부동산은 어렵다"고 말한다. 하지만 본질은 단순하다. 사람들이 무엇을 좋아하는지를 잘 모를 뿐이다.

　또 다른 예를 들어보자. 잘 알지 못하는 B지역에서 신축 아파트가 분양된다고 하자. 청약을 고려한다면 입지가 어떤지, 일자리 접근성은 좋은지, 쾌적한 환경인지, 골목 깊숙한 곳에 위치해 이동이 불편하지는 않은지 등을 종합적으로 봐야 한다. 주변에 마트가 있는지, 초등학교는 얼마나 가까운지와 같은 기본적인 편의성도 반드시 확인해야 한다.

청약을 하다 보면 모델하우스나 광고물 홍보 문구에 쉽게 흔들리기 쉽다. 신축을 홍보할 때는 모든 장점을 최대한 부각시키기 때문이다. 실제로는 2km 떨어진 거리도 '역세권'이라는 표현으로 포장되기도 한다. 걸어보면 결코 가까운 거리가 아닌데도 말이다.

그래서 중요한 것은 타이틀이 아니라 사람들의 선택이다. 부동산에 붙은 수식어보다 사람들이 정말로 선호할 만한 곳인지 냉정히 판단할 수 있어야 한다. 부동산을 어렵게 느낄 필요는 없다. 집을 공부하는 것이 아니라, 사람을 이해하면 된다.

사람들은 언제
집을 사는가?

집을 사게 되는 시점은 우연이 아니라
삶의 변화가 만들어낸 필연이다.

아파트를 바라보는 관점을 전환했다면 이제 사람들이 언제 집을 사는지 이해해야 한다. 어디를 사느냐만큼 언제 사느냐 역시 중요하기 때문이다. 좋은 아파트라도 시기를 놓치면 결과는 크게 달라질 수 있다.

사람들이 집을 사는 동기는 대부분 '필요성'이다. 지금 이 책을 읽고 있는 독자 역시 처음부터 투자를 목적으로 집을 보지는 않았을 것이다. 결혼, 출산, 이직, 전세 불안과 같은 계기가 생기면서 '이제는 집이 필요하겠다'는 생각이 들기 시작했을 것이다.

다만 필요성을 느끼는 순간, 바로 부동산으로 향하는 경우는 거의 없다. 대부분은 먼저 공부를 시작한다. 책을 찾아보고, 유튜브와 블로그를 살펴본다. 그 과정에서 오래 활동한 전문가처럼 보이는 사람들과 만나게 된다. 자연스럽게 강의를 듣거나 컨설팅을 신청하기도 한다. 이 단계까지는 많은 사람이 비교적 성실하게 도달한다.

문제는 그다음이다. 부동산 공부를 꽤 많이 했음에도 불구하고 실행으로 옮기지 못하는 경우가 많다. 이론은 머릿속에 쌓였지만 실제로 집을 사본 경험은 없는 상태다. 마치 고시촌의 장수생처럼, 공부만 계속하고 합격은 없는 상황이다. 이제 필요한 것은 추가적인 정보와 공부가 아니라 계기다. 그리고 그 계기를 만들어주는 것은 보통 사람이다. 대단한 투자 고수가 아니라 부모님일 수도 있고, 강의를 들었던 강사일 수도 있고, 먼저 집을 산 지인일 수도 있다. 누군가의 한마디가 '좀 더 공부해야 하나?'라는 의문을 '지금 사야 하는구나'라는 확신으로 바꿔준다.

처음부터 스스로를 완전히 믿고 투자에 확신을 갖는 경우는 드물다. 그래서 대부분은 주변에 확인을 받으려 한다. 가족이나 형제에게 의견을 묻고, 동네 공인중개사무소에 들러 질문을 던진다. 아파트 시장에는 준전문가가 워낙 많다 보니 주변의 말 한마디에 쉽게 흔들리기도 한다. 본인 기준 없이 "여기 괜찮다더라" 하는 말에 실행까지 이어지는 경우도 적지 않다.

하지만 내가 정말로 내 집 마련을 진지하게 고민하고 있고, 실행까지 염두에 두고 있다면 한 가지는 반드시 이해해야 한다. 사람들이 언제 집을 필요로 하게 되는지에 대한 흐름이다. 지금의 나는 왜 집이 필요한지, 그리고 다른 사람은 보통 어떤 시점에 집을 찾기 시작하는지 이해한다면 시장을 바라보는 시선이 달라진다. 그러한 이해는 내가 집을 사야 할 시기를 판단하는 데 큰 도움이 된다.

집을 필요로 하는 '시기'에 대해선 데이터를 기반으로 좀 더 구체적으로 후술할 예정이다. 이번 장에서는 상식적인 이야기부터 다뤄보겠다. 생애주기를 기준으로 보면 집을 찾는 시점이 훨씬 또렷하게 보이기 시작한다.

내 집 마련이 필요한 순간들

처음으로 집을 진지하게 필요로 하게 되는 시점은 대부분 결혼이다. 전세든 매매든 함께 살 공간이 필요해지면서 주거 문제가 현실로 다가온다. 자금 여력이 되는 경우 신혼부부 혜택이나 생애 최초 대출을 활용해 결혼과 동시에 내 집 마련을 시도한다. 과거에는 결혼하면 전월세로 시작하는 것이 일반적이었지만, 최근에는 대출에 대한 이해도가 높아지면서 월세 비용과 주택담보대출 이자를 비교해 더 유리한 선택을 하려는 사람이 늘어났다. 결혼은 그 자체로 집이 필요해지는 분명한 계기다.

출산 역시 마찬가지다. 아이가 태어나고 성장하기 시작하면 주거환경에 대한 기준이 달라진다. 녹물이 나오는 구축이나 계단을 오르내려야 하는 빌라에서 아이를 키우는 것에 불안이 생긴다. 기어 다니는 공간, 목욕 환경, 안전 문제까지 생각하게 되면서 자연스럽게 주거에 대한 고민이 깊어진다. 이 시점에 내 집 마련을 실행하는 사람도 있지만, 자금이 충분하지 않으면 일단 상황에 적응하며 다시 미뤄두기도 한다.

자녀가 학령기에 접어들면 집에 대한 고민이 다시 한번 크게 찾아온다. 아이가 학교에 들어갈 무렵이면 어느 정도 자금도 있고 잦은 이사로 불편함도 누적된 상태다. 학교 분위기와 친구 관계가 아이의 성장 과정에 중요한 영향을 미친다는 것을 대부분의 부모가 경험적으로 알고 있어 이 시기에 내 집 마련 수요가 집중된다. "나는 학군을 그렇게 중요하게 생각하지 않는다"고 말하는 사람도 있지만 여전히 많은 가정이 이 시기에 내 집 마련을 실행한다. 실제로 상담해보면 자녀가 학령기일 때 움직이는 경우가 매우 많다.

주거비가 급격히 오를 때도 사람들은 집을 필요로 하게 된다. 최근에는 전세보다 월세가 더 큰 부담으로 다가오는 경우가 많다. 서울의 월세 상승률은 전세 상승률을 넘어섰고, 대출 규제와 DSR 적용으로 전세의 진입장벽도 높아졌다. 전세 공급은 줄어들고, 월세 수요는 늘어나면서 월세 부담은 더욱 커졌다. 여기에 과거 임대차 제도 변화로 전세금이 급등했던 경험, 빌라 전세 사기 사건까지 더해지면서 전세 자체를 위험하게 인식하는 분위기도 형성되었다.

이런 환경 속에서 월세 부담이 커질수록 사람들은 '차라리 이 돈이면 대출 이자를 갚는 게 낫지 않을까?'라는 고민을 한다. 결국 매매, 전세, 월세 중 하나를 선택해야 하는 상황에서 자신에게 가장 유리한 선택이 무엇일지 고민하게 된다.

청약 실패 역시 중요한 계기다. 가점과 당첨 가능성을 정확히 모른 채 무작정 청약을 넣다가 계속 탈락하는 경우가 많다. 그러다 보면 기대감은 점점 조급함으로 바뀐다. 운 좋게 당첨되더라도 입지가 좋지 않은 곳에 걸려 고민 끝에 청약통장만 소모하고 끝나는 경우도 적지 않다. 특히 이 과정에서 주변 집값이 오르기 시작하면 불안감은 더욱 커진다. 나만 계속 무주택자로 남는 것은 아닐지, 점점 더 외곽으로 밀려나는 것은 아닐지 여러 고민이 머리를 스친다.

이 조급함 속에서 충분한 비교 없이 호가에 매수하는 사람도 생긴다. 지금 이 책을 읽고 있는 독자 중에도 비슷한 감정을 느끼는 사람이 분명 있을 것이다. 최근 집값 상승을 보며 불안감이 커졌기에 이 책을 집어 들었을 가능성이 크다. 사실 이 책을 선택했다는 것 자체가, 이제 당신이 '집이 필요한 시점'에 접어들었다는 강력한 신호다.

이제 중요한 것은 멈추지 않는 것이다. 이 책을 끝까지 읽고, 흐름을 이해하고, 반드시 실행으로 옮기길 바란다. 집을 사게 되는 시점은 우연이 아니라 삶의 변화가 만들어낸 필연이다.

효율적으로 공부하는 법

부동산 공부를 아무리 오래, 깊게 하더라도
모두가 도달하는 결론은 하나다.

집이 필요해지는 시점을 지나면 다음 단계는 자연스럽게 공부다.
사람들이 집을 사는 과정은 크게 세단계로 구분된다.

필요성 → 학습 → 실행

먼저 필요성을 느낀다. 결혼, 출산, 주거비 상승, 청약 실패와
같은 계기로 '이제는 집을 사야겠다'는 생각이 든다. 그러면 바로

실행하지 않고 대부분 공부부터 시작한다. 책을 읽고, 유튜브를 보고, 블로그를 찾아본다. 그러다 어느 정도 방향이 잡히면 강의를 듣거나 컨설팅을 받는다. 혼자서 끝까지 결정하는 경우는 드물다. 누군가에게 배우고 확인받는 과정을 거의 반드시 거친다. 요즘은 그만큼 공부하기 좋은 환경이 갖춰져 있다.

　지금은 강의를 하는 입장이지만 나 역시 과거에 수많은 강의를 들었다. 강의를 보다 보면 공통된 틀이 보인다. 방식은 달라도 흐름은 거의 비슷하다. 대부분의 강의는 마인드셋과 관련되어 있다. 왜 집을 사야 하는지, 왜 지금 고민해야 하는지부터 정리한다. 특히 아직 매수 경험이 없는 무주택자에겐 이 단계가 무척 중요하다. 계약 이후 불안하지 않기 위해서다. 이 책 역시 비슷한 역할을 한다. 내 집 마련을 앞두고 흔들리지 않도록 기준을 먼저 세우는 것이다.

　그다음은 입지 공부다. 어디에 일자리가 많고, 교통은 어떻게 연결되어 있고, 어떤 지역에 GTX나 개발 호재가 있는지 배우게 된다. 유튜브를 통해서도 학습이 가능하다. 이 과정에서 시야가 넓어진다. 예전에는 관심도 없던 지역이 눈에 들어오기 시작한다.

　입지를 어느 정도 이해하면 손품 단계로 들어간다. 여기서부터는 디테일이다. 초등학교는 어디에 있는지, 도보 거리는 어느 정도인지, 동선에 마트는 있는지, 주변 환경은 어떤지 하나씩 따져본다. 해당 지역을 꽤 깊이 들여다보게 된다.

그다음이 임장이다. 당장 살 집이 아니더라도 사람들이 좋아하는 동네와 단지를 직접 가본다. 조를 짜서 다니며 이야기를 나누고, 공인중개사무소에 들어가서 분위기도 본다. 처음 한두 번의 임장은 굉장히 신선하고 도움이 된다. 하지만 여기서 많은 사람이 착각을 한다. 임장을 많이 한다고 해서 다가 아니다. 임장만 반복하는 건 생각보다 비효율적이다.

이렇게 손품과 임장까지 마치고 나면 항상 마지막에 도달하는 단계가 있다. 예산 설정이다. 모든 강의의 마지막 커리큘럼은 결국 이 지점으로 모인다. '내 돈'이다. 아무리 강남 입지를 공부해도, 아무리 좋은 단지를 많이 봐도 결국 내가 살 수 있는 예산 안에서 다시 선택지를 줄여야 한다. 그리고 그 안에서 단지를 비교하고, 다시 임장하고, 매수하는 과정을 거치게 된다.

여기서부터가 진짜 시작이다. 입지를 아는 것과 내 예산 안에서 실행하는 것은 완전히 다른 문제다. 효율적인 공부란 지식을 쌓는 데서 끝나는 것이 아니라, 실제 매수라는 마지막 단계까지 빠르게 연결하는 것이다.

공부를 오래해도
결론은 하나다

부동산 공부를 아무리 오래, 깊게 하더라도 모두가 도달하는 결론은 하나다. 내가 살 수 있는 예산 안에서 갈 수 있는 곳 중, 가장 좋은 선택지를 고르는 것. 이 사실을 받아들이는 것이 부동산 공부의 출발점이다.

많은 사람이 착각한다. 더 많이 공부하면, 더 오래 임장을 다니면 언젠가는 정답이 보일 것이라고 생각한다. 하지만 부동산 공부를 한다고 해서 내 예산이 늘어나는 건 아니다. 오히려 공부가 길어질수록 시간만 지나가고 그동안 집값은 움직인다. 그래서 효율적인 공부가 중요하다.

가장 빠르고 현실적인 방법은 간단하다. 내 투자금으로 지금 당장 갈 수 있는 곳부터 추려서 비교하는 것이다. 과녁을 정해놓고 쏴야 맞는다. 대한민국 전체를 공부하겠다고 방사형으로 임장을 다니는 건 비효율적이고 지치기 쉽다. 내 집 마련을 한다고 해서 전국을 다 돌아다닐 필요는 없다. 발에 물집 잡힐 때까지 임장을 다니는 게 공부가 아니다.

타깃을 명확히 정해야 한다. 나는 지금 예산으로 어디까지 갈 수 있는가? 서울이라면 어느 권역까지 가능하고, 수도권이라면 어느 도시까지 볼 수 있는가? 이 범위를 먼저 설정해야 범위가 압축된다.

이건 객관식 시험과도 같다. 가장 효율적인 공부법은 기출문제부터 보는 것이다. 책도 마찬가지다. 1페이지부터 끝까지 읽는다고 이해도가 높아지지 않는다. 중요한 부분이 어디인지 알고 읽어야 효율이 나온다. 나 역시 책을 읽을 때 처음부터 끝까지 읽지 않는다. 목차를 보고 필요한 부분부터 본다. 부동산 공부도 똑같다. 방향 없이 A부터 Z까지 훑는 방식은 반드시 중간에 포기하게 된다. 그래서 사람들이 부동산 공부가 어렵다고 느끼는 것이다.

소크라테스는 "너 자신을 알라"고 했다. 부동산에서도 똑같다. 내가 가진 자금, 내가 감당할 수 있는 예산, 내가 이동할 수 있는 범위를 정확히 아는 것이 가장 중요하다. 내가 관악구에 산다고 해서 반드시 관악구에서 집을 사야 하는 건 아니다. 시야를 넓혀야 한다. 영등포도 보고, 동작도 보고 경우에 따라 더 멀리도 볼 수도 있다. 거리가 조금 멀더라도 사람들이 좋아하는 집이라면 그쪽이 나은 선택일 수 있다.

당장은 불편할 수 있다. 하지만 5년, 10년 뒤에 돌아보면 차이는 분명해진다. '나' 중심으로 고른 아파트보다 '남' 기준으로 고른 아파트의 상승률이 훨씬 좋았다는 것을 뒤늦게 깨닫게 된다. 그래서 다시 '기준'으로 돌아가야 한다. 사람들이 좋아하는 요소를 점검해야 한다. 서울인지, 한강변인지, 신축인지, 브랜드인지, 대단지인지, 초품아인지, 역세권인지 등을 따져야 한다. 이것을 압축한 네 가지 기준(입지·쾌적성·편의성·상품성)을 놓쳐서는 안 된다.

네 가지 기준을 얼마나 많이 갖추고 있는지를 비교하라. 예산 안에서 이 요소를 하나라도 더 갖춘 곳이 있다면 그게 최선의 선택이다. 부동산 공부의 목적은 지식을 쌓는 데 있지 않다. 지금 내 예산으로 가장 나은 결정을 빠르게 내리는 것. 이러한 관점으로 접근하면 막막했던 내 집 마련이 구체적인 선택지로 바뀌기 시작한다.

많이 보고,
자주 보라

결국 내 집 마련은 정보 싸움이 아니라
관찰 싸움이다.

자주 보는
사람이 승자다

부동산은 내가 관심을 끊고 있는 동안에도 계속 움직인다. 거래는 이어지고, 좋은 가격의 매물은 잠깐 등장했다가 금방 사라진다. 그래서 부동산 투자는 '자주 보는 사람'이 유리하다. 많은 사람이 "나중에 상황이 좋아지면 사야지"라고 말하지만 그 '나중'을 잡는 사람은 결국 평소에 꾸준히 들여다보던 사람이다. 타이밍은 기다리는 사람에게 오는 게 아니라, 관찰하는 사람에게 먼저 보인다.

당근마켓에서 노트북 한 대를 산다고 가정해보자. 내가 1~2시간만 접속해도 그 안에서 가장 싼 물건을 고를 수 있다. 하지만 접속시간이 늘어나고, 비교 범위가 넓어질수록 더 합리적인 매물을 만나게 된다. 부동산도 똑같다. 같은 예산이라도 더 자주 보고, 더 많이 비교할수록 '이 가격이면 괜찮다'는 감각이 생기고, 그 감각이 결국 좋은 매물을 싸게 잡는 힘이 된다. 이건 이론이 아니라 오래 시장을 보다 보면 체득되는 현실이다.

지도와 시세 분포를 자주 들여다보는 습관은 특히 중요하다. 가격이 높게 형성된 곳은 단순히 비싸서가 아니라, 사람들이 선호하는 이유가 분명한 곳이다. 반대로 가격이 낮게 형성된 곳은 불편함이나 리스크를 반영한 가격일 가능성이 높다. 즉 '가격'은 선호도의 결과다. 지도를 반복해서 보면 내가 좋아하는 곳과 사람들이 좋아하는 곳의 차이가 점점 보이기 시작하고, 그 차이를 이해하는 순간 선택의 질이 달라진다.

정책이 나오거나 규제가 바뀔 때도 마찬가지다. "정책이 나왔네?" 하고 지나가면 끝이지만, 자주 보는 사람은 그 순간부터 질문이 달라진다. 이 변화로 인해 수요가 막히는 곳은 어디인지, 반대로 반사효과가 생길 곳은 어디인지, 그리고 지금 시장 참여자들은 어떤 방식으로 움직일지 예측하고 분석한다. 부동산 시장은 '정답'보다 '흐름'을 보는 게임이고, 흐름은 자주 보는 사람에게만 보인다.

예를 들어 규제가 강화되면 모든 지역이 똑같이 멈추는 것이 아니다. 어떤 구간은 거래가 줄어들고, 어떤 구간은 대체재로 수요가 이동한다. 재건축·재개발의 경우 규제 이벤트에 따라 처분이 어려워지는 상황이 오면 사람들의 행동이 더 빨라지기도 한다. 나중에 팔기 어려워질 수 있다는 신호가 보이면 보다 빨리 정리하려는 매도세가 생긴다. 그 매도물량이 나올 만한 단지나 구간을 미리 알고 있으면, 시장이 조용해 보이는 순간에 기회를 포착할 수 있다.

모든 정비사업 제도나 세부 규정을 완벽히 외워야 하는 게 아니다. 핵심은 '자주 보면서 흐름을 읽는 습관'이다. 예컨대 어떤 지역은 제도상 특정 단계 이후 매도가 까다로워질 수 있고, 세금이나 각종 기준일을 앞두고 매물이 늘어나는 경향도 나타난다. 이런 변화는 예고 없이 갑자기 드러나는 게 아니라, 관심을 두고 관찰할 때 미리 보인다.

관찰 방식은 단순하다. 첫째, 내 예산 범위 안에서 볼 지역을 정하고, 둘째, 그 범위 안에서 시세와 거래 흐름을 반복해서 확인하고, 셋째, 정책이나 규제 변화가 나오면 '이 변화로 매물이 나올 곳은 어디고, 수요가 옮겨갈 곳은 어디인가?'를 한 번 더 생각하라. 이렇게 '문제를 보고 해설을 거꾸로 적용하는 방식'으로 접근하면, 지금까지 몰랐던 기회를 내 예산 안에서 발견할 가능성이 높아진다.

결국 내 집 마련은 정보 싸움이 아니라 관찰 싸움이다. 많이 보고, 자주 보고, 비교하는 습관이 쌓이면 어느 순간부터 시장이 설명되기 시작한다. 그리고 그때부터 기다리는 사람이 아니라, 선택하는 사람이 된다.

멘토의
중요성

아무리 많이 보고, 많이 비교하더라도 결국 실행 직전에는 멘토가 필요하다. 나 역시 처음 부동산을 공부하고 강의를 들었던 게 약 10여 년 전이다. 당시 여러 유명 강의를 접했지만, 그중에서도 가장 와 닿고 진정성이 느껴졌던 사람이 있었다. 유나바머라는 분이다. 그분을 자연스럽게 멘토로 여기게 되었고, 강의를 반복해서 듣고 글을 찾아보며 그의 관점과 안목을 이해하려고 노력했다.

유나바머님과 함께 식사하는 자리에서 내 상황을 설명한 적이 있다. 그때 그가 해준 말은 단순했다.

"치열하게 해야 된다."

그 한마디가 이상하게 마음속에 오래 남았다. 당시 수도권 상승장이 막 시작되던 시점이었다.아마 유나바머님은 그 대화를 기억하지 못할 수도 있다. 하지만 그 순간을 기점으로 그분의 생각을 이해하려고 노력하고, 칼럼을 꾸준히 찾아보고, 출간한 책도 읽어보며 계속해서 관점을 배우려 했다.

멘토라는 존재는 대단한 조언을 매번 해주는 사람이 아니다. 중요한 순간에 흔들림 없이 방향을 잡아주는 사람이다. 내가 지금 무엇을 해야 하는지, 혹은 무엇을 포기해야 하는지를 명확하게 말해줄 수 있는 사람이 멘토다. 그래서 이 책을 읽는 여러분도 멘토라고 느껴지는 사람이 있다면, 그 사람의 책을 읽어보고 생각의 흐름을 차분히 따라가보길 권한다.

만약 이 책을 통해 내가 그 역할을 하게 된다면, 나는 그 책임을 가볍게 생각하지 않는다. 나 역시 시행착오를 겪어왔고, 그 과정에서 많은 도움을 받았기 때문에 지금의 관점을 만들 수 있었다. 이 책은 올해 나의 첫 목표였다. 보다 많은 사람이 시행착오를 겪지 않도록 돕고 싶었다.

멘토는 답을 대신 내려주는 사람이 아니다. 다만 실행 직전에 마음이 흔들릴 때, 다시 기준으로 돌아오게 해주는 사람이다. 내 집 마련의 마지막 단계에서 등을 떠미는 힘은 '확신'에서 나온다. 그 확신을 멘토에게 빌릴 수 있다면, 실행은 훨씬 빨라진다.

PART 4

나를 알아야
첫 아파트가
보인다

무주택자가 반드시 하게 되는 고민

무주택자들이 내 집 마련을 고민하기 시작하면
거의 반드시 마주하게 되는 질문이 있다.

무주택자들이 내 집 마련을 고민하기 시작하면 거의 반드시 마주하게 되는 질문이 있다. 아파트를 사는 게 맞을까, 아니면 다른 선택지를 먼저 봐야 할까 하는 고민이다. 특히 아파트 가격이 이미 많이 오른 상황에서 원하는 지역은 너무 비싸 보이고, 자금은 한정되어 있다 보니 이런 고민은 커질 수밖에 없다.

요즘 가장 자주 받는 질문도 비슷하다. "재개발 구역 투자가 나을까요, 아니면 제가 가고 싶은 지역의 아파트가 나을까요?"라는 질문이다. 어느 정도 사업이 진행된 재개발 구역은 이미 가격이 상당 부분 반영된 경우가 많다. 그래서 투자자는 입지가 뛰어난 재개발 지역을 선택할 것인지, 아니면 입지는 다소 아쉽더라도 즉시 거주가 가능한 아파트를 선택할 것인지 갈림길에 서게 된다.

이 질문에 대해 먼저 분명히 말하고 싶은 게 있다. 재개발에 대한 이해가 충분하지 않은 상태에서 생애 최초 내 집 마련을 위해 초기 재개발을 선택하는 것은 추천하지 않는다. 재개발은 아파트와 전혀 다른 성격의 투자이기 때문이다. 지역을 보는 눈, 사업 진행 단계에 대한 이해, 시간에 대한 인내까지 함께 요구된다. 이런 준비 없이 접근하면 시간이 지난 뒤 "그때 이렇게 했어야 했는데"라는 후회가 남기 쉽다.

특히 처음 내 집 마련을 하는 단계에서는 시야가 아직 좁을 수밖에 없다. 지역에 대한 경험도 부족하고, 시장의 흐름을 몸으로 겪어보지 않았기 때문에 판단 기준이 흔들리기 쉽다. 이런 상태에서 재개발을 선택하면, 불확실한 시간과 변수 앞에서 심리적으로 버티기 어려워진다. 그래서 이 장에서는 재개발이냐, 아파트냐를 단순히 흑백 논리로 나누지 않는다. 각각의 선택이 어떤 성격을 가지고 있고, 어떤 사람에게 더 맞는지, 그리고 무주택자라면 어떤 순서로 접근하는 것이 현실적인지를 차분하게 정리해 보려 한다. 이 과정을 통해 스스로에게 맞는 방향을 판단할 수 있기를 바란다.

우리가 지금 살고 싶어 하는 대부분의 아파트들은 이미 외관도 좋고 입지도 뛰어나기 때문에 높은 가격에 거래된다. 그래서 많은 사람이 "지금 이 가격에 사는 게 맞을까?"라는 고민을 하게 된다. 하지만 중요한 사실 하나를 놓치기 쉽다. 지금 여러분 주변에 보이는 신축 아파트는 처음부터 신축이 아니었다.

예를 들어 서초 반포의 래미안원베일리는 대한민국을 대표하는 고가 아파트지만, 과거에는 경남아파트와 신반포3차가 있던 구축 단지였다. 이 단지는 2015년에 조합 설립 인가를 받고, 약 10년에 가까운 시간을 거쳐 입주까지 왔다. 재건축 기대감이 형성되었던 당시에도 가격은 낮지 않았지만, 지금의 가격과 비교하면 분명 다른 수준이었다. 결국 지금의 높은 가격은 재건축이라는 과정과 시장 상승이 함께 반영된 결과다.

재건축이 아닌 재개발을 보는 이유도 여기에 있다. 재건축은 애초에 입지가 좋은 곳에서 시작되는 경우가 많아 초기 가격부터 부담스러운 반면, 재개발은 빌라촌에서 출발하는 경우가 많다. 하지만 빌라 상태에서 바라보면 이곳이 과연 언제 개발될지, 정말 아파트가 들어설 수 있을지 판단하기 어렵다. 그래서 초보자일수록 더 혼란을 느끼게 된다.

재개발은 일정한 과정을 거친다. 시간이 지나 노후도가 충족되고, 주변 아파트 가격이 오르기 시작하면 그 안에서 추진 주체들이 생긴다. 구역계를 나누고, 재개발 추진 여부를 묻는 동의서를 걷는다. 이후 지자체에 접수해 교통과 환경에 미치는 영향, 기본계획 등을 심의받아 구역 지정을 받는다. 구역이 지정되면 조합이 설립되고, 조합 설립 인가는 사업을 공식적으로 진행할 주체가 생겼다는 의미다.

그다음에는 사업계획 인가를 받는다. 어떤 건물을 몇 층으로 짓고, 몇 세대를 공급하고, 일반 분양물량은 어느 정도인지가 이 단계에서 정해진다. 이후 관리처분 인가를 거쳐 이주와 철거가 진행되고, 착공과 분양으로 이어진다. 건물이 올라가기 시작하면 그때부터는 해당 지역에 관심 없던 외부 수요까지 유입된다. '나도 여기 들어가고 싶다'는 수요가 생기면서 청약이 이뤄지고, 입주 후에는 일반 아파트로 거래된다.

이렇게 보면 아파트의 생애주기는 명확하다. 같은 입지 안에서도 어느 단계에 있느냐에 따라 이름만 달라질 뿐, 본질은 같다. 땅 위에 건물이 올라가고, 그 땅과 건물을 함께 소유하는 구조는 변하지 않는다.

　아파트를 매수하는 방식은 이 생애주기에 따라 크게 네 가지로 나뉜다. 첫째는 재개발 구역으로 지정되기 전 단계의 빌라를 매수하는 경우다. 둘째는 조합 설립 이후 조합원 지위를 양도받는 입주권 매수다. 셋째는 분양 이후 청약 당첨자나 투자자로부터 분양권을 매수하는 방식이다. 마지막은 입주가 끝난 뒤 일반 매매로 아파트를 사는 경우다.

　서울의 아파트는 대부분 이 과정을 반복해왔다. 낡은 건물이 허물어지고, 새 건물이 올라가고, 그 과정마다 서로 다른 상품의 형태로 거래가 이뤄진다. 기대감과 희소성이 가격에 반영되며 상승이 만들어진다. 즉 재개발이냐, 아파트냐라는 고민은 이 긴 생애주기 중 어디에 참여할 것인가의 문제다.

시기가 더 중요하다

이 모든 과정 속에서 사람들이 가장 집착하게 되는 제도가 바로 청약이다. 재개발이나 분양권, 입주권에 대한 이해가 부족하고 직접 경험해보지 않으면 청약이 가장 안전하고 정당한 방법처럼 보이기 때문이다. '분양가 10억 원짜리를 왜 프리미엄 1억 원을 더 주고 사야 하지?'라는 의문도 자연스럽게 따라온다. 그 결과 많은 무주택자가 청약을 유일한 해답처럼 여기면서 청약통장에 수요가 과도하게 몰리게 되었고, 경쟁률만 점점 높아지고 있다.

반대로 일반 매매를 통해 집을 사는 사람들은 대부분 이미 한 번 이상 매수 경험이 있거나, 시장 구조를 어느 정도 이해한 사람들이다. 무주택자일수록 '나는 아직 사면 안 되는 사람'이라는 인식이 강하고, 사회적으로도 '처음은 청약'이라는 분위기가 암묵적인 합의처럼 자리 잡아 있다. 하지만 이 구조가 결코 공정하다고 생각하지 않았다.

주택이 필요하다는 사실을 누구보다 일찍 인식해 스스로 공부하고 준비했음에도 불구하고, 청약이라는 시스템 안에 갇히면 그 노력이 즉각적인 보상으로 돌아오지 않는다. 일정 기간 무주택을 유지해야 하고, 통장 가입기간과 부양가족 수와 같은 요소를 충족해야만 겨우 기회가 주어진다. 즉 청약은 지금 당장 집이 필요한 사람보다, 보다 오래 기다린 사람에게 우선권을 주는 구조다. 이걸 과연 합리적이라고 볼 수 있을까?

그래서 나는 처음부터 청약을 선택하지 않았다. 청약 점수를 쌓아가며 기다리기보다 일반 매매를 통해 시장에 하루라도 먼저 진입하는 쪽을 택했다. 내가 통제할 수 없는 가점 경쟁에 내 시간을 맡기기보다는, 스스로 판단하고 결정할 수 있는 영역에서 움직이고 싶었다. 시장 흐름에 빠르게 올라타는 선택이 나에게는 훨씬 합리적으로 느껴졌다.

청약은 분명 하나의 기회지만, 모든 무주택자에게 정답인 것은 아니다. 특히 실제로 주택이 필요한 시점과 청약 당첨이 가능한 시점이 맞지 않는 경우, 그 기다림은 기회가 아니라 오히려 제약이 될 수 있다. 이 장에서 말하고 싶은 핵심은 단순하다. 청약이라는 시스템이 절대적으로 공정하거나, 모두에게 유리한 구조는 아니라는 점을 먼저 인식해야 한다는 것이다.

중요한 것은 '시기'다. 이 부분은 나 역시 부동산 공부를 하면서 가장 크게 깨달은 지점이다. 우리나라 아파트 매매가격지수는 1986년부터 데이터를 확인할 수 있는데, 정권별로 나눠서 보더라도 공통적인 흐름은 분명하다. 중간중간 등락은 있었지만 전체 흐름은 우상향이었다. 서울 아파트 매매가격지수를 보면 과거에 10 수준이던 지수가 지금은 100을 넘나든다. 서울뿐만 아니라 전국 단위로 봐도 마찬가지다. 말 그대로 평균이므로 개별 아파트의 상승률은 이보다 훨씬 크고 가팔랐을 것이다.

(2022년 1월=100p)

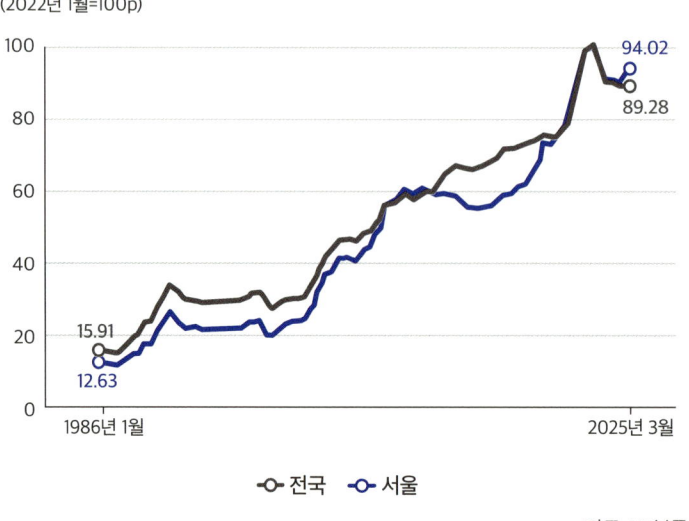

자료: KB부동산

그래서 나는 어떤 상품을 사느냐보다 시기가 더 중요하다고 생각한다. 재개발이냐, 입주권이냐, 분양권이냐, 일반 매매냐를 따지기 전에 언제 시장에 들어왔는가가 훨씬 더 큰 영향을 미친다. 그 시기는 빠를수록 유리하다.

예를 들어보자. 15년 전, 2010년 전후를 하나의 기준으로 잡아보자. 그 시점이 당시 수도권 상승장의 꼭대기였다고 가정해보자. 다섯 사람이 있는데 한 사람은 빌라를 샀고, 한 사람은 재개발 입주권을 샀고, 한 사람은 분양권을 샀고, 한 사람은 일반 매매로 아파트를 샀고, 한 사람은 청약을 기다렸다. 모두 같은 시점에 각자 다른 선택을 한 것이다.

이후 하락장도 겪고 긴 시간이 흘렀다. 그리고 지금 시점에서 당시 매수했던 사람과 청약을 기다리다 이제 막 당첨된 사람을 비교해보면 어떨까? 결과는 명확하다. 어떤 형태로든 돈을 자산으로 바꾸고 시간을 보낸 사람이 아무것도 사지 않고 기다린 사람보다 훨씬 앞서 있을 수밖에 없다. 설령 그때 꼭대기에서 샀다고 하더라도 말이다.

청약으로 10년, 15년을 기다린다면 결코 부자가 될 수 없다. 청약통장에 돈을 넣고, 무주택을 유지하며 가점을 쌓아 분양을 받는다고 해도 마찬가지다. 분양가는 이미 오른 시세를 반영한 가격이다. 분양가 상한제가 적용되는 일부 지역을 제외하면 대부분의 분양가는 주변 시세와 큰 차이가 없다. 10년, 15년 오래 기다린 보상으로 1억~2억 원 정도 저렴하게 받을 수 있을지 몰라도, 그동안 시장이 올라간 폭과 비교하면 체감되는 차이는 크지 않다.

결국 핵심은 이렇다. 기다리는 동안 시장은 움직였고 자산을 보유한 사람은 그 흐름을 타고 자산 가치가 상승했다. 반면 청약을 기다린 사람은 시간만 보냈고, 나중에야 다시 제값을 주고 시장에 들어오게 되었다. 상품의 종류보다 시기가 더 중요한 이유다. 재개발과 아파트 중 무엇을 선택할지 따지기 전에 지금 이 시점에 시장에 들어가는 것이 맞는지, 그리고 들어간다면 어떤 방식으로 '첫 자산'을 확보할 것인지를 먼저 결정해야 한다.

조금 더 현실적인 비교를 해보자. 만약 15년 전, 서울 마포 아현뉴타운 일대에서 빌라를 하나 매수했다고 가정해보자. 당시 재개발 프리미엄을 반영한 빌라 가격이 약 4억~5억 원 정도고, 지금 신축 아파트 시세는 대략 20억 원 후반대에 달한다. 마포래미안푸르지오, 마포프레스티지자이, 마포그랑자이가 이에 해당된다. 물론 15년 동안 올랐을 건축비와 통화량, 즉 인플레이션이 크게 한몫을 했다고 볼 수 있다. 어쨌든 지금 시점에 최소 15억 원 이상의 시세차익을 만들어냈음을 알 수 있다.

같은 시기에 마포에 한 초기 재개발 입주권을 매수한 경우를 보자. 당시 입주권 가격이 프리미엄을 포함해 3억~4억 원 수준이었다면, 시간이 흐르면서 프리미엄이 크게 붙었고 현재는 입주권 자체만으로도 13억~14억 원대에 달한다. 여기에 실제 입주까지 마친 시점에서는 아파트 시세가 20억 원을 훌쩍 넘을 수밖에 없다. 건축비를 제외하고 프리미엄만 보더라도 10억 원 안팎의 상승이 발생한 셈이다. 실제로 북아현뉴타운이 이런 흐름을 그대로 보여준다. 북아현뉴타운의 경우 2026년 초 기준, 입주권 프리미엄만 10억 원 이상 형성되었다.

이 시점에서 중요한 비교가 하나 더 있다. 만약 당시 청약을 기다리지 않고 이런 입주권이나 빌라를 매수했다면 이미 상당한 시세차익을 확보한 상태가 되었을 것이다. 반대로 청약을 선택해 15년을 기다린 사람은 이제야 높은 가점을 바탕으로 당첨 기회를 얻었을 가능성이 크다. 당첨 단지는 20억~24억 원짜리 고가 아파트일 수도 있다. 분명 로또 청약이라고 불릴 만한 구조다. 시세보다 3억~4억 원 저렴하게 분양을 받았기 때문이다.

하지만 여기서 놓치면 안 되는 게 있다. 청약을 기다리는 동안 주변 시세는 이미 모두 올라갔다. 결국 분양을 받을 때는 싸게 사는 것처럼 보일 뿐이지 시장 가격에 다시 진입하는 것과 다르지 않다. 이미 자산을 보유하고 있던 사람은 시간 자체를 레버리지로 활용해 부를 키웠고, 기다린 사람은 가점만 쌓았을 뿐이다.

분양권을 당시 매수한 경우도 마찬가지다. 입주권보다는 비쌌겠지만 프리미엄 3억~4억 원에 분양가까지 포함해 6억 원대 중반으로 매수했다고 가정해보자. 지금 시점에서는 한강변에 있는 한강밤섬자이가 대표적이다. 현재는 다른 신축 단지와 마찬가지로 20억 원이 넘는 아파트가 되어 있다. 입지에 따라 차이는 있지만 핵심 지역에서의 결과는 대체로 비슷하다.

일반 매매로 접근한 경우도 크게 다르지 않다. 15년 전 과거로 돌아가 5억 원 정도에 매수한 기축 아파트라면, 지금은 연식이 오래된 구축이라 하더라도 20억 원 이상의 시세를 형성하고 있다. 대표적인 예가 마포자이다.

입지가 좋은 곳일수록 구축과 신축의 격차는 줄어들고, 절대가격은 결국 비슷한 구간으로 수렴한다.

이러한 비교가 말해주는 건 분명하다. 자산을 보유하지 않고 청약을 기다린 사람은 시장의 상승을 그대로 흘려보냈다. 시간을 레버리지로 쓰지 못하고 가점만 쌓으며 내 집 마련을 미룬 셈이다. 그래서 청약을 무작정 기다리기 전에 반드시 확인해야 한다. 내가 정말로 당첨을 노릴 수 있는 가점인지, 그리고 그 기다림이 과연 나에게 유리한 선택인지 말이다.

입지 좋은 빌라
vs. 외곽 아파트

결국 이 선택은 투자 성향의 문제가 아니라
인생 단계의 문제다.

기준이 명확하면
선택도 쉽다

빌라든 입주권이든 분양권이든 혹은 일반 매매든 내 집 마련은
꼭 청약을 통해서만 가능한 건 아니다. 어떤 단계에 있느냐에 따
라 접근 방식은 다르지만 결국 핵심은 언제 어떤 자산을 취득하
느냐다. 문제는 선택지가 생길 때다. 이쯤에서 많은 무주택자가

아주 현실적인 고민을 하게 된다.

"입지 좋은 곳의 초기 빌라를 살까, 아니면 입지는 조금 떨어지지만 바로 거주 가능한 외곽 아파트를 살까?"

이 질문은 단순히 수익률의 문제가 아니라, 지금 내 삶의 단계와 직결된 문제다. 대표적인 비교 사례를 들어보자.

A는 용산이나 마포처럼 입지가 좋은 지역에 위치한 빌라다. 모아타운, 신속통합기획, 역세권 시프트와 같은 재개발 가능성이 거론되는 초기 구역일 수 있다. B는 파주 운정신도시처럼 수도권 외곽의 신축 또는 준신축 아파트다. 현재 가격은 비슷하다. A의 경우 투룸 빌라가 4억~5억 원대, B의 경우 20평대 아파트가 4억~5억 원대, 30평대가 6억~7억 원대 수준이다. 이 정도 가격대라면 충분히 현실적인 선택지다. 그래서 더 고민이 깊어진다.

이 선택에는 정답이 없다. 다만 누가 A를 선택하면 좋고, 누가 B를 선택하는 게 현실적인지에 대한 기준은 분명하다. 그 기준의 핵심은 바로 자녀 학령기다.

자녀가 학령기에 들어가 있거나 곧 들어갈 시기라면 주거 안정이 무엇보다 중요해진다. 좀 더 구체적인 이유는 후술하고, A와

B의 리스크부터 명확히 인지할 필요가 있다. 입지 좋은 곳의 초기 재개발 빌라(A)를 선택하는 전략은 리스크가 크다. 재개발 속도는 예측이 어렵고, 단기간에 성과가 나지 않을 가능성도 있다. 하지만 장기적으로 보면 좋은 입지에 '땅을 먼저 확보하는 전략'이기 때문에 성공했을 경우 보상은 크다. 실제로 아현뉴타운처럼 시간이 지나며 외곽 아파트보다 훨씬 높은 상승률을 보여준 사례도 많다. 따라서 A 전략은 조건이 붙는다. 몸테크가 가능한 시기인지, 단기간에 결과가 나오지 않아도 버틸 수 있는지, 정비사업에 대한 기본적인 이해가 있는지 확인해야 한다. 이 세 가지에 모두 해당된다면 선택해볼 만하다.

결국 이 선택은 투자 성향의 문제가 아니라 인생 단계의 문제다. 지금의 나와 가족에게 무엇이 더 중요한지, 그리고 어떤 불편을 감당할 수 있는지를 기준으로 판단해야 한다. 그 기준이 명확해질수록 A와 B 사이에서의 선택도 훨씬 선명해진다.

이 선택에서 가장 중요한 기준은 앞서 말했듯이 자녀가 학령기에 있느냐, 아니냐다. 나는 이 시기가 주거 안정에 있어 가장 중요한 구간이라고 생각한다. 자녀와 함께 보내는 시간이 많고, 가족 간의 깊은 추억을 만들 수 있는 시기이기도 하다. 동시에 아이의 친구 관계와 주변 환경이 정서와 성격 형성에 큰 영향을 미치는 시점이고, 사춘기로 접어드는 민감한 시기이기도 하다. 이런 때에 몸테크를 감수하며 주차난이 심한 빌라에서 살고, 재개발이 언제 될지 모르는 상황을 버티는 건 결코 쉬운 일이 아니다. 좁은 공간에서의 불편과 생활 스트레스는 가족 전체의 삶의 질에 직접적인 영향을 준다.

물론 가족 간에 충분한 합의가 있고, 모두가 재테크 관점에서 장기간의 불편을 감수하겠다는 공감대가 형성되어 있다면 이야기는 달라질 수 있다. 하지만 그런 상황이 아니라면 현실적인 선택은 수도권 외곽의 괜찮은 아파트에서 시작해 차근차근 안쪽으로 들어오는 전략이다. 비교적 안정적인 주거환경에서 살면서 자산을 모으고, 시장 흐름을 잘 타 상승장에서 매도한 뒤 모아둔 자금과 합쳐 상급지로 갈아타는 방식이다. 이 전략은 리스크가 상대적으로 낮고, 심리적으로도 안정감을 유지하기 쉽다.

우선 선택지를 좀 더 내 기준에 맞게 커스터마이징할 필요가 있다. 모든 사람에게 같은 전략이 맞을 수는 없다. 현재 내가 어떤 위치에 있느냐에 따라 A와 B 중 유리한 선택은 분명히 갈린다.

먼저 유주택자인 경우다. 이미 집을 한 채 가지고 있고, 토지거래허가구역 등으로 인해 갭투자나 추가적인 아파트 매수가 막혀 있는 상황이라면 A가 오히려 합리적인 선택이 될 수 있다. 당장 주거 문제는 해결되어 있고, 추가 매수는 제한되어 있기 때문에 장기적인 시세 상승을 노리고 재개발에 묻어두는 전략이 잘 맞는다.

반대로 생애 최초 무주택자이면서 자녀가 학령기에 있다면 이야기는 완전히 달라진다. 이런 경우 초기 재개발을 선택하는 건 위험하다기보다는, 현실적으로 매우 힘든 선택이 될 수 있다. 주거환경의 불편함, 언제 끝날지 모르는 사업 기간, 그 과정에서 겪게 되는 스트레스까지 감안하면 감당하기 쉽지 않다. 게다가 경험이 없는 상태에서는 재개발 물건을 처음부터 잘 고르기도 어렵다.

만약 내가 1인 가구고, 앞으로도 계속 서울에 거주할 계획이고, 상황에 따라서는 해당 빌라에 직접 거주하는 것도 가능하다면 이야기는 또 달라진다. 이런 경우에는 입지 좋은 초기 재개발 (A)이 매우 좋은 전략이 될 수 있다. 주거에 대한 유연성이 있고, 시간도 비교적 자유롭기 때문에 재개발의 긴 호흡을 감당할 수 있다.

또 하나의 경우는 연령대가 어느 정도 있고, 자녀가 이미 성인이고, 당장 주거 안정에 대한 압박이 크지 않은 상황이다. 연령대는 50~60대 이상이 되겠다. 이 경우 시세 상승을 목표로 장기

보유가 수월하기에 초기 재개발이 잘 맞는다. 시간을 들여 묻어 두고, 충분히 가격이 오른 뒤 매도해 아파트로 갈아타는 전략이 가능하다. 반면 주거 안정이 되어 있지 않은 60대가 초기 재개발을 택한다면 말년에 심적으로 고생할 확률이 크다.

결국 기준은 단순하다. 지금의 나에게 가장 중요한 것이 무엇인지 파악하는 것이 먼저다. 개인적으로 주거 안정을 가장 중요하게 생각한다. 그래서 어떤 선택이 수익률이 더 높을지를 따지기 전에, 이 선택이 내 삶의 현재 단계와 맞는지부터 확인하길 권한다. 투자 기법의 문제가 아니라, 지금 내 인생의 국면에 어떤 선택이 가장 적절한가의 문제다.

재개발 빌라를
바라보는 기준

요즘 조합 설립 인가 단계의 재개발은
'안정적이지만 비싸다'는 평가를 받는다.

재개발을 전제로 빌라를 취득한다면 어떤 기준으로 봐야 할까?
만약 서울에서 몸테크를 감수할 수 있거나, 혹은 실거주를 하지
않더라도 갭투자가 가능한 상황이라면 빌라 매수는 충분히 좋은
선택지라 할 수 있다. 특히 이미 서울에 주택을 보유한 유주택자
라면 임대사업자 등록을 함께 고려해볼 수 있다. 임대사업자를
활용해 거주 주택 비과세를 유지하면서 빌라를 임대주택으로 등
록해 취득하는 방식도 전략적으로 가능하다. 이 경우 핵심은 '어

디'를 사느냐다.

막연한 호재가 아니라 해당 지역의 사업성을 입지로 판단할 필요가 있다. 입지를 가장 직관적으로 보여주는 지표가 바로 '인근 신축 아파트 시세'다. 신축 시세는 그 지역에 사람들이 얼마까지 돈을 지불할 의사가 있는지를 명확하게 보여준다. 러프하지만 하나의 공식으로 정리해보자. 예를 들어 내가 사려는 빌라의 가격이 5억 원이라면 여기에 약 10억 원 정도를 더해보라. 그러면 15억 원이다. 인근 신축 아파트 시세가 15억 원이 되지 않는다면 그 지역은 재개발 사업성 측면에서 매력적이지 않다고 봐야 한다. 빌라가 7억 원인 경우 10억 원을 더한 17억 원이 기준이 되는데, 이때 인근 신축 시세가 20억 원 이상이라면 그 지역은 충분히 가능성이 있다.

중요한 건 숫자 자체가 아니라 폭이다. 빌라 가격에 상당한 금액을 더했음에도 여전히 인근 신축 시세가 그보다 위에 형성되어 있다면 매력적인 선택지일 수 있다. 그래야 향후 일반 분양가에 대한 수요자의 심리도 받쳐주고, 조합과 건설사 입장에서도 분양 수익이 맞아떨어져 사업 자체가 나아갈 힘을 갖게 된다. 이런 구조가 만들어지는 지역이 진짜 입지가 좋은 곳이다.

대략적으로 10억 원을 잡았지만 액수의 문제가 아니라, 어쨌든 넉넉한 갭을 두고도 신축 시세가 위에 있는 지역이라면 충분히 검토해볼 만하다. 그중에서도 이미 움직임이 보이기 시작한 곳이라면, 초기에 접근하는 것도 괜찮은 선택이라고 본다. 앞으로 이런 빌라에 대한 수요가 크게 늘어날 가능성이 있다. 특히 토지거래허가구역이 장기간 유지된다면, 자금은 갈 곳을 찾을 수밖에 없다. 서울에서 집을 팔아 10억~20억 원의 현금을 손에 쥔 사람들이 그 돈을 그대로 주식이나 비트코인에 모두 넣기란 현실적으로 쉽지 않다. 결국 서울 안에서 상대적으로 규제가 덜하고, 자산 가치 면에서 설득력 있는 상품을 찾게 된다.

현 시점에서는 상가, 빌딩, 지식산업센터와 같은 상업용 부동산이 본격적으로 회복되었다고 보기 어렵다. 금리가 확실히 내려간다는 신호가 나와야 그쪽 수요가 다시 살아날 가능성이 높다. 반면 주거형 부동산은 꾸준한 실수요가 받쳐주면서 장기간 시세가 안정적으로 상승하고 있다. 이 흐름은 앞으로도 크게 달라지지 않을 가능성이 높다.

결국 자금은 다시 주택으로, 그중에서도 서울 안에서 신축 시세가 받쳐주는 초기 재개발 빌라로 흘러갈 수밖에 없다. 특히 조합 설립 인가만 지나도 리스크는 상당 부분 줄어든다. 그 시점부터는 신축 시세가 가격에 본격적으로 반영되기 시작한다. 이런 구조를 이해하고 접근한다면 초기 재개발 빌라는 단순히 불편한 빌라가 아니라 미래의 아파트를 선점하는 전략이 될 수 있다.

재개발 시계는 점점 빨라지고 있다

유튜브에 나와 있는 많은 재개발 관련 영상을 보면 모두 똑같이 하는 말이 있다.

> "재개발은 리스크가 크다. 따라서 조합 설립 인가 단계에 있는 구역들만 봐야 한다."

과연 그럴까? 유튜브에서 정답처럼 말하는 명제는 수만 명의 시청자가 이미 동의했다는 뜻이고, 당연히 가격에 반영되었을 가능성이 높다. 만약 당신이 보다 큰 시세차익을 원한다면 좀 더 빠른 단계에 진입할 필요가 있다. 재개발 시계는 점점 빨라지고 있기 때문이다.

이해를 돕기 위해 실제 사례 하나를 들어보자. 재개발 구역을 볼 때 많이 활용하는 '아실'에 들어가면, 현재 조합 설립 인가 단계에 있는 구역이 정리되어 있다. 그중 하나가 금호 21구역이다. 과거에는 조합 설립 인가 단계만 가도 비교적 초기 단계로 인식되었다. 그래서 유튜브에서 마치 정답처럼 이야기하는 것이다. 조합이 만들어지고, 이제 본격적으로 사업계획을 구체화하는 출발점이기 때문이다. 일정 수준의 불확실성은 남아 있지만 그래도 사업이 좌초될 가능성은 상당 부분 낮아진, 나름 안정적인 초기 단계로 여겨졌다.

그런데 최근 수년 사이 재개발·재건축에 대한 시장의 이해도가 크게 높아지면서, 투자자들의 시선은 점점 더 앞단으로 이동하고 있다. 그 결과 조합 설립 인가 단계조차 더 이상 '싼 구간'으로 인식되지 않는다. 이 단계에 있는 매도인들 역시 상황을 잘 알고 있다. 인근 신축 시세가 얼마나 형성되어 있는지를 명확히 인지하고 있기 때문에, 조합 설립 인가 구역이라고 해서 가격을 싸게 내놓지 않는다. 설령 지금 매도하더라도, 이 지역이 결국 신축으로 바뀌었을 때의 가치를 알기 때문에 크게 손해 보고 팔 이유가 없는 것이다.

실제 금호 21구역의 거래 사례를 보면 이를 체감할 수 있다. 빌라 한 채에 9억~10억 원대는 물론이고 심지어 14억~15억 원까지 거래된 사례가 보인다. 그러면 여기서 우리가 적용해야 할 질문은 하나다.

"이 가격에 10억 원을 더했을 때도 여전히 인근 신축 시세보다 낮은가?"

금호 21구역 바로 인근 옥수동과 금호동 일대에 준신축·신축 아파트가 있다. 같은 생활권 내 신축 아파트 84m² 타입 시세를 보면 24억 원대에서 거래되고 있다. 즉 금호 21구역 빌라를 10억 원에 매수하더라도 여기에 10억 원을 더한 20억 원이 기준이므로, 인근 신축 시세보다 여전히 낮은 것이다. 이 구조가 성립되기 때문에 사람들이 10억 원이 넘는 가격에도 매수를 하는 것이다. '싸서' 사는 게 아니라 신축 대비 충분한 상승의 '여지'가 남아 있기 때문에 사는 것이다.

다만 이 지점에서 한 가지 분명히 짚고 가야 한다. 조합 설립 인가라는 비교적 안정적인 단계를 이미 지난 구역이기에, 과거처럼 5억~6억 원대를 주고 살 수 없는 것이다. 시장의 기대치가 상당 부분 가격에 반영된 결과다. 그래서 요즘 조합 설립 인가 단계의 재개발은 '안정적이지만 비싸다'는 평가를 받는다. 이 때문에 더 앞단, 즉 구역계 단계나 신속통합기획 후보지 같은 초기 재개 발로 시선이 이동하는 것이다. 내가 멤버십 영상에서 여러 차례 소개했던 지역도 바로 이런 곳들이다.

구역계가 형성되어 있고, 노후도 요건을 충족하고, 초기 움직임이 감지되는 지역들, 그리고 신속통합기획이나 향후 정비구역 지정 가능성이 있는 곳 중에서도 아직 가격이 크게 반영되지 않은 구역이 있다. 이런 곳은 향후 정비구역 지정이나 조합 설립 인가 단계로 넘어가는 순간, 인근 신축 시세를 기준으로 가격이 빠르게 재평가된다. 그 상승 구간을 노리고 진입해 그 시점에 매도하는 전략도 가능하다.

결국 금호 21구역 사례가 보여주는 핵심은 이것이다. 재개발 투자에서 중요한 것은 싸냐, 비싸냐가 아니라 충분한 상승 여지가 남아 있는지, 그리고 그 여지를 판단할 기준이 되는 인근 신축 시세가 명확히 받쳐주고 있는지다. 이 관점을 가지고 보면 왜 사람들이 조합 설립 인가 단계에서도 높은 가격을 감수하고 들어가는지 자연스럽게 이해할 수 있을 것이다.

초기 재개발,
어디가 최선일까?

기준을 지키는 것만으로도 불필요한 리스크를
상당 부분 걸러낼 수 있다.

이제 초기 재개발로 어디를 택해야 하는가에 대한 문제가 남아 있다. 2026년 현재 서울 전역, 경기 12개 도시는 규제지역으로 묶여 있다. 이게 무엇을 의미하는지, 재개발 투자를 해본 사람이 라면 눈치 챘을 것이다. 관리처분 인가 이후 단계로 넘어간 구역 은 규제지역에서는 조합원 지위 양도가 막히기 때문에, 일반적인 방식으로는 더 이상 매수하기가 어렵다는 뜻이다. 따라서 상대적 으로 가장 안정적인 구간은 사업 시행 인가와 관리처분 인가 사이에 있는 단계다. 이 구간은 관리처분 이전이므로 매물이 나올 가능성이 높다. 다만 이 영역은 무주택자보다는, 어느 정도 경험이 있거나 상황이 되는 사람에게 해당되는 이야기다.

내가 유튜브 멤버십 영상에서 계속해서 신속통합기획 구역이나 초기 재개발 구역을 소개한 이유는 단순하다. 결국 기준은 하나다. 내가 사려는 빌라 가격에 일정 금액을 더했을 때, 그 합산 금액이 인근 신축 시세보다 여전히 낮은가 하는 점이다. 동후암 3구역 역시 작년에 소개했을 당시에는 상대적으로 가격 부담이 덜했지만, 이후 인근 신축 시세가 받쳐주면서 자연스럽게 가격에 반영되었다. 이런 식으로 주변 신축 시세와의 비교가 핵심이다.

이 개념이 어렵게 느껴진다면 기준을 더 단순화해도 된다. 딱 하나만 기억하면 된다. 84m² 타입 기준으로 20억 원 이상 시세가 형성되어 있는 지역 위주로만 보는 것이다. 이 기준은 특히 초기 재개발을 먼저 선택하려는 사람들에게 유용하다.

장기적으로 시세 상승을 노리고, 당장 자녀 학령기 부담이 없고, 서울 안에서 입지 좋은 곳에 묻어둘 생각이라면 마포, 용산, 성동은 기본이고 강남3구, 강동, 동작, 영등포 등이 적합하다. 과거 뉴타운으로 지정된 지역들은 이미 대규모 개발이 확정된 곳들이기 때문에 초기 단계라면 84m² 시세가 아직 20억 원에 못 미치더라도 어느 정도 예외로 볼 수 있었다. 장위뉴타운이 대표적인 사례다. 하지만 지금은 상황이 다르다. 새로운 대규모 뉴타운 지정은 사실상 멈췄고, 현재 진행되는 정비사업은 모아타운이나 신속통합기획과 같은 소규모 사업이 대부분이다. 이런 사업이 끝까지 안정적으로 진행되려면 무엇보다 중요한 게 사업성이고, 그 사업성의 핵심은 결국 인근 신축 시세다. 마진이 충분해야 조합도, 시행사도 사업을 밀고 나갈 동력이 생긴다.

시세는 연쇄적으로 번진다. 종로 신축 아파트가 20억 원을 넘고, 서대문이 20억 원을 넘으면(물론 대장 아파트는 이미 넘었다) 그 인접 지역도 자연스럽게 그 수준을 따라가게 된다. 그렇게 신축 시세가 20억 원 이상으로 올라가는 지역이 많아질수록, 주변 재개발 구역도 탄력을 받는다. 반대로 신축 시세가 20억 원을 넘지 못한 채 정체되어 있다면 주변 재개발은 사업성이 약해질 수밖에 없다. 마진이 남지 않기 때문이다. 노원구 재건축·재개발이 부침을 겪는 이유도 여기에 있다.

그래서 결론은 단순하다. 초기 재개발을 보더라도 욕심내서 범위를 넓히지 말고, 84m² 타입 기준 20억 원 이상 시세가 형성된 지역만을 중심으로 압축해서 보라는 것이다. 기준을 지키는 것만으로도 불필요한 리스크를 상당 부분 걸러낼 수 있다.

내 집 마련 전에
확인해야 할 세 가지

가장 먼저 해야 할 일은 시장을 보는 것이 아니라
나를 정확히 파악하는 것이다.

내 집 마련을 고민할 때 가장 먼저 해야 할 일은 시장을 보는 것이 아니라 나를 정확히 파악하는 것이다. 이 장에서는 내가 현실적으로 갈 수 있는 아파트의 범위를 정하기 위해 반드시 확인해야 할 세 가지 기준을 정리한다. 바로 종잣돈, 연봉, 주거비다. 이 3가지만 명확해져도 선택지는 급격히 좁혀지고 판단은 훨씬 쉬워진다.

첫 번째는 종잣돈이다. 종잣돈은 내가 현재 동원할 수 있는 모든 현금을 의미한다. 통장에 있는 예금은 물론이고, 전세에 거주 중이라면 전세보증금에서 전세대출을 제외한 순자금도 포함된다. 주식이나 기타 금융자산 역시 일부 매도해 내 집 마련에 활용할 계획이라면 종잣돈으로 보는 것이 맞다. 종잣돈이 얼마인지에 따라 내가 접근할 수 있는 매매가의 상한선이 결정된다. 이 단계를 흐릿하게 잡아두면 이후 모든 판단이 흔들릴 수밖에 없다.

두 번째는 연봉이다. 직장인이라면 작년 원천징수영수증에 기재된 세전 연봉이 기준이 된다. 은행은 세후 소득이 아니라 세전 소득을 기준으로 대출 한도를 산정하기 때문이다. 개인사업자의 경우 매출이 아니라 소득금액증명원에 기재된 '소득금액'을 기준으로 판단한다. 실제로 세금을 납부한 소득만을 인정하기 때문에, 본인이 생각하는 체감 소득과 은행이 보는 소득은 다를 수 있다. 연봉은 내가 받을 수 있는 대출의 크기를 결정하는 핵심 변수다.

세 번째는 주거비다. 주거비는 사람마다 편차가 가장 큰 항목이지만, 동시에 가장 현실적으로 점검해야 할 요소다. 월급의 일정 비율을 저축으로 남기는 사람이 있는 반면, 가족 구성원이나 생활 패턴에 따라 주거비로 감당할 수 있는 한계가 다른 경우도 많다. 주거비에는 매달 부담해야 할 대출 원리금과 이자가 모두 포함된다. 현재 월세나 전세에 거주 중이라면, 지금 내고 있는 월세나 전세대출 이자와 비교해보는 것이 가장 현실적인 기준이 된다.

내 집 마련은 감정이 아니라 숫자의 문제다. 종잣돈, 연봉, 주거비 세 가지를 명확히 알아야만 내가 실제로 선택할 수 있는 가격대와 대출 규모, 그리고 감당 가능한 주거 수준이 보이기 시작한다. 이 과정을 건너뛰면 내 집 마련은 막연한 희망에 머물게 된다.

종잣돈은 아파트 매매가의 상한을 정하고, 연봉은 대출 가능액을 결정하며, 주거비는 내가 지속적으로 감당할 수 있는 생활의 범위를 규정한다. 이 세 가지가 맞물려야 비로소 현실적인 내 집 마련이 가능해진다.

종잣돈으로 역산하기

내가 가진 종잣돈으로 어느 정도 가격대의 아파트까지 접근할 수 있는지를 계산하는 것이 내 집 마련의 출발점이다. 대부분은 보유한 현금을 전부 써서 집을 사지 않는다. 종잣돈 일부를 투입하고, 나머지는 대출을 활용해 매수한다. 분양권 역시 구조는 크게 다르지 않다.

분양권의 경우 계약금은 보통 분양가의 10%고, 중도금 대출이 약 60%, 입주 시 잔금이 약 30%다. 결과적으로 입주까지 고려하면 분양가의 약 40% 수준은 내 자금으로 준비해야 한다. 따라서 청약을 '싸게 사는 기회'로만 여길 것이 아니라, 이 금액을 중간중간 실제로 마련할 수 있는지부터 점검해야 한다.

이제 종잣돈을 기준으로 매매가를 계산해보자. 이 책을 읽는 독자 대부분은 생애 최초 무주택자일 가능성이 높다. 생애 최초 대출을 활용하면 매매가의 최대 70%까지 대출이 가능하다. 즉 내 종잣돈은 매매가의 약 30%에 해당한다. 종잣돈이 1억 원이라면, 이 1억 원이 매매가의 30%라고 가정하고 역산하면 된다. 1억을 0.3으로 나누면 약 3억 3천만 원이 나온다. 다시 말해 종잣돈 1억 원을 가진 사람은 대출을 활용할 경우 약 3억 3천만 원 수준의 아파트까지 접근이 가능하다. 종잣돈이 5억 원이라면 어떨까? 5억 원을 0.3으로 나누면 약 16억 6천만 원이 된다.

하지만 이 계산은 현재 수도권에서는 그대로 적용되지 않는다. 2024년 6월 27일 이후 수도권 주택담보대출에 한도가 설정되었기 때문이다. 현재 수도권에서는 아무리 소득이 높더라도 주택담보대출 최대 한도가 6억 원이다. 과거에는 종잣돈 5억 원에 대출 11억 원을 더해 16억 원대 아파트를 매수하는 것이 가능했지만 지금은 불가능하다. 수도권 기준으로는 종잣돈 5억 원에 대출 6억 원을 더한 11억 원 이하의 아파트까지만 매수가 가능하다.

비수도권은 대출 한도 제한이 상대적으로 덜하지만, 현실적으로 종잣돈 5억 원으로 16억 원 이상의 아파트를 매수할 수 있는 지역은 많지 않다. 따라서 대부분의 경우 수도권 기준으로 계산하는 것이 훨씬 현실적인 접근이다.

종잣돈 계산의 핵심은 단순하다. 내 돈이 매매가의 몇 퍼센트인지 정확히 인식하고, 현재 적용되는 대출 규제 안에서 현실적인 상한선을 그어보는 것이다. 이 계산이 끝나야 비로소 '어디를 볼 것인가?'라는 다음 단계로 넘어갈 수 있다.

연봉으로
대출 계산하기

이번에는 연봉을 기준으로 내가 받을 수 있는 대출 규모를 계산해보자. 가장 간단한 방법은 네이버에서 'DSR 계산기'를 검색하는 것이다. 여기서 대출액과 연봉을 입력하면, 해당 대출이 DSR 40% 규제에 걸리는지 바로 확인할 수 있다.

앞서 예로 든 매매가 3억 3천만 원짜리 아파트를 기준으로 보자. 생애 최초 대출을 활용하면 최대 70%인 2억 3천만 원까지 대출이 가능하다. 이 금액이 과연 내 연봉에서 감당 가능한지 확인하는 과정이 바로 DSR 계산이다.

연봉이 5천만 원이라고 가정하자. 주택담보대출 2억 3천만 원을 대출 기간 30년, 금리 7%(실제 금리 4%+스트레스 금리 3%), 원리금 균등상환으로 계산하면 연간 원리금 상환액은 약 1,836만 원이다. 이 금액이 연 소득의 40%를 넘지 않으면 DSR 규제를 통과하게 된다. 연봉 5천만 원 기준에서는 초과하지 않으므로, 이 대출은 가능하다고 판단할 수 있다.

이걸 더 단순하게 계산하는 방법도 있다. 현재 금리와 규제 환경에서는 연봉의 약 5배가 주택담보대출의 최대 한도라고 보면 된다. 연봉이 5천만 원이면 약 2억 5천만 원, 연봉이 6천만 원이면 약 3억 원까지가 현실적인 대출 한도다. 그 이상은 DSR 40%에 걸려 대출이 나오기 어렵다.

아파트써처(www.apartsearcher.ai) 맞춤형 검색에서도 연봉을 입력하도록 되어 있는데, 이 연봉을 기준으로 대출 한도를 자동으로 역산해준다. 복잡한 계산을 직접 하지 않아도 DSR 기준이 이미 반영된 결과를 확인할 수 있다.

종잣돈 1억 원, 연봉 5천만 원인 사람을 기준으로 다시 정리해보자. 이 경우 매매가 3억 3천만 원 수준의 아파트를 목표로 할 수 있고, 대출은 최대 2억 3천만 원까지 가능하다. 이 숫자가 내가 움직일 수 있는 현실적인 상한선이다.

현실적인 주거비는?

2억 3천만 원을 30년 만기, 금리 4%, 원리금 균등상환으로 대출받으면 매월 약 109만 원을 상환하게 된다. 이 금액이 내 생활비에서 어느 정도를 차지하는지가 중요하다.

정부 기준으로는 월 소득의 40% 이내를 적정 주거비로 본다. 예를 들어 월 생활비가 300만 원이라면, 40%는 120만 원이다. 이 기준에서 보면 매월 109만 원 상환은 과도하지 않다고 판단할 수 있다. 다만 이 기준은 절대적인 정답이 아니다. 어떤 사람은 40%까지 감당할 수 있고, 어떤 사람은 30%도 부담스럽다. 스스로 감당 가능한 비율을 정해야 한다. 그래야 대출액을 정할 수 있고, 현실적으로 대출 이자를 납부하며 생활을 이어갈 수 있다.

채무의
진짜 의미

최소한 내가 지금 현실적으로 매수할 수 있는 아파트 가격대가
어디까지인지는 분명해졌을 것이다.

보통의 사람은 대출을 받으면 이것을 장기간에 걸쳐 상환해야 할 채무라고 믿는다. 하지만 누군가는 대출을 도구로 생각하고 잠시 힘을 빌리는 레버리지로 활용한다. 대출을 '빚'이 아닌 '빛'으로 이용하는 것이다.

이렇게 말하면 머리로는 이해가 간다. 그렇지만 당장 들어가는 이자가 부담스럽게 느껴질 것이다. 대출 상환 방식을 좀 더 살펴본 후, 왜 이것을 단순히 채무로 인식하지 않아도 되는지 설명

▌대출 상환 방식 비교

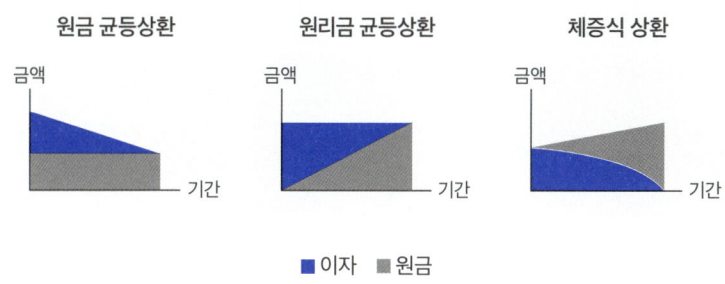

원금 균등상환
원리금 균등상환
체증식 상환

■ 이자 ■ 원금

해보려 한다.

우선 처음 대출을 받을 때 반드시 결정해야 하는 것이 상환 방식이다. 같은 금액을 빌리더라도 어떤 방식으로 갚느냐에 따라 매월 부담과 체감이 크게 달라진다.

가장 전통적인 방식은 원금 균등상환이다. 매월 같은 금액의 원금을 상환하고, 남은 원금에 따라 이자가 점점 줄어드는 구조다. 초반 부담은 크지만 시간이 지날수록 납입액이 빠르게 줄어든다는 장점이 있다. 다만 초기 주거비 부담이 크기 때문에 최근에는 선택하는 사람이 많지 않다.

그다음으로 가장 보편적으로 활용되는 방식이 원리금 균등상환이다. 매월 납입하는 총금액은 거의 동일하지만, 초반에는 이자 비중이 크고 시간이 지날수록 원금 비중이 늘어난다. 매월 같은 금액을 낸다는 점에서 관리와 예측이 쉬워 오랫동안 표준처럼 사용되어 왔다.

　　최근 들어 많이 활용되는 방식은 체증식 상환이다. 이 방식은 초기에 이자 위주로 상환하고, 시간이 지날수록 원금 상환 비중이 커진다. 초기 주거비 부담이 가장 적다는 점이 가장 큰 특징이다. 총 이자 부담은 가장 크지만, 현실적으로 대부분의 사람은 30년을 모두 채워 대출을 유지하지 않는다. 보통 5년에서 10년 정도 거주한 뒤 갈아타기를 하며 대출을 새로 받는다. 이런 구조에서는 초기 부담이 적은 체증식이 오히려 합리적인 선택이 될 수 있다.

대출은 끝까지
갚는 돈이 아니다

대출을 반드시 끝까지 다 갚아야 한다는 전제에서 벗어나야 한다. 그 생각이 대출에 대한 불필요한 공포를 만든다. 중요한 것은 내가 감당할 수 있는 주거비 수준에서 시작해, 자산을 보유한 채 다음 단계로 이동할 수 있느냐다.

지금까지 내용을 한 사람의 예시로 정리해보자. 종잣돈 1억 원, 연봉 5천만 원, 월 소득 300만 원인 경우 주거비로 월 109만 원 정도를 부담할 수 있다. 이 조건에서 대출은 약 2억 3천만 원까지 가능하고, 총 매수 가능액은 종잣돈을 더한 약 3억 3천만 원이다.

문제는 이 금액으로 직장과 가까운 핵심 입지의 아파트를 매수하기란 현실적으로 어렵다는 점이다. 대부분의 직장은 지역 내에서도 가장 좋은 입지에 몰려 있고, 그 주변 아파트 가격은 항상 먼저 올라 있다. 이 간극 때문에 많은 사람이 청약을 기다리거나 전월세로 시간을 보내며 돈을 모으려 한다. 대출에 대한 오해 때문에 청약과 전월세를 안정적인 선택지라 여기는 것이다.

다음 장에서는 이러한 전략이 과연 합리적인지, 내가 돈을 모으는 속도와 시장이 움직이는 속도 중 무엇이 더 빠른지를 숫자로 체감할 수 있게 설명할 것이다. 다만 여기까지 왔다면 최소한 내가 지금 현실적으로 매수할 수 있는 아파트 가격대가 어디까지인지는 분명해졌을 것이다. 이 기준이 서는 순간부터 내 집 마련은 막연한 꿈이 아니라 구체적인 계획이 된다.

PART 5

내 집 마련
테크트리

용의 꼬리보다
뱀의 머리

현실을 직시하고 빨리 시장에 편승할수록
선택은 오히려 쉬워진다.

종잣돈 규모에 따라 어차피 갈 곳은 정해져 있다. 이 말을 처음 들으면 실망스럽게 느껴질 수 있다. 더 좋은 곳으로 갈 수 있을 것 같고, 아직 여지가 남아 있다고 믿고 싶기 때문이다. 하지만 현실을 직시하고 빨리 시장에 편승할수록 선택은 오히려 쉬워진다. 부동산 공부를 넓게 하는 대신, 내가 갈 수 있는 타깃을 명확히 정하면 내 집 마련의 길이 확실히 명확해진다.

그렇다면 1년 후 나는 얼마나 달라질까? 종잣돈 1억 원, 연봉

5천만 원, 주거비 120만 원 수준이라고 가정해보자. 결혼하지 않았거나 혼인신고 전인 생애 최초 무주택자라면 활용 가능한 매매가는 약 3억 3천만 원이다. 지난 장에서 살펴봤듯이 관망하면 할수록 시장은 나보다 앞서가기 마련이다. 지금의 종잣돈과 연봉이 1년 뒤 얼마나 달라질 수 있는지를 냉정하게 따져봐야 한다.

매달 400만 원에서 500만 원을 저축하고 연봉이 매년 10%씩 오르는 극단적인 경우를 가정하더라도 시장을 추월하기는 어렵다. 일부 사업소득이 급증하는 경우를 제외하면, 대부분의 직장인은 1년 뒤에도 종잣돈 1억 원과 연봉 5천만 원이라는 틀에서 크게 벗어나지 못한다. 연봉 5천만 원으로 대출 2억 3천만 원까지 받을 수 있는 이러한 구조가 내년에 갑자기 크게 좋아질 가능성은 높지 않다.

평당가로 보는 시장

결국 중요한 질문은 하나다. 내가 현실적으로 갈 수 있는 곳은 어디인가? 이제 그 답을 하나씩 확인해보자.

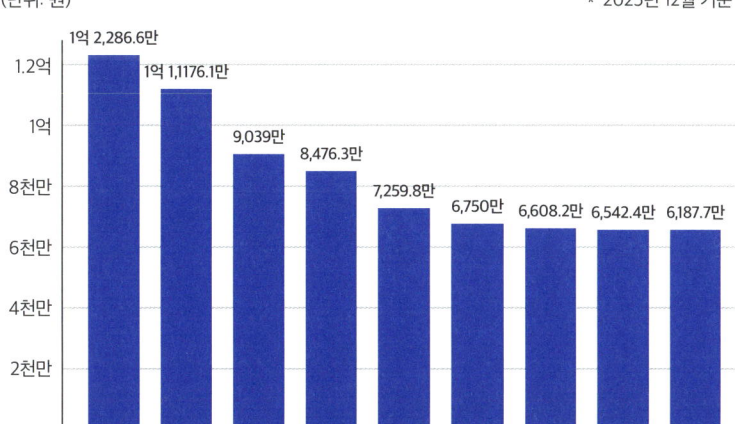

(단위: 원)   * 2025년 12월 기준

자료: KB부동산

아파트의 입지를 비교하는 절대적 기준은 평당(3.3m²=1평)으로 계산한 가격이다. 입지가 좋은 곳부터 안 좋은 곳까지 자연스럽게 평당가로 나열된다. 수도권 동남권역으로 한정해서 보면 평당가가 가장 높은 곳은 반포, 압구정처럼 평당 2억 원에 가까운 지역이다. 그다음이 개포동 신축 1억 원 중반대, 그다음이 판교 9천만 원대, 그리고 점점 남쪽으로 갈수록 낮아진다. 이 흐름은 예외가 없다. 입지가 좋을수록 평당가는 높고, 입지가 떨어질수록 평당가는 내려간다.

아실, 호갱노노와 같은 부동산 플랫폼이나 KB부동산 월간 주택 가격 동향 자료를 보면 지역별 평당가를 한눈에 살펴볼 수 있다. KB부동산 자료에 따르면 2024년 평당가가 6천만 원이 넘는 지역은 강남3구(강남·서초·송파)와 용산구 4곳에 불과했다. 그런데 2025년 서울 집값이 치솟으면서 9곳으로 늘었다. 특히 강남구와 서초구는 아파트 평당가가 1억 원을 돌파했다. 강남구(1억 2,286.6만 원)와 서초구(1억 1,176.1만 원) 다음으로 송파구(9,039만 원), 용산구(8,476.3만 원), 성동구(7,259.8만 원), 마포구(6,750만 원), 양천구(6,608.2만 원), 광진구(6,542.4만 원), 강동구(6,187.7만 원) 등의 순이었다.

물론 서울 모든 지역의 평당가 이렇게 높은 것은 아니다. 중랑·금천·강북·도봉구 아파트 평당가는 여전히 2천만 원대에 머물러 있다. 평균치이므로 이들 지역에선 평당 1천만 원 수준의 아파트도 어렵지 않게 찾을 수 있다. 만약 내가 살 수 있는 아파트의 상한이 3억 3천만 원이라면, 33평을 기준으로 평당 약 1천만 원 수준이어야 한다. 20평대라면 평당 1,300만 원에서 1,400만 원까지는 가능하다. 결국 평수를 줄여 더 나은 입지로 이동하거나, 평수를 늘려 입지가 안 좋은 곳으로 가야 한다.

이 지점에서 중요한 사실 하나를 받아들여야 한다. 내가 갈 수 있는 첫 아파트의 위치는 이미 평당가 기준으로 상당 부분 정해져 있다는 점이다. 이 현실을 인정하는 순간, 고민은 줄고 선택은 빨라진다.

책의 후반부로 갈수록 여러 번 강조하겠지만 단순히 '서울'이라는 타이틀만 보고 최하급지를 선택하는 것보다는, 한 단계 내려와서라도 경기도에서 평당가가 높은 아파트를 선택하는 편이 훨씬 낫다. 나는 항상 이렇게 비유한다. 용의 꼬리보다 뱀의 머리를 가라고.

그렇다면 지금 기준으로 평당 1천만 원에서 1,400만 원 사이에서 갈 수 있는 '뱀의 머리'는 어디일까? 한두 곳만 짚고 넘어가면 현실성이 떨어진다. 사람마다 직장 위치도 다르고 생활 반경도 다르기 때문이다. 그래서 서울과 수도권을 동남권, 서남권, 서북권, 동북권 이렇게 4개 사분면으로 나눠서 우선순위를 설명하는 방식이 가장 합리적이다.

이렇게 나누면 최소한 이 4개 중 하나는 내 생활권과 겹친다. 그리고 실제 시장을 보면, 같은 분면 안에서는 시세 흐름이 비슷하게 움직이는 경우가 많다. 전반적인 시세 수준은 동남권이 가장 높고, 그다음이 서남권이다. 서북권과 동북권은 그보다 한 단계 낮은 수준에서 비슷한 흐름을 보인다.

중요한 건 내 생활권이 속한 분면 안에서 정답을 찾는 것이다. 같은 예산이라면 그 분면 안에서 사람들이 가장 선호하고 평당가가 상대적으로 높은 곳, 즉 뱀의 머리에 해당하는 지역을 선택해야 한다. 그래야 내가 감당할 수 있는 매매가 상한선 안에서 가장 좋은 입지를 확보할 수 있다. 이러한 기준으로 다음 단계에서는 각 분면별 선택지를 구체적으로 살펴보겠다.

종잣돈 1억 원으로
갈 수 있는 곳

이 가격대에서의 선택은 미래 재건축을 예측하는 게임이 아니라,
현재 시장에 진입할 수 있느냐 없느냐의 문제다.

종잣돈 1억 원과 대출 2억 3천만 원(LTV 70%)을 활용해 매매가 3억 3천만 원까지 알아본다고 가정해보자. 선택지는 자연스럽게 수도권 외곽이 될 수밖에 없다. 서울을 용산을 기준으로 사분면으로 나눠 보면, 그나마 이 예산으로 가장 입지가 좋은 방향은 동남권이다. 그중에서도 아직 3억 원대 매물이 남아 있는 곳은 바로 수원 영통이다.

이 밖에 서남권에서는 군포 산본이 있고, 서북권에서는 고양

화정, 동북권에서는 노원 공릉동, 도봉 창동이 있다. 구역별로 하나씩 살펴보자.

동남권:
수원 영통

영통은 분당선으로 강남 접근성이 확보되어 있고, 바로 인접에 삼성전자 본사가 위치해 있어 일자리가 탄탄하다. 아파트 연식은 다소 오래되었지만 교육 수요가 꾸준하고, 영통역 상권이 잘 형성되어 있어 생활 편의성도 높다. 무엇보다 처음 조성될 때부터 아파트 위주로 계획된 계획도시라 도로와 동선이 잘 정돈되어 있고 주거환경이 쾌적하다.

신나무실5단지주공과 같은 단지를 보면 23평 기준으로 3억 3천만 원 이하 매물이 여전히 존재한다. 방이 2개라는 점은 아쉽지만 이 가격대에서 매매할 수 있는 선택지로는 충분히 경쟁력이 있다. 실거래가는 3억 원 초반에 형성되어 있고, 전세가는 이미 2억 원 후반까지 올라와 있다. 전세가가 더 오를 경우 매매가를 밀어 올릴 여지가 크다.

서울 전세가 상승은 이미 예고된 흐름이다. 서울이 먼저 움직이면 일정 시차를 두고 경기도 주요 입지로 전세가 상승이 전이된다. 매매가와 전세가의 간극이 크지 않은 이런 단지들은 전세가 상승이 곧바로 매매가 상승으로 이어질 가능성이 높다.

동남권에서는 종잣돈 1억 원과 대출 2억 3천만 원을 활용할 수 있는 지역 중에 영통이 가장 입지가 좋다.

서남권:
군포 산본

서남권은 청계산과 광교산을 경계로 4호선·1호선 라인, 넓게는 서울과 인천 사이의 경기도권을 의미한다. 종잣돈 1억 원, 매매가 3억 3천만 원을 기준으로 보면 선택지는 매우 제한적이다. 이 범위에서 가장 입지가 좋은 곳은 평촌이지만, 현실적으로 3억 3천만 원 이하 매물은 거의 상품성이 좋지 않은 곳뿐이다.

실제로 3억 3천만 원 이하 단지들은 대부분 평형이 지나치게 작은 분리형 원룸이거나, 입지가 떨어지고 상품성이 낮은 아파트 위주다. 이런 경우라면 같은 서남권 안에서 평촌 시세를 따라가는 4호선 라인의 산본이 좋은 대안이다.

산본역 역세권 단지들은 19평 기준으로 방 2개 구조를 갖추고 있고, 과거에는 4억 원 중반까지 거래되었던 이력이 있다. 현재는 3억 원 내외에서도 매수가 가능해 가격 대비 입지 경쟁력이 있다. 좀 더 넓은 평형을 보면 주공1단지, 주공2단지에 3억 3천만 원 이하 매물이 일부 형성되어 있다. 저층이라는 한계는 있지만 이 가격대에서 접근 가능한 서남권 선택지로는 충분히 검토할 만하다.

서남권을 좀 더 넓게 보면 부천 중동도 고려 대상이다. 중동은 1기 신도시로 역세권에서 다소 떨어진 단지들 중에 아직 3억 원대 초반 매물이 남아 있다. 이미 선도지구가 선정되어 재건축이 순차적으로 진행될 가능성이 있다. 재건축만을 기대하고 접근할 수는 없지만 현재 가격대 기준에서는 현실적인 대안이다.

정리하면 종잣돈 1억 원으로 서남권을 선택해야 한다면 산본역 일대가 가장 균형 잡힌 선택지고, 그다음으로 부천 중동이 후보가 된다. 이 역시 시간이 갈수록 매물이 빠르게 사라질 가능성이 높다.

서북권:
고양 화정

서북권에서 선택지를 좁히면 답은 거의 화정역 주변으로 정리된다. 이 가격대에서 입지와 생활 여건을 동시에 만족시키는 곳은 사실상 여기뿐이다. 화정역 인근에는 아직도 3억 3천만 원 전후로 접근 가능한 단지들이 남아 있다.

대표적으로 별빛8단지부영과 같은 단지는 3억 원 초반대에 형성되어 있다. 방 2개에 거실 구조로 실거주가 가능하고, 과거에는 5억 원대까지 거래된 역세권 단지다. 화정초·중학교로 이어지는 학군도 안정적이고, 대형마트와 상권이 갖춰져 있어 생활 편의성도 높다. 3호선 역세권이라는 점에서 서울 접근성 역시 나쁘지 않다.

아직까지 3억 원 초반으로 접근 가능한 몇 안 되는 서북권 역세권이라는 점에서 종잣돈 1억 원을 가진 사람이라면 전세를 유지할지, 이 정도 수준의 아파트를 매수할지를 반드시 비교해볼 필요가 있다. 같은 비용을 쓰더라도 이처럼 선택지가 갈릴 수 있다. 이곳 역시 시간이 갈수록 빠르게 사라질 가능성이 높다.

동북권:
노원 공릉동, 도봉 창동

동북권에서 3억 3천만 원으로 접근 가능한 지역은 노원과 도봉으로 압축된다. 다만 이 가격대에서는 소형 평형을 감수해야만 한다.

노원에서는 7호선 라인에 위치한 공릉동이 그나마 현실적인 선택지다. 공릉풍림아이원과 같은 단지는 10평대 소형 평형이지만 3억 원 이하, 일부 매물은 3억 2천만 원 선에서 거래된다. 평형은 작지만 역세권이고 서울 생활권이라는 점에서 접근성은 분명한 장점이다. 전세가는 2억 원 수준으로 형성되어 있는데, 이 또한 시차를 두고 매매가를 밀어 올릴 가능성이 높은 구간이다.

공릉동에서 평형에 대한 부담이 크다면 도봉 쪽으로 내려와 창동을 살펴볼 수 있다. 창동역 바로 앞은 이미 가격대가 올라 접근이 어렵고, 그 아래 녹천역 인근에 위치한 주공17단지가 대안이 된다. 이 단지는 과거 재건축 기대감이 고조되었던 시기에 6억 원대까지 상승한 이력이 있으며, 현재는 3억 원 초반에 매수가 가능하다. 평형은 역시 좁지만, 직장이 강북권이거나 서울역·용산역 쪽 접근성이 중요한 경우라면 현실적인 선택지다.

이 지역을 재건축만 보고 접근하는 것은 바람직하지 않다. 건축비 상승 이후 노원·도봉 일대는 재건축에 대한 기대가 상당 부분 꺾인 상태다. 이 일대에서 재건축 논의가 다시 본격화되려면 주변 신축 아파트 시세가 최소 10억 원대 후반, 나아가 20억 원 이상으로 형성되어야 한다. 광운대 인근 서울원아이파크가 입주해 높은 시세를 형성하고, 그 흐름이 미아·창동으로 확산되어야 가능성이 열린다.

따라서 이 구간에서는 재건축 기대보다는 시장 흐름에 먼저 올라탄다는 관점으로 접근해야 한다. 서울은 구조적으로 재개발·재건축을 통해 공급할 수밖에 없는 도시이기 때문에, 현재는 조용해 보이더라도 장기적으로 방치되기는 어렵다. 이 가격대에서의 선택은 미래 재건축을 예측하는 게임이 아니라, 현재 시장에 진입할 수 있느냐 없느냐의 문제다.

종잣돈 2억 원으로
갈 수 있는 곳

동일한 기준으로 수도권을 사분면으로 나눠서
현실적으로 접근 가능한 6억 원대 아파트를 살펴보자.

이번에는 종잣돈 2억 원으로 갈 수 있는 곳을 알아보겠다. 부부 합산 연봉 1억 원 내외, 월 주거비 250만 원 정도를 감당할 수 있는 신혼부부라 가정해보자. 이 경우 생애 최초 대출을 활용하면 매매가의 70%까지 대출이 가능하므로 이론적으로는 약 6억 6천만 원까지 접근할 수 있다. 연봉이 1억 원이면 대출 한도도 최대 5억 원 수준까지 나오기 때문에 실제 매수 범위는 6억 원대 아파트 전반으로 넓어진다.

이제 동일한 기준으로 수도권을 사분면으로 나눠서 현실적으로 접근 가능한 6억 원대 아파트를 살펴보자. 구역별로 차례대로 알아보겠다.

동남권: 용인 수지

동남권에서 6억 원대로 접근 가능한 지역 중 입지가 가장 안정적인 곳은 용인 수지다. 이 가격대에서 분당이나 판교를 억지로 바라보는 것은 피해야 한다. 설령 6억 원대 매물이 있더라도 대부분 상품성이 떨어지고, 시장에서 기피되는 아파트일 가능성이 높기 때문이다. 이럴 때는 '용의 꼬리'가 아니라 최소한 '뱀의 몸통' 정도는 선택해야 한다.

수지는 아직 그 조건을 충족하는 몇 안 되는 지역이다. 수지구청역 일대를 보면 연식이 오래된 구축 아파트가 모여 있지만 생활 인프라는 매우 탄탄하다. 상권과 학원가가 형성되어 있고, 교육환경도 안정적이다. 무엇보다 신분당선을 통해 강남 접근성이 뛰어나다는 점이 가장 큰 강점이다.

수지구청역 바로 붙은 초역세권 단지들은 이미 가격이 많이 올라 6억 원대 접근이 어렵다. 예를 들어 한국아파트 24평은 이미 8억 원대 시세를 형성하고 있다. 하지만 한두 블록만 벗어나면 여전히 6억 원대 매물이 남아 있다. 수지삼성2차, 보원아파트와 같은 단지가 대표적이다. 보원아파트는 리모델링 추진 단지로 저층은 5억 원대 후반, 중층 이상은 6억 원대에서 거래되고 있어 충분히 선택 가능하다.

이들 단지는 과거 7억 원 중반까지 가격이 형성된 이력이 있고, 최근 다시 그 고점을 향해 회복하는 흐름을 보이고 있다. 거래량도 꾸준히 유지되고 있어 실거주와 동시에 향후 시세 흐름을 고려하면 6억 원대에서 매우 합리적인 선택지다.

수지삼성4차 역시 방 3개 구조로 실거주 적합성이 높고, 아직 6억 원대 매물이 남아 있는 단지다. 가장 빠르게 리모델링될 삼풍동(삼익·동아·풍림) 또한 6억 원으로 가능하다. 다만 이곳은 곧 이주를 앞두고 있기에 현실적으로 대출이 얼마만큼 가능한지 확인해봐야 한다.

자, 이렇게 동남권에서 수지를 확인했다면 같은 기준으로 서남권으로 넘어가보자.

서남권:
안양 평촌

서남권에서 6억 원대 아파트를 본다면 가장 먼저 살펴봐야 할 곳은 안양 평촌이다. 평촌은 서울 접근성, 생활 인프라, 교육환경을 종합했을 때 이 가격대에서 경쟁력이 매우 강한 지역이다. 특히 4호선 범계역을 중심으로 한 생활권은 사당, 용산, 서울역까지의 이동이 수월해 서울 출퇴근 수요를 안정적으로 받쳐준다.

생활 인프라만 놓고 보면 앞에서 살펴본 수지보다도 평촌이 더 낫다고 느끼는 사람들이 많다. 대형 상권, 영화관, 병원, 공원 등이 밀집해 있고 학원가도 이미 성숙 단계에 있다. 이런 이유로 4호선 라인 중에서도 평촌은 꾸준히 수요가 유지되는 지역이다.

6억 원대에서 접근 가능한 단지로는 범계역 인근의 목련3단지가 대표적이다. 20평, 22평 위주의 소형 평형이지만 역세권이고, 약 900세대 규모의 단지라 거래 안정성이 높다. 방이 2개인 구조는 다소 아쉬울 수 있으나 이 가격대에서 입지와 규모를 동시에 고려하면 충분히 선택 가능한 단지다.

평촌의 또 다른 강점은 재건축 기대감이다. 꿈마을, 샘마을 일대는 통합 재건축을 추진 중인 대표적인 단지들이다. 재건축은 모든 단지가 동시에 진행될 수 없고 이주 수요로 인한 전세 시장 영향을 고려해 순차적으로 승인된다. 과천이 한 단지씩 재건축을 진행해온 것과 같은 이유다.

이런 구조에서 평촌에서는 샘마을과 꿈마을이 상대적으로 먼저 움직일 가능성이 높은 곳으로 평가된다. 이 일대는 대형 평형 비중이 높고, 전문직 거주 비율이 높아 교육 수요도 탄탄하다. 특히 꿈마을 인근의 귀인중학교는 경기도 내에서도 학업 성취도가 높은 학교로 알려져 있으며, 평촌 학원가 역시 이미 검증된 교육 환경을 갖추고 있다.

매매가 상한을 6억 6천만 원으로 설정하면 평촌에서는 역세권을 포함해 선택 가능한 단지의 폭이 생각보다 넓어진다. 서남권에서 안정적인 실거주와 중장기 가치 상승을 동시에 고려한다면, 평촌은 충분히 1순위로 검토할 만한 지역이다.

서북권:
고양 삼송

서북권에서 6억 6천만 원 전후의 예산으로 갈 수 있는 지역을 찾는다면, 선택지는 자연스럽게 삼송역 주변으로 좁혀진다. 이 가격대에서 입지와 상품성을 함께 충족시키는 곳은 서북권 내에서도 많지 않다.

삼송호반베르디움, 삼송마을동원로얄듀크, 삼송리슈빌센트럴파크와 같은 단지들은 아직 6억 원대 매물이 남아 있다. 6억 원 후반대 매물을 기준으로 70% 대출을 적용하면 약 4억 7천만 원 정도까지 대출이 가능해 종잣돈 2억 원 수준에서도 충분히 접근 가능한 구조다.

이 지역의 강점은 30평대, 2010년대 초반 준공 아파트라는 점이다. 실거주 관점에서 공간 활용도가 높고, 신도시답게 생활 인프라도 잘 갖춰져 있다. 과거 시세가 8억 원 중반까지 형성되었던 이력이 있어 가격의 상단이 이미 한 차례 검증된 지역이라는 점도 중요하다.

현재 시세 흐름이 답보 상태로 보이는 이유는 서울 서북권 전반의 상승이 제한적이었고, 토지거래허가구역 규제로 거래가 눌려 있었기 때문이다. 그러나 3호선 라인에 위치해 있고, 두 정거장만 이동하면 서울 구파발로 진입할 수 있어 서울 서북권 시세를 직접적으로 따라가는 구조다.

서울 가격이 다시 본격적으로 움직이기 시작하면 삼송 역시 후행적으로 반응할 가능성이 높다. 매물 수는 많지 않지만 6억 원대 예산으로 실거주와 중장기 시세 상승을 함께 고려한다면 삼송이 가장 현실적인 선택지다.

동북권: 구리, 다산

동북권에서 6억 원대 예산으로 접근한다면 선택지는 구리와 다산으로 정리된다. 이 두 지역은 서울과의 거리, 교통 개선, 수요 구조 측면에서 강점이 있는 지역이다. 구리는 8호선 개통 이후 전세가 상승률이 경기도에서 가장 높게 나타났다. 잠실 접근성이 크게 개선되면서 기존보다 훨씬 강한 수요를 흡수하고 있다. 서울과 맞닿아 있으면서 강변북로 진입이 빠르고, 출퇴근 동선이 명확해지면서 실거주 수요와 전세 수요가 동시에 유입되고 있다. 단순히 가격이 싼 외곽이 아니라, 서울 생활권으로 편입된 지역이라는 점이 핵심이다.

다산은 구리보다 주거 쾌적성을 중시하는 수요가 선택하는 지역이다. 신도시답게 상업시설과 생활 인프라가 잘 갖춰져 있고, 아울렛과 대형 쇼핑몰을 중심으로 자족 기능도 형성되어 있다. 경의중앙선 라인을 이용하면 용산·서울역 권역으로의 출퇴근도 충분히 감당 가능한 거리다.

도농역 인근 플루리움2단지처럼 6억 원 중반대 매물은 종잣돈 2억 원 수준에서도 접근 가능하다. 이 지역은 토지거래허가구역에 묶이지 않아 전세를 끼고 매수하는 방식도 가능하다. 전세를 활용하면 대출 비중을 크게 줄이거나, 경우에 따라 대출 없이도 선점이 가능하다.

이 단지들 역시 과거에 8억 원 수준까지 시세가 형성되었던 이력이 있다. 현재 가격은 시장 흐름이 눌려 있는 구간에 해당한다. 실거주와 함께 시장에 먼저 올라타고, 이후 더 안쪽으로 갈아타는 전략을 전제로 한다면 지금 가격대에서도 충분히 검토할 만한 선택지다.

나만의
가격대 찾기

나침반과 지도를 펴고, 내가 어떤 숲을 공략해야 할지
차근히 살펴보도록 하자.

앞서 수도권 동남부에서 7억 원 이하로 갈 수 있는 최선의 입지로
수지 풍덕천동을 언급했다. 이 선택이 왜 합리적인지 이해하려면
다른 지역과의 시세 흐름을 비교해보면 된다. 과거에는 비슷한
가격대에서 움직였던 수원 정자동과 비교해보면, 시간이 지날수
록 가격 격차가 뚜렷하게 벌어졌다는 것을 확인할 수 있다. 단순
히 시작 가격이 아니라, 이후 상승 여력에서 차이가 난 것이다.

　이 가격대에서 수지는 이미 수도권 내에서도 상급지에 속한

다. 참여정부 시절, 경기도에서 과천, 분당과 함께 '버블세븐'으로 찍혔던 곳도 바로 용인 수지다. 시세가 상대적으로 높다는 것은 그만큼 수요가 두텁고, 다른 지역보다 더 많이 오를 수 있는 여력을 갖고 있다는 의미다. 이런 비교를 반복적으로 해보면 이 가격대에서 왜 수지가 최선인지 자연스럽게 결론이 난다.

안양 역시 같은 구조다. 평촌과 비평촌을 비교해보면 시세 흐름이 명확하게 갈린다. 동안구 호계동, 즉 평촌신도시 쪽은 최근 들어 가격 상승 속도가 빨라지고 있다. 반면 만안구 석수동처럼 1호선 역세권이라는 공통점이 있음에도, 평촌과의 격차가 시간이 갈수록 벌어지는 지역도 있다. 한때는 비슷하거나 더 비쌌던 지역도 결국 수요가 몰리는 쪽으로 가격이 이동하고 있다는 뜻이다.

더 외곽으로 내려가 안산 단원구 고잔동과 비교해봐도 흐름은 같다. 고잔동은 안산 내에서 가장 비싼 대장 입지지만, 평촌과의 시세 차이는 시간이 갈수록 확대되고 있다. 이는 서울 수요가 어디로 이동하는지를 그대로 보여주는 결과다.

시장은 사람이 만든다. 사람이 더 많이 몰리고, 서울 일자리로 향하는 동선에 가까울수록 상급지가 된다. 앞서 언급한 지역들은 이런 흐름과 데이터를 바탕으로 추려낸 곳들이다. 단순한 느낌이

나 추측이 아니라, 실제 시세가 증명해온 결과라는 점을 이해하고 접근하면 된다.

시장은 이미
답을 내놓았다

예시대로 종잣돈 1억 원에서 2억 원 수준에서 결정해야 한다면, 직접 검색을 해보더라도 결국 내가 제시한 지역이 현실적으로 최선이라는 결론에 도달할 것이다. 그래서 구구절절 설명하기보단 결과를 먼저 제시했다. 시장은 이미 답을 만들어놓았고, 우리는 그 안에서 선택만 하면 된다.

이제 해야 할 일은 단순하다. 내가 가진 종잣돈과 활용 가능한 대출 한도를 기준으로 접근할 수 있는 매매가 상한을 먼저 정한다. 그다음 그 금액을 기준으로 평당가를 계산하고, 그 평당가 안에서 20평대와 30평대가 가능한 지역을 비교해보면 된다. 이 과정만 제대로 거치면 내가 갈 수 있는 지역의 범위는 생각보다 빠르게 좁혀진다.

반대로 종잣돈이 보다 많거나 소득이 높아서 상위 가격대로 접근할 수 있는 사람이라면 전략은 더욱 단순해진다. 서울 안에서 내 생활권과 맞고, 그 범위 안에서 평당가와 매매가가 가장 높은 지역을 선택하는 것이 가장 좋다. 그곳이 결국 수요가 가장 강하고, 시간이 지날수록 격차를 벌리는 곳이기 때문이다. 나침반과 지도를 펴고, 내가 어떤 숲을 공략해야 할지 차근히 살펴보도록 하자.

투자자와
실수요자의 차이

내 집 마련을 잘하는 사람은 실거주를 하더라도
투자자의 시선을 함께 유지한다.

앞 장까지 첫 아파트로 가기 위한 나침반과 지도를 설명했다. 그럼에도 여전히 자신의 포지션을 명확히 정하지 못한 사람도 많다. 집을 짓기 위해 큰 나무 한 그루를 베어야 할지, 아니면 당장 생활을 위해 장작을 구해야 할지 헷갈린 상태다. 그래서 이번 장에서는 아주 기본적인 이야기부터 시작하고자 한다.

내 집 마련을 잘하는 사람은 처음부터 자신의 목적을 분명히 정한다. 상담을 하다 보면 내 집 마련의 성패는 정보의 양보다, 처음부터 투자자 관점과 실수요자 관점을 제대로 구분했는지에 따라 갈리는 경우가 많다. 이 차이를 혼동하면 선택 기준이 계속 흔들리고, 결국 결정을 미루거나 잘못된 선택을 하게 된다.

투자자는 수익을 우선으로 본다. 지금 살기 편한지보다는 사람들이 앞으로 더 사고 싶어 할 집인지, 가격이 오를 가능성이 있는지를 먼저 본다. 불편함은 감수할 수 있고, 거주 기간도 유연하다. 반면 실수요자는 주거 안정이 최우선이다. 출퇴근, 학군, 생활 인프라처럼 매일의 삶에 직접적인 영향을 주는 요소가 중요한 기준이 된다. 가격 상승도 중요하지만 그보다 내가 들어가 살면서 버틸 수 있는 집이어야 한다. 이러한 관점의 차이를 명확히 견지하고 선택의 기준을 세워야 한다.

문제는 많은 사람이 스스로를 실수요자라고 생각하면서도 결정의 순간에는 투자자의 기준을 들이대거나, 반대로 투자자라고 말하면서 실수요자의 기준에 발목을 잡힌다는 점이다. 내 집 마련을 잘하는 사람은 처음부터 자신이 어떤 포지션인지 분명히 정하고 그 기준을 끝까지 유지한다. 이 단순한 차이가 수년 뒤 자산의 격차를 만든다.

투자자가
중요시하는 것

투자자에게 가장 중요한 기준은 종잣돈이다. 연봉이나 주거비도 중요하지만, 투자 판단의 출발점은 항상 내가 실제로 투입해야 하는 현금 규모다. 투자라는 것은 생활을 걸고 버티는 행위가 아니라, 여유 자금으로 효율을 높이는 선택이기 때문이다. 그래서 투자자들은 항상 한정된 돈으로 얼마나 큰 자산을 통제할 수 있는지를 먼저 계산한다.

투자자들은 투자금이 적게 들어가면서도 레버리지를 크게 쓸 수 있는 자산을 찾는다. 가격이 높은 자산을 소액으로 매입해 시세차익의 절대 금액을 키우거나, 재개발처럼 시간이 필요한 투자에서는 초기 투자금을 최대한 줄이는 전략을 선호한다. 종잣돈이 많지 않을수록 이 기준은 더 명확해진다.

입지는 모든 투자자의 공통 관심사다. 다만 입지가 좋은 곳일수록 투자금이 많이 들어가기 때문에, 투자자는 '언제' 들어가야 투자금이 가장 적게 드는지를 함께 본다. 전세가율이 높아지는 시점, 전세 물량이 줄어드는 시점처럼 투자금이 줄어드는 타이밍을 중요하게 생각한다. 서울처럼 매매가와 전세가 차이가 큰 지역은 부담이 큰 반면, 지역에 따라 보다 나은 타이밍이 나오는 곳도 있다.

투자자가 마지막으로 보는 것은 수익률이다. 이 자산을 언제, 어떤 가격에 매도할 수 있는지 미리 계산한다. 투자에서 매수는 과정이고, 매도에서 수익이 완성된다. 그래서 환금성, 즉 잘 팔릴 수 있는 자산인지도 반드시 함께 고려한다. 매수는 기술, 매도는 예술이라는 말도 과언이 아니다.

문제는 많은 사람이 내 집 마련을 할 때 이 관점을 완전히 버린다는 점이다. 평생 살 집이라는 생각에만 매여 나중에 갈아탈 수 있는지, 시장에서 얼마나 잘 팔릴지에 대한 고민은 하지 않는다. 내 집 마련을 잘하는 사람은 실거주를 하더라도 투자자의 시선을 함께 유지한다. 이 차이가 다음 선택의 폭을 결정한다.

실수요자가 중요시하는 것

실수요자에게 가장 중요한 기준은 연봉과 주거비다. 대부분 대출을 활용해 내 집 마련을 하기 때문에, 내가 얼마를 벌고 매달 얼마까지 부담할 수 있는지가 곧 선택 가능한 아파트의 범위를 결정한다. 종잣돈이 출발점이라면, 실수요자에게 연봉과 주거비는 끝까지 끌고 가야 할 기준이다.

내 집 마련을 잘하는 실수요자들은 대출을 깊이 이해한다. 흔히 말하는 '대출력'이 높은 사람들이다. 대출을 얼마나 받을 수 있는지, 어떤 조건에서 가능한지, 어떤 방식이 내 생활에 부담이 덜 되는지를 정확히 알고 있다. 내 집 마련은 결국 대출을 얼마나 잘 활용하느냐에 따라 갈 수 있는 입지가 달라진다.

특히 최근처럼 대출 규제가 강한 시기에는 이 차이가 더 크게 벌어진다. 과거에도 금리 인상과 DSR 강화로 거래량이 급감하고 집값이 조정된 적이 있었다. 그 경험을 통해 정부는 대출 규제가 시장에 미치는 영향을 분명히 학습했다. 이번 정부 역시 세금보다는 대출 중심으로 수요를 조절하고 있다.

이런 환경에서는 대출을 정확히 이해하는 사람이 유리하다. 같은 소득과 자산을 가지고도, 대출 구조를 어떻게 짜느냐에 따라 갈 수 있는 집의 수준이 완전히 달라진다. 반대로 대출을 막연하게 두려워하거나 외면하면 내 집 마련은 시작조차 어려워진다.

실수요자에게 대출은 부담이 아니라 도구다. 이 도구를 어떻게 쓰느냐에 따라 내 집 마련의 속도와 결과가 결정된다. 그래서 실수요자일수록 대출을 더 정확하게 알아야 한다.

정부자금대출 비교하기

디딤돌과 보금자리론을 동시에 비교해보고,
지금 시점에서 가장 유리한 선택지를 찾아야 한다.

무주택자 중 상당수는 생애 최초로 집을 매수하게 된다. 이때 활용할 수 있는 대출은 크게 두 가지다. 하나는 정부자금대출이고, 다른 하나는 시중은행 대출이다. 이 둘의 성격을 명확히 구분해서 이해할 필요가 있다.

정부자금대출은 기본적으로 서민 주거 안정을 목적으로 만들어진 제도다. 정책 금융의 성격이기 때문에 규제가 상대적으로 완만하고, 일정 요건만 충족하면 안정적으로 활용할 수 있다. 금리나 상환 조건에서도 부담이 덜한 경우가 많다. 대신 소득 요건이나 주택 가격 제한 등 자격 조건이 명확하다.

반면 시중은행 대출은 금융회사의 수익 상품이다. 은행은 기준금리에 마진을 더해 대출을 공급하고, 이를 통해 이익을 낸다. 원래는 소득과 신용이 충분하다면 한도와 금리에서 유연하게 접근할 수 있었다. 하지만 최근 시중은행 대출이 집값 상승을 자극한다고 판단해 정부가 강한 규제를 적용하고 있다. 그 결과 대출 한도는 줄고, 조건은 까다로워졌다.

그래서 생애 최초 대출을 고민할 때는 어느 한쪽만 보면 안된다. 같은 시점이라도 정부자금대출이 더 유리할 수 있고, 반대로 시중은행 대출이 현실적인 선택이 되는 경우도 있다. 월 상환액, 총 대출 한도, 내 주거비 부담을 함께 놓고 비교한 다음 어떤 선택이 유리할지 고민해야 한다.

내 집 마련을 잘하는 사람은 이 두 가지를 항상 동시에 검토한다. 어떤 대출이 더 많이 나오느냐보다, 어떤 대출이 내 생활을 유지하면서 끝까지 가져갈 수 있느냐를 기준으로 판단한다. 어떤 대출을 선택하느냐에 따라 내 집 마련의 안정성이 달라진다는 점을 잊지 말자.

디딤돌대출과
보금자리론

정부자금대출에는 여러 상품이 있지만 주택 매수 시 가장 많이 활용되는 것은 디딤돌대출과 보금자리론이다. 두 상품 모두 정부가 무주택자의 내 집 마련을 돕기 위해 만든 정책 금융이다. 이름 그대로 디딤돌은 대출을 발판 삼아 집을 살 수 있도록 돕는다는 의미고, 보금자리는 안정적인 주거 마련을 목표로 한다. 성격은 비슷하지만 세부 조건과 대상은 다르다.

작년 정부가 강력한 대출 규제를 시행하면서 정부자금대출 역시 영향을 받았다. 특히 6·27 대책 이후 시중은행 대출뿐만 아니라 정책 대출 전반에 규제가 동시에 적용되었다. 신생아특례, 신혼부부, 생애 최초 디딤돌대출까지 모두 포함되었다. 그만큼 이번 규제는 범위와 강도가 컸다.

6·27 규제의 핵심은 LTV 축소와 실거주 의무 부과다. 규제 이전에는 생애 최초의 경우 일정 조건을 충족하면 주택 가격의 최대 80%까지 대출이 가능했다. 5억 원짜리 집이라면 1억 원만 있어도 4억 원을 대출받아 매수가 가능했던 시기였다. 이 완화된 규제를 활용해 실제로 많은 무주택자가 집을 샀다. 하지만 정부는

▌ 정책자금대출 6·27 대책 전후 비교

구분		디딤돌대출(구입)		버팀목대출(전세)	
		전	후	전	후
최대 한도	일반	2.5억 원	2억 원	1.2억 원(수도권), 8천만 원(지방)	현행 유지
	생애 최초, 청년	3억 원	2.4억 원	2억 원	1.5억 원
	신혼부부	4억 원	3.2억 원	3억 원(수도권), 2억 원(지방)	2.5억 원(수도권), 1.6억 원(지방)
	신생아특례	5억 원	4억 원	3억 원	2.4억 원

이 구조가 집값 상승을 자극한다고 판단했다. 그 결과 LTV 상한을 80%에서 70%로 낮췄고, 대출을 받는 경우 반드시 실거주 전입을 하도록 규정을 강화했다. 과거처럼 대출만 받고 전입 여부를 선택할 수 없게 된 것이다.

이 기준은 디딤돌대출과 보금자리론에도 동일하게 적용된다. 앞으로 생애 최초로 정부자금대출을 받는 경우, 어떤 상품을 선택하든 매수 주택 가격의 최대 70%까지만 대출이 가능하고 실거주 전입은 필수다. 생애 최초 대출을 고민하는 사람이라면 이 두 가지만은 반드시 기준으로 삼고 계산해야 한다.

6·27 규제 이후 디딤돌대출 한도는 전반적으로 크게 줄었다. 자세한 내용은 한국주택금융공사 사이트(www.hf.go.kr)에 자세하게 나와 있다. 대략 이야기하면 일반 구입자는 기존 2억 5천만 원에서 2억 원으로 축소되었고, 생애 최초·청년은 3억 원에서 2억 4천만 원으로 줄었다. 신혼부부는 4억 원에서 3억 2천만 원으로, 신생아특례 역시 5억 원에서 4억 원으로 낮아졌다. 결과적으로 생애 최초 무주택자가 디딤돌대출만으로 4억 원 이상을 받는 것은 거의 불가능해졌다.

특히 신생아특례는 조건이 매우 까다롭다. 출생 후 2년 이내라는 요건뿐만 아니라 소득과 자산 기준까지 동시에 충족해야 한다. 원래 디딤돌대출은 서민과 사회초년생, 신혼부부를 위한 대표적인 정책 대출이었지만 이번 규제를 통해 그 문턱이 크게 높아졌다. 정부가 의도적으로 내 집 마련 속도를 늦추려 한다는 신호로 읽힐 수밖에 없다.

이런 상황에서 상대적으로 유리한 상품이 보금자리론이다. 보금자리론 역시 규제 대상에 포함되었어야 했지만, 현재까지는 한도 축소가 이뤄지지 않았다. 생애 최초 매수자이면서 소득 요건이 맞는다면 가장 먼저 검토해야 할 대출이 보금자리론이다.

보금자리론은 신청 대상 자체는 비교적 넓다. 생애 최초로 주택을 매수하는 경우라면 기본적으로 검토 대상이 된다. 다만 가장 중요한 조건은 주택 가격이다. 공부상 주택 가격과 KB 시세가 모두 6억 원 이하여야 한다. 매매계약서상 금액이 6억 1천만 원이라면 KB 시세가 6억 원 이하더라도 대출은 불가능하다. 계약서 금액과 시세가 동시에 6억 원 이하일 때만 보금자리론을 활용할 수 있다.

소득 요건도 꼼꼼히 따져봐야 한다. 기본적으로 부부 합산 연소득 7천만 원 이하가 기준이다. 다만 생애 최초 단독 세대의 경우 7천만 원 이하면 신청이 가능하다. 여기에 자녀가 있으면 기준이 완화된다. 생애 최초 부부 기준으로 8,500만 원, 자녀 1명일 경우 9천만 원, 자녀 2명 이상이면 1억 원까지 소득 한도가 늘어난다.

보금자리론은 조건이 세부적으로 매우 촘촘하게 나뉘어 있다. 단순히 된다, 안 된다고 판단하기보다는 한국주택금융공사 기준을 직접 확인해 본인의 상황에 어떤 요건이 적용되는지 하나씩 점검해야 한다. 생애 최초 무주택자라면 디딤돌대출과 보금자리론을 동시에 비교해보고, 지금 시점에서 가장 유리한 선택지를 찾아야 한다.

현 시점에서
가장 유리한 대출

보금자리론의 가장 큰 장점은 6억 원 이하 주택에 대해 최대 70%까지, 생애 최초 기준으로는 최대 4억 2천만 원까지 대출이 가능하다는 점이다. 소득 요건만 충족된다면 이 한도를 활용할 수 있다. 이는 시중은행 대출과 비교했을 때 매우 큰 차이다. 시중은행은 DSR 규제를 적용하기 때문에 소득이 낮은 경우 4억 원대 대출 자체가 나오기 어렵다.

보금자리론은 DSR이 아닌 DTI를 적용한다. DTI는 DSR보다 훨씬 완화된 기준이다. 많은 사람들이 "대출이 안 나온다"고 말하는 이유가 바로 DSR인데, 보금자리론은 이 규제에서 제외된다. 예를 들어 연 소득 6천만 원인 경우 시중은행에서는 DSR 기준으로 수도권에서 약 3억 원 수준의 대출이 한계다. 하지만 보금자리론을 활용하면 같은 소득으로도 최대 4억 2천만 원까지 가능해진다.

금리 측면에서도 보금자리론은 유리하다. 정부자금대출이기 때문에 시중은행보다 금리가 낮은 편이고, 상환 방식 선택의 폭도 넓다. '아낌e-보금자리론' 기준으로 연 4.05(10년)~4.35(50년)%

▌ 보금자리론 만기별 대출금리(2026년 2월 기준)

(단위: %)

구분	10년	15년	20년	30년	40년	50년
보금자리론 ('아낌e' 기준)	4.05	4.15	4.20	4.25	4.30	4.35

* 대출약정 및 근저당권설정등기를 전자적으로 처리하지 않는 비대면('u'방식) 및 대면('t'방식) 적용 금리는 0.1%p 가산

가 적용된다. 저소득 청년, 신혼가구, 사회적 배려층 등에게는 우대금리(최대 1.0%P)를 적용해 최저 연 3.05(10년)~3.35(50년)%가 적용된다. 원리금 균등상환, 원금 균등상환뿐만 아니라 체증식 상환도 가능하다. 체증식은 초기 상환 부담이 낮아 소득이 적은 시기에 특히 유리하다. 이 방식 덕분에 DTI 기준도 최대 60%까지 적용받을 수 있어 대출 한도가 더 넉넉해진다.

만기 역시 큰 장점이다. 대부분의 시중 대출은 6·27 규제 이후 최대 30년으로 제한된 반면, 보금자리론은 일정 조건을 충족하면 최대 50년까지 설정할 수 있다. 이 조건의 핵심은 나이다. 나이가 어릴수록 더 긴 만기를 적용받을 수 있다. 만기가 길어질수록 월 상환액이 줄어들기 때문에 대출 규제를 피하는 데 유리하다.

현재 시중은행에서는 체증식 상환 상품 자체가 점점 사라지

고 있다. 이런 상황에서 체증식과 장기 만기를 동시에 활용할 수 있는 보금자리론은 2026년 초 기준, 생애 최초 무주택자에게 가장 현실적이고 강력한 대출 수단이다. 생애 최초 대출을 고민하고 있다면, 지금 시점에서는 보금자리론만큼은 반드시 정확히 알고 넘어가야 한다.

디딤돌대출은 여기서 길게 설명하지 않겠다. 이유는 명확하다. 현재 기준에서는 보금자리론이 훨씬 유리하기 때문이다. 디딤돌대출은 한도가 크게 줄었고, 대상 주택 가격도 5억 원 이하로 제한된다. 수도권 기준으로 5억 원 이하 주택은 사실상 4억 원대 아파트를 의미한다. 6억 원 이하를 허용하는 보금자리론과는 체감 가능한 선택지의 폭이 완전히 다르다.

대출 한도 역시 차이가 크다. 디딤돌대출은 최대 2억 원 수준으로 줄었다. 신혼부부이면서 2자녀 이상인 경우 최대 3억 2천만 원까지 가능하다고는 하지만, 보금자리론의 최대 4억 2천만 원과 비교하면 여전히 1억 원 이상 차이가 난다. 살 수 있는 집의 가격도 낮고, 대출 여력도 작아진 것이다. 6·27 규제 이후 디딤돌대출은 체감상 상당히 불리해졌다.

다만 한 가지 분명히 짚고 넘어가야 할 점이 있다. 지금은 보금자리론이 유리하지만, 이 역시 언제든 규제가 적용되거나 세부 내용이 변경될 수 있다. 이 책을 나중에 다시 펼쳤을 때 지금 설명한 조건이 그대로 유지되지 않을 가능성도 충분히 있다. 그래서 중요한 것은 특정 상품을 외우는 것이 아니라, 그 시점의 규제를 직접 확인하는 습관이다. 한국주택금융공사나 정부 정책자금 안내 페이지를 통해 실시간으로 대출 조건을 점검해야 한다.

은행 창구에 그냥 가서는 답이 나오지 않는다. 시중은행은 기본적으로 자기들 상품을 판매하는 곳이다. 고객에게 가장 유리한 정부자금대출을 먼저 안내해주지 않는다. "어떤 대출을 찾으시나요?"라고 묻는 것이 전부다. 내 조건에 가장 유리한 선택지를 스스로 알고 가지 않으면 좋은 조건을 놓칠 수 있다.

제1금융권
vs. 제2금융권

금리만 보고 판단할 것이 아니라,
내가 어디까지 갈 수 있는지를 기준으로 판단해야 한다.

앞서 정부자금대출을 살펴봤다. 생애 최초라면 가장 먼저 확인해야 할 대출은 이미 정리했다. 이제 그다음 선택지는 시중은행 대출이다. 시중은행은 크게 제1금융권과 제2금융권으로 나뉜다. 대출 규제가 나올 때마다 가장 먼저, 그리고 가장 강하게 영향을 받는 쪽이 바로 이 시중은행 대출이다. 특히 제1금융권 대출은 조건이 자주 바뀌고, 연초마다 달라진다. 지금 시점에서 세부 상품을 외우는 것은 큰 의미가 없다. 구조만 이해하면 된다.

기본적인 순서는 명확하다. 생애 최초라면 먼저 보금자리론을 검토하고, 그 조건이 맞지 않을 때 시중은행으로 넘어가는 것이다. 시중은행 대출은 금리가 더 높지만, 만약 소득이 높은 경우 오히려 한도가 잘 나올 수도 있다. 보금자리론은 소득 요건이 있기 때문에 연봉이 1억 원을 넘으면 애초에 대상이 되지 않는다. 이런 경우 선택지는 시중은행뿐이다.

제1금융권과 제2금융권의 핵심 차이는 DSR이다. 제1금융권은 DSR 40%로 통일되어 있다. 연간 원리금 상환액이 연 소득의 40%를 넘지 못한다는 의미다. 이 규제는 매우 강력하다. 소득이 낮으면 대출 한도도 자동으로 낮아진다. 반면 제2금융권은 DSR 50%까지 허용된다.

예를 들어 연 소득이 1억 원이라고 가정하자. 제2금융권에서는 연 원리금 상환액을 최대 5천만 원까지 인정한다. 이를 월로 나누면 약 416만 원이다. 이 수준까지 감당할 수 있다고 판단되면, 그에 맞는 대출 한도가 산출된다. 제1금융권과 비교하면 체감 차이가 상당하다. DSR 40%와 50%의 차이는 대출 한도로 환산하면 수천만 원에서 많게는 1억 원 이상까지 벌어진다.

물론 금리는 제1금융권이 더 낮고, 조건도 안정적이다. 그래서 가능하다면 제1금융권부터 알아보는 것이 원칙이다. 하지만 문제는 한도다. 내가 제1금융권에서 3억 원까지밖에 나오지 않는데, 제2금융권에서는 4억 원이 나온다면 이야기는 달라진다. 대출 한도 1억 원 차이는 곧 내가 접근할 수 있는 입지의 차이로 나타난다.

지금처럼 대출 규제가 강한 시기에는 제2금융권까지 포함해 대출 구조를 넓게 검토하는 것이 곧 '대출 활용력'이다. 금리만 보고 판단할 것이 아니라, 내가 어디까지 갈 수 있는지를 기준으로 판단해야 한다. 내 집 마련을 잘하는 사람은 이 차이를 이해하고, 필요하다면 제2금융권까지 전략적으로 활용한다.

중요한 것은
현 규제 상황

현재 수도권 전역에는 DSR 규제가 적용되고 있고, LTV는 생애 최초 기준으로 최대 70%까지 허용된다. 다만 토지거래허가제로 묶인 지역은 투기과열지구에 해당하며, 이 경우 생애 최초가 아닌 사람은 LTV가 40%로 제한된다. 같은 집을 보더라도 누구냐에 따라 접근 가능성이 완전히 달라지는 구조다.

예를 들어 5억 원짜리 주택을 매수한다고 가정해보자. 생애 최초라면 LTV 70%가 적용되어 최대 3억 5천만 원까지 대출이 가능하다. 이 경우 필요한 자기자본은 1억 5천만 원이다. 반면 같은 지역에서 생애 최초가 아니라면 대출은 40%인 2억 원까지만 가능하다. 필요한 자기자본은 3억 원으로 늘어난다. 동일한 주택을 두고도 진입장벽이 2배 차이 나는 셈이다.

이 구조는 지금 시장이 누구에게 유리한지를 명확하게 보여준다. 현재 규제 환경은 생애 최초로 내 집 마련을 하는 사람에게 상대적으로 유리하게 설계되어 있다. 생애 최초 대출을 좋은 조건으로 활용하면, 동일한 자산을 훨씬 적은 종잣돈으로 먼저 확보하는 전략이 가능하다. 이는 정부가 의도한 정책 방향이기도 하다.

물론 이 구조가 언제까지 유지될지는 알 수 없다. 규제는 언제든 더 강해질 수도, 완화될 수도 있다. 분명한 것은 지금 이 시점이 생애 최초에게는 비교적 유리한 구간이라는 점이다. 이 기회를 인지하지 못하고 시간을 보내면 같은 조건으로 다시는 접근하지 못할 수도 있다. 지금의 규제 상황을 정확히 이해하고, 내가 해당되는 위치에 있다면 최대한 활용하는 것이 합리적인 판단이다.

규제 속에서도 답은 있다

변화된 규제 안에서 가능한 선택지를 찾는 것이
지금 필요한 태도다.

시장을 이기는 정책은 없다

규제 이야기가 나온 김에 여담으로 한 가지 더 이야기해보겠다. 2025년 10월 15일, 대한민국 부동산 역사상 가장 강력한 규제가 시행되었다. 서울 전역과 경기 주요 12개 도시가 토지거래허가구역으로 지정된 것이다. 정권 출범 첫해에 이 정도 강도의 규제가 나왔다는 점은 시사하는 바가 크다. 앞으로의 정책 기조 역시 시장의 예상과는 전혀 다른 방향으로 전개될 수 있다. 극단적으로는 전국 단위 토지거래허가구역 지정까지도 상상해볼 수 있는 환경이 되었다.

10·15 대책의 핵심은 고가 주택에 대한 대출 규제 강화다. 15억 원 이하 주택은 기존과 동일하게 대출 한도 6억 원이 유지되었지만, 15억 원을 초과하는 구간부터는 대출 한도가 단계적으로 축소되었다. 15억 원 초과, 25억 원 이하는 최대 4억 원, 25억 원을 초과하면 최대 2억 원까지만 대출이 가능하다.

▌10·15 대책 주요 내용

구분	세부 내용		
토지거래허가구역 확대 지정	토지거래허가구역 서울+경기 12개 지역 지정		
규제지역 지정	조정대상지역, 투기과열지구 확대, 1주택자 수도권과 규제지역 전세대출 이자 상환분을 DSR에 반영		
주택 가격에 따른 주담대 한도 차등	구분 / 한도	15억 원 이하 / 6억 원	15억~25억 원 / 4억 원	25억 원 초과 / 2억 원
	* 단 이주비 대출은 현행 동일 한도 6억 원		
스트레스금리 하한 상향 조정	규제지역 내 주담대 스트레스금리 하한 3%로 상향 조정		

예를 들어 25억 원 아파트를 매수하려면 대출은 최대 2억 원뿐이고, 나머지 23억 원은 현금으로 준비해야 한다. 이로 인해 고가 아파트 시장이 위축될 것이라는 전망도 많았다. 다만 이 정책은 2025년 10월에 시행된 것이며, 2026년에 어떤 추가 규제나 완화가 나올지는 누구도 예측할 수 없다. 중요한 점은 대출 규제가 바뀔 때마다 내가 계산했던 종잣돈과 대출 가능액을 다시 점검해야 한다는 사실이다. 앞에서 설명한 자금 계산 공식은 정책 환경에 따라 언제든 달라질 수 있다.

생애 최초 무주택자가 아닌 일반 무주택자의 경우 상황은 더 까다롭다. 과거에 주택을 매수한 이력이 있다면 LTV는 보통 40% 수준에 그친다. 현금 1억 원을 가지고 있다면 매매가의 60%를 현금으로 충당해야 하므로, 실질적으로는 1억 원대 주택밖에 접근하지 못하는 구조가 된다. 집을 사기가 점점 더 어려워지는 환경이다.

이번 규제의 영향은 무주택자에만 국한되지 않는다. 갈아타기를 하려는 1주택자, 수도권 투자를 고려하던 지방 투자자 모두의 이동 경로를 막아버린 정책이 바로 토지거래허가구역 지정이다. 과거 토지거래허가구역은 강남이나 잠실 등 일부 지역의 과열을 진정시키기 위한 일시적 수단이었다. 그러나 이번에는 수도권의 상당 부분, 그것도 선호도가 높은 지역을 중심으로 광범위하게 묶었다. 이는 풍선효과 자체를 원천 차단하려는 의도로 해석할 수 있다.

결과적으로 거래량은 급감했지만, 토지거래허가구역 안에서는 오히려 호가가 더 높아지고 신고가가 이어지는 현상이 나타났다. 정책의 옳고 그름을 따지는 것은 중요하지 않다. 시장은 항상 정책보다 먼저 움직이고, 우리는 그 환경에 맞춰 적응해야 한다. 집 사기가 어려워졌다고 멈춰 선다면 상황이 나아지지 않는다. 변화된 규제 안에서 가능한 선택지를 찾는 것이 지금 필요한 태도다.

혼인신고를
 미뤄야 할까?

상담을 하다 보면 이런 질문을 자주 받는다.

"혼인신고를 하면 부부 합산 소득이 적용되잖아요. 그러면 정부자금대출을 못 받는 것 아닌가요? 신고를 미룰까요?"

선택지는 두 가지다. 혼인신고를 하고 부부 합산 소득으로 시중은행에서 대출을 받아 더 비싼 집을 사는 것, 아니면 혼인신고를 미루고 한 명의 소득으로 정부자금대출을 받아 6억 원 이하의 주택을 매수하는 것. 후자는 남은 명의와 자금은 나중을 위해 남겨두는 전략이다.

여기서 나는 분명하게 기준을 제시하고 싶다. 지금 이러한 질문을 하는 사람들 대부분은 부동산을 매입한 경험이 없는 상태다. 그런 상황에서 혼인신고를 미루고 정부자금대출을 활용한 뒤, 남은 자금으로 투자를 잘할 수 있을까? 냉정하게 말하면 가능성이 높지 않다.

혼인신고를 미루는 전략이 의미 있으려면 조건이 있다. 비트코인이나 주식 등 다른 자산에서 일정 기간, 최소 6개월에서 1년 이상 꾸준히 수익을 내본 경험이 있어야 한다. 다른 투자상품에서 실제로 자산을 불려본 사람이라면, 혼인신고를 미루는 전략도 충분히 합리적이다.

하지만 대부분의 직장인은 투자 경험은 있을지 몰라도, 안정적으로 수익을 내본 경험은 많지 않다. 그런 상태에서 '남은 돈으로 투자하면 되지 않을까?'라는 기대는 생각보다 위험하다. 결국 집은 작은데 투자도 잘 안 되면 크나큰 기회비용의 손실을 겪게 된다.

투자 경험이 적다면 오히려 반대의 선택이 낫다. 혼인신고를 하고 부부 합산 소득으로 최대한 은행 레버리지를 활용하는 것이다. 지금 갈 수 있는 범위 안에서 가장 입지가 좋은 아파트를 매수한 다음, 이후 두 사람의 소득으로 다시 저축하면서 다음 단계의 투자를 고민하는 편이 훨씬 안정적이다.

정리하면 이렇다. 정부자금대출을 활용하기 위해 혼인신고를 미루는 전략은, 이미 다른 투자에서 검증된 성과를 낸 사람에게만 유효한 선택지다. 그렇지 않다면 혼인신고를 통해 보다 좋은 입지의 주택을 확보하는 편이 훨씬 현실적이다.

결국 내 집 마련을 잘하는 사람은 대출을 공부한 사람이다. 특히 지금처럼 규제가 강한 시기에는 이 차이가 결과를 크게 가른다. 공부한 사람만이 보다 다양한 선택지를 확보하고, 그 선택지 안에서 가장 좋은 집을 가져갈 수 있다.

내 집 마련
테크트리

이것이 내 집 마련을 통해 자산을 키우는
가장 정석적인 경로다.

현실적인
4단계 테크트리

내 집 마련을 통해 성공적으로 자산을 불리는 사람들의 공통점은 시대가 바뀌어도 변함이 없다. 대출을 이해하고, 전략적으로 활용한다. 이 흐름을 직관적으로 정리하면 다음과 같다.

1단계: 첫 매수

2단계: 4~5년 거주

3단계: 갈아타기

4단계: 반복

1단계는 첫 매수다. 레버리지를 활용해 선택지 중 가장 좋은 집을 매입한다. 종잣돈 3억 원에 대출 3억 원을 활용해 6억 원짜리 집을 매수하는 식이다. 이 단계의 핵심은 무리하지 않되, 입지가 살아 있는 자산을 선택하는 것이다.

2단계는 4~5년 거주다. 거주하는 동안 집값은 6억 원에서 7억 원으로 오른다. 동시에 원리금을 상환하면서 부채는 점점 줄어든다. 집값은 오르고 대출은 감소하니, 내 순자산 비중은 자연스럽게 커진다. 특별히 무언가를 하지 않아도 거주 자체가 자산 축적이 되는 구조다.

3단계는 갈아타기다. 시간이 지나 대출은 3억 원에서 2억 원 수준으로 줄어든다. 그동안 소득은 증가하고, 금리가 내려가면 대출 여건도 더 좋아진다. 줄어든 부채와 커진 자기자본을 바탕으로 추가 대출을 활용해 상급지로 갈아탈 수 있다. 이때는 10억 원대 주택도 현실적인 선택지가 된다.

4단계 이후엔 같은 구조가 반복된다. 거주하며 상환하고, 자본을 키운 뒤 더 좋은 입지로 이동한다. 이것이 내 집 마련을 통해 자산을 키우는 가장 정석적인 경로다.

따라서 첫 집부터 사람들이 몰리는 입지, 유동성을 가장 많이 흡수할 수 있는 자산을 잘 선택해야 한다.

대출은
집으로 갚는다

대출을 평생 갚아야 할 빚이라고 생각하면 답이 나오지 않는다. 수억 원을 대출받아 30년 동안 갚는다고 생각하는 순간 대출 자체가 부담이 된다. 그래서 많은 사람이 대출 앞에서 머뭇거린다.

하지만 현실은 다르다. 대출에는 체증식처럼 초기 부담을 낮출 수 있는 방식이 있고, 시간이 지나면 대환대출로 갈아탈 수도 있다. 금리는 내려갈 수 있고, 자산 가치는 오를 수 있다. 무엇보다 갈아타기를 통해 기존 대출을 정리하고 새로운 대출로 구조를 바꿀 수 있다.

그래서 대출은 빚이 아니라 레버리지다. 내 집 마련을 위한 연료에 가깝다. 집을 살 때 대출을 얻고, 그 집의 가치 상승과 갈아타기를 통해 대출을 갚아나가는 구조다. 월급만으로 대출을 끝까지 상환해야 한다고 생각할 필요는 없다. 기억해야 할 문장은 하나다.

대출은 집을 살 때 얻어서, 집으로 갚는다.

이 관점을 이해하는 순간, 대출은 두려움의 대상이 아니라 내 집 마련을 앞당기는 도구가 된다.

PART 6

입지와
시장 흐름을
읽는 법

입지의
3요소

입지의 본질은 결국 '사람들이 왜 그곳에 모이는가'에 대한
문제이며, 그 답은 대부분 일자리와 소득에 있다.

지금까지는 내 집 마련을 위한 기초 체력과 기준을 다뤘다. 이제
부터는 본격적으로 '입지'에 대해 이야기하겠다. 보통 입지에 대
한 내용은 책 초반에 빌드업처럼 나오지만, 나는 두괄식으로 말
하길 좋아한다. 결론부터 말해야 집중도가 높아지고, 이후 근거
들을 배워나감으로써 훨씬 효과적으로 지식을 습득할 수 있다.
학습이란 배우고(學) 습득하는 것(習)을 아우르는 말로, 단순히
배우는 데 그치면 학습이 아니다. 이제 실전 적용을 위해 구체적

으로 길을 닦을 차례다.

이 장을 시작으로 앞으로 어디를 선택해야 하는지, 무엇을 비교해야 하는지, 그리고 최종 계약까지 어떤 판단이 가장 합리적인지 단계적으로 구체화할 것이다.

입지는 항상 비교를 통해 드러난다. 한 곳만 놓고 보면 좋고 나쁨을 판단할 수 없다. 비슷한 가격대의 여러 지역을 나란히 놓고 비교했을 때 비로소 우위가 생기고, 그 차이를 우리는 입지라고 부른다. 결국 입지가 좋다는 말은 절대적인 평가가 아니라 상대적인 평가다.

상대적인 평가를 하려면 기준이 필요하다. 어떤 요소를 기준으로 삼느냐에 따라 같은 지역도 전혀 다르게 보일 수 있다. 그래서 먼저 무엇을 기준으로 입지를 판단해야 하는지부터 정리할 필요가 있다.

사전적으로 입지란 인간이 경제활동을 하기 위해 선택하는 장소를 의미한다. 경제활동이란 곧 일하고 소득을 얻는 행위다. 다시 말해 먹고 살기 위해 선택한 장소가 입지다. 이 경제활동의 중심에 가까울수록, 접근이 쉬울수록 입지는 좋아진다. 입지의 본질은 결국 '사람들이 왜 그곳에 모이는가'에 대한 문제며, 그 답은 대부분 일자리와 소득에 있다. 입지의 1요소를 말하자면 이게 전부다. 다만 이후 추가로 봐야 할 교통, 학군까지 더해 3요소라고 부르기로 한다.

첫 번째
요소: 일자리

입지를 결정하는 첫 번째 요소는 일자리다. 집값은 감정이 아니라 수요로 움직이고, 그 수요의 출발점이 바로 일자리다. 사람들이 매일 출근해야 하는 곳, 오래 머무는 곳, 그리고 계속해서 유입되는 곳에 주거 수요가 생긴다.

예를 들어 호갱노노에서 '직장인 연봉' 항목을 보면 구별 종사자 수와 평균 연봉이 함께 나온다. 여기서 핵심은 평균 연봉이 아니라 종사자 수다. 평균 연봉이 높다고 해서 반드시 집값이 높아지는 것은 아니다. 연봉이 낮더라도 내 집 마련 수요는 동일하게 존재하고, 종잣돈은 소득 외의 다양한 경로로 형성되기 때문이다.

중요한 것은 어느 지역에 일자리가 많이 몰려 있는지다. 종사자 수가 많다는 것은 그만큼 상시적인 주거 수요가 존재한다는

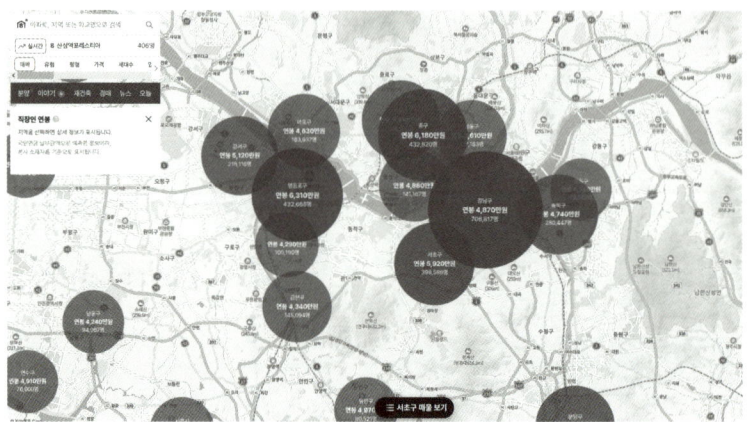

호갱노노 '직장인 연봉' 항목을 통해 종사자 수와 평균 연봉을 확인할 수 있다.

의미다. 이 수요는 경기 상황과 관계없이 꾸준히 유지된다. 서울을 보면 일자리 밀집 지역은 뚜렷하다. 강남구, 중구, 영등포구가 대표적이다. 지도에서도 이 지역은 원이 크게 표시된다. 이는 다른 지역 대비 압도적으로 많은 종사자가 몰려 있다는 뜻이다. 강남구에는 약 70만 명, 서초구에는 약 40만 명의 종사자가 근무하고 있다. 강남과 서초 일대에만 100만 개 이상의 일자리가 몰려있다. 서울 전체 일자리 약 300만 개 중 30% 이상이 이 지역에 집중된 셈이다.

강남구, 서초구는 단순한 중소기업 중심이 아니라 대기업, 금융, 전문직 등 안정적인 고소득 일자리가 몰려 있다. 자연스럽게 주거 수요의 질도 높아진다. 영등포구 역시 마찬가지다. 여의도를 중심으로 금융권과 증권사가 밀집해 있고, 고소득 종사자 비중이 높다. 이 때문에 영등포 역시 서울의 대표적인 고가 주거지로 평가받는다.

결국 집값이 높은 지역에는 공통점이 있다. 사람들이 일하러 모이는 곳이다. 입지를 볼 때 가장 먼저 확인해야 할 것은 이 지역에 얼마나 많은 사람이 매일 출근하고 있는가다.

그래서 서울 3대 업무지구(CBD·YBD·GBD)를 이해하면 왜 특정 지역의 집값이 높은지 자연스럽게 보인다.

CBD(Central Business District)는 중구와 종로 일대, 을지로를 중심으로 형성된 업무지구다. 은행 본점, 대기업 본사, 주요 기관이 밀집해 있고, 과거에는 청와대와 정부종합청사 등 핵심 행정기관도 이곳에 자리 잡고 있었다. 강남과 영등포가 본격적으로 개발되기 전까지 종로는 서울의 최대 번화가이자 경제 중심지였다. 그 흐름이 이어져 지금도 광화문 일대에는 대형 빌딩과 본사가 다수 남아 있고, 해외 대사관과 외교 관련 기관도 밀집해 있다. CBD로 연결되는 교통망 역시 서울 초기 도시 구조를 반영한다. 1·2·3·5호선 등 초기에 개통된 핵심 노선이 이 지역을 관통한다. 이 자체가 CBD의 역사성과 중심성을 보여준다.

YBD(Yeouido Business District)는 여의도를 중심으로 한 영

등포 일대 업무지구다. 강남이 개발되기 전, 영등포는 서울에서 가장 활발한 경제활동 지역이었다. 한강 접근성이 좋고 공업지역이 넓게 형성되어 있어 당시 산업구조와 잘 맞았다. 이후 여의도가 본격적으로 개발되면서 증권사와 금융기관이 집중적으로 들어섰고, 여의도는 한국의 '월스트리트'로 불릴 만큼 금융의 중심지가 되었다. 현재는 용적률 1,000%에 가까운 초고층 빌딩이 밀집해 서울에서 가장 화려한 스카이라인을 형성하고 있다. 여의도 출퇴근이 편한 지역일수록 집값이 높은 이유도 여기에 있다. 과거 여의도 인근에는 노후한 저층 주거지가 대부분이었고, 안정적이고 쾌적한 주거지로 선택할 수 있는 곳이 많지 않았다. 그 대안으로 개발된 곳이 목동이다. 목동은 여의도 근무자들이 자녀 교육과 주거환경을 동시에 충족할 수 있는 지역으로 자리 잡았고, 그 결과 재건축 기대까지 더해지며 현재는 고가 주거지로 평가받고 있다.

GBD(Gangnam Business District)는 강남 일대, 특히 테헤란로를 중심으로 형성된 업무지구다. 서울을 넘어 전국에서 가장 강력한 업무 중심지라고 해도 과언이 아니다. 대기업 본사, 금융사, 전문직, IT 기업까지 다양한 산업의 핵심 일자리가 집중되어 있다. IT 기업은 판교에만 몰려 있다는 인식이 있지만, 실제로는 강남에도 IT 기업과 스타트업, 관련 산업이 다수 자리 잡고 있다. 강남은 특정 업종이 아닌, 거의 모든 산업이 선호하는 핵심 상업·업무 지역이다.

입지를 볼 때 중요한 것은 이 세 가지 업무지구 중 어디로 향하는가다. 내 직장이 직접 이곳에 있지 않더라도, 이들 업무지구와 빠르게 연결되는 지역은 항상 높은 주거 수요를 유지한다. 집값은 거리와 시간이 결정한다. 중심 업무지구와 가깝고, 대중교통으로 빠르게 이동할 수 있는 곳일수록 집값이 높게 형성된다. 그만큼 사람들이 몰리고, 수요가 끊이지 않기 때문이다.

강남은 구조적으로 수급이 맞지 않는 지역이다. 강남과 서초 일대에 집중된 일자리는 100만 개가 넘지만, 이 지역에 존재하는 아파트는 약 20만 채에 불과하다. 일자리가 주택 공급을 압도하는 대표적인 지역이다. 더 중요한 점은 이 20만 채의 아파트가 시장에 잘 나오지 않는다는 것이다. 이미 거주하고 있는 사람들은 강남을 팔고 더 나은 지역으로 이동하기가 사실상 불가능하다. 국내에 강남보다 좋은 상급지는 존재하지 않기 때문이다. 공급은 제한되어 있고, 진입하려는 수요는 계속 늘어나는 구조다. 이런 상황에서는 자연스럽게 더 높은 경제력을 가진 사람들이 경쟁에서 살아남는다. 결국 더 높은 가격을 지불할 수 있는 수요가 강남에 모이고, 이것이 지금의 강남 집값을 만든 핵심 원인이다.

여의도 역시 구조는 같다. 여의도의 초고층 빌딩에서 근무하는 수많은 종사자가 모두 여의도에 거주할 수는 없다. 주거 공급은 제한적인 반면, 일자리는 집중되어 있다. 그래서 여의도 접근성이 좋은 당산, 문래동과 같은 인접 지역으로 수요가 확산되고, 더 멀게는 주거환경과 교육 여건이 좋은 목동까지 선택지가 넓어진다. 여의도 근무 수요가 목동 집값을 끌어올린 배경도 바로 이 수급 불균형에 있다. 결국 입지의 본질은 수요와 공급이다. 일자리는 계속 늘어나는데 주택 공급이 제한된 지역일수록 가격은 오를 수밖에 없다. 강남과 여의도가 대표적인 사례다.

입지는 어느 날 갑자기 만들어진 개념이 아니다. 한강의 가치역시 최근에 갑자기 생긴 것이 아니다. 한강 뷰를 이야기하면 "먼지도 많고 시끄럽다" "도로 소음 때문에 살기 어렵다" "강변 습기로 결로와 곰팡이가 생긴다" 등의 반응이 나오기도 한다. 일부는 맞는 말이지만 한강의 가치는 단순한 주거 쾌적성의 차원을 훨씬 넘어선다.

한강은 오래전부터 이미 자연환경 이상의 의미를 가져왔다. 1900년대 초 마포 일대의 사진을 보면, 사람들은 한강을 중심으로 모여 살고 있었다. 물은 생존의 필수 조건이고 인간은 예나 지금이나 물을 따라 이동하고 정착해왔다. 강 주변은 식수, 생업, 교류가 동시에 이뤄지는 공간이기 때문이다. 마포나루처럼 배가 드나들고 물류와 사람이 모이는 곳은 과거에도 핵심 경제활동 거점이었다. 지금과 방식만 다를 뿐, 강을 중심으로 한 입지의 본질은 변하지 않았다. 한강변에 사람들이 몰렸던 이유는 단순한 경관이 아니라 '살기에 가장 유리한 장소'였기 때문이다.

과거 삼국시대, 고구려·백제·신라의 전성기는 각각 한강을 차지한 시기였다. 더 옛날로 돌아가 선사시대로 간다고 해도 한강변에서 물고기를 잡아 생활을 이어갔을 것이다. 지금의 한강은 형태만 바뀌었다. 사람들은 생존을 위해 일자리가 있는 곳으로 이동하고, 출퇴근을 반복한다. 직장과 가까울수록 삶은 편해지지만, 그만큼 더 높은 비용을 지불해야 한다. 이 격차를 감당할 수 없는 사람들은 교통이 좋은 곳으로 밀려난다. 반대로 가장 구매력 있는 사람들은 쾌적성까지 갖춘 한강변을 택한다.

결국 한강의 가치는 자연, 교통, 경제활동이 겹치는 지점에서 만들어진다. 이 구조는 과거에도 그랬고, 지금도 변하지 않았다. 그래서 한강변 입지는 언제나 가장 먼저 선택받고, 가장 늦게 내려오는 자리로 남는다.

두 번째
요소: 교통

입지를 결정하는 요소를 세 가지로 정리하고 있지만 사실 핵심은 하나다. 일자리가 많은 곳이 어디인지, 그리고 그곳까지 얼마나 빠르게 도달할 수 있는지다. 입지의 우위는 일자리와 교통이 동시에 맞물릴 때 만들어진다. 이는 삶의 편의가 아니라 생존과 직결된 문제이기 때문이다.

서울과 수도권에는 수많은 지하철 노선이 있지만, 강남으로 직결되거나 강남 접근성이 뛰어난 노선은 한정되어 있다. 이 노선들이 곧 집값의 흐름을 만든다.

첫째, 9호선이다. 9호선은 강남을 관통해 잠실과 여의도를 잇는 핵심 노선이다. 비교적 최근에 개통되었지만, 수요가 가장 많은 노선 중 하나다. 지하철은 경제성 평가를 통과해야만 건설된다. 이미 여러 노선이 존재하는 상황에서도 9호선이 추가된 이유는 명확하다. 그만큼 강남과 여의도를 오가는 경제활동 인구가 많다는 뜻이다. 지금도 9호선은 항상 혼잡하다. 수요가 집값을 만든다는 점을 가장 직관적으로 보여준다.

둘째, 7호선이다. 7호선은 강남권을 가로지르는 대표 노선이다. 노선 주변 집값이 높은 이유다. 7호선은 노원까지 연결되는데, 만약 이 노선이 없었다면 노원의 집값은 지금보다 훨씬 낮았을 것이다. 거리상 멀더라도 강남으로의 접근이 용이하다는 사실만으로도 장기적인 수요가 유지된다.

셋째, 2호선이다. 서울에서 가장 상징적인 노선이다. 2호선은 CBD, YBD, GBD를 모두 연결한다. 이 세 곳은 서울의 핵심 업무지구다. 그래서 2호선 라인 주변은 가격이 쉽게 무너지지 않는다.

넷째, 3호선이다. 3호선은 CBD와 강남을 연결하지만, 테헤란로 중심이 아닌 서초 쪽으로 우회한다. 강남 접근 노선이긴 하나 9호선이나 7호선에 비해 영향력은 다소 약한 편이다.

다섯째, 신분당선이다. 가장 강력한 노선 중 하나다. 전 구간 개통 이후 광교, 판교, 용인 수지 일대 집값이 빠르게 상승했다. 이는 해당 지역의 자체적인 일자리 탓도 있지만, 무엇보다 강남 접근성이 압도적으로 좋아졌기 때문이다. 물리적 거리가 멀어도 핵심 업무지구로 직결되면 집값은 빠르게 반응한다.

교통은 단순한 이동 수단이 아니다. 일자리로 이어지는 속도다. 그리고 이 속도가 빠를수록 입지는 강해지고, 가격은 먼저 움직인다. 교통 호재를 판단할 때는 기준이 분명해야 한다. 신분당선처럼 핵심 업무지구를 직접 관통하거나, 최소한 빠르게 연결해주는 노선인지부터 봐야 한다. CBD, YBD, GBD로 얼마나 빠르게 도달할 수 있는지가 핵심이다. 이 조건이 충족되지 않으면 교통 호재가 집값에 제대로 반영되기 어렵다.

문제는 이 판단 없이 '지하철이 들어온다'는 사실만으로 좋은 입지라고 착각하는 경우다. 노선이 생긴다는 이유만으로 주변을 매수하거나 투자하는 사례도 적지 않다. 하지만 중요한 건 노선의 방향과 기능이다. 주의해야 할 대표적인 예가 경전철이다. 서울의 경전철 중 하나인 우이신설선의 경우 자체적으로 강남이나 주요 일자리로 연결되지 않는다. 결국 4호선이나 6호선으로 환승해야 한다. 노선 길이도 짧고, 생활 연결용 보조 노선에 가깝다. 이런 노선은 집값을 크게 움직이기 어렵다. 서해선도 마찬가지다. 서부권을 종단으로 연결하는 역할은 훌륭하지만 서울 핵심 업무지구로 바로 진입하는 노선은 아니다. 김포공항이나 서부 지역 이동에는 편리하지만, 강남이나 주요 일자리로 가려면 여러 번 환승해야 한다. 국토 균형 개발의 의미는 크지만 입지 측면에서는 한계가 분명하다.

따라서 교통 호재는 '연결'이 아니라 '도달 속도'로 판단해야 한다. 일자리로 직결되는가, 환승 없이 또는 최소 환승으로 접근 가능한가. 이 기준 없이 교통 호재를 해석하면 내 집 마련이나 투자에서 쉽게 혼란에 빠지게 된다.

대한민국에서 입지가 가장 뛰어난 곳을 하나 꼽으라면 서울 강남구에 있는 압구정동이다. 앞서 설명한 좋은 입지 요소를 거의 모두 갖춘 곳이다. 양질의 일자리가 밀집한 강남 업무지구와 가깝고, 상권이 발달해 있으며, 교육환경도 우수하다. 여기에 한강이라는 자연환경까지 더해진다. 사람들이 가장 높은 값을 지불하고 살고 싶어 하는 조건이 겹쳐 있는 곳이다.

압구정동은 서울 구축 아파트 중에서도 가장 높은 집값을 형성해왔다. 다만 평당 가격만 놓고 보면 반포가 이를 넘어선 상태다. 반포 역시 강남 접근성이 뛰어나고, 고속터미널이라는 대형 상권을 품고 있으며, 경부고속도로 진입이 용이하다. 한강공원도 바로 앞에 있고, 특히 반포한강공원은 규모와 쾌적성 면에서 서울 최고 수준이다. 학군 역시 강하다. 현재 반포가 더 비싼 이유는 신축 효과 때문이다. 반포는 이미 대규모 신축 단지로 재편되었고, 압구정은 아직 구축 비중이 높다. 하지만 압구정이 본격적으로 개발되면 이 격차는 충분히 뒤집힐 수 있다. 입지의 본질적인 힘을 이미 갖추고 있기 때문이다.

가장 좋은 입지가 무엇인지 이해하면 그러한 요소들이 최대한 겹치는 곳을 찾는 것이 전략이 된다. 양질의 일자리에 빠르게 접근할 수 있고, 교육환경이 좋으며, 상권이 편리하고, 자연환경까지 갖춘 곳. 이 조건에 가까워질수록 입지는 강해지고, 집값 역시 장기적으로 그 가치를 반영한다.

한번은 상담을 하며 이런 질문을 받은 적이 있다.

"제 직장이 연신내인데, 서대문 안쪽으로 들어가려면 너무 낡은 구축밖에 못 사서요. 차라리 고양으로 가는 건 어떨까요? 3기 신도시도 개발되잖아요."

이 질문에는 중요한 함정이 하나 있다. 바로 '내' 관점으로만 입지를 판단하고 있다는 점이다.

연신내는 지금 나의 직장 위치일 뿐이다. 시장은 그렇게 움직이지 않는다. 앞으로 이 지역으로 얼마나 많은 사람이 새로 유입될 것인가를 봐야 한다. 광화문, 종로, 을지로와 같은 CBD에는 은행 본점과 금융사, 대기업 본사가 몰려 있다. 스탠다드차타드은행, 신한은행 본점처럼 매년 신규 채용이 발생하는 일자리가 계속 생긴다. 일자리 수요가 고양이 많을지, CBD가 많을지는 명확하다.

집값을 올리는 힘은 '앞으로 들어올 사람들'에게서 나온다. 나보다 늦게 들어와 내 집을 사줄 사람들이다. 그렇다면 그 사람들이 선택할 가능성이 높은 방향으로 기준을 잡아야 한다. 내 직장이 연신내라고 해서 연신내 기준으로만 움직이면 시장의 흐름과 멀어질 수 있다. CBD와 연결성이 더 강한 안쪽 지역이 장기적으로는 매도도 쉽고 가격 상승에도 유리하다.

물론 주거 편의를 이유로 삼송이나 화정 혹은 일산처럼 가족 생활권을 선택하는 것도 하나의 선택이다. 다만 '주거 안정'과 '입지 가치'라는 두 가지를 모두 가져가기는 어렵다. 두 가지 다 욕심을 내는 순간 전략이 흐려진다.

집값을 안정적으로 올리고 싶다면, 핵심 일자리에 직접 붙어 있지는 않더라도 그 수요가 밀려 내려오는 길목에 있어야 한다. 사람들이 더 이상 들어갈 수 없어서 밀려나는 방향, 그 흐름 위에 내 집이 있어야 한다. 내 직장만 보지 말고, 시장이 어디를 향해 움직이는지를 먼저 보라는 말이다.

비슷한 사례가 하나 더 있다. 수강생 A의 직장은 부천 원종역 인근이었다. 서해선 노선에 위치한 곳이다. 직업은 의사로 소득은 높았지만, 종잣돈은 많지 않은 상태였다. 집을 알아보는 과정에서 당연히 직장 근처인 원종역 역세권 위주로 신축 아파트를 검토하고 있었다. 원종역 인근에 새로 분양되는 신축 단지를 보여주며 "여기 괜찮지 않겠느냐?"고 물었다. 입지상 출퇴근은 편하고, 신축에 브랜드도 어느 정도 알려진 아파트였다. 분양가 기준으로 5억 원대였다. 사실 신축은 모델하우스만 보면 어디든 좋아 보일 수밖에 없다. 상담을 진행하다 보니 A는 이미 가계약까지 한 상태라고 고백했다.

하지만 이것 역시 철저히 '본인' 관점이었다. 원종역을 기준으로 출퇴근하는 사람은 분명 존재한다. 은행원도 있을 수 있고, 병원 근무자도 있을 것이다. 하지만 이 지역으로 앞으로 얼마나 많은 신규 수요가 유입될 것인지를 냉정하게 봐야 한다. 서해선은 핵심 업무지구로 직결되는 노선이 아니다. 강남, 여의도, 광화문으로 바로 이어지는 노선도 아니다. 그래서 나는 같은 5억 원대라면 차라리 광명으로 가라고 조언했다. 광명 철산동에는 당시 5억 원대의 구축 아파트가 있었고, 7호선을 통해 강남 핵심 업무지구로 바로 연결되었다. 7호선은 서울 핵심 일자리로 향하는 노선이다. 누가 들어오든 수요가 끊이지 않는 길목이다. 불편을 조금 감수하더라도 훗날 더 높은 집값을 형성할 것이고, 갈아타기할 폭도 넓어진다는 장점이 있었다.

그럼에도 불구하고 A는 "3기 신도시가 들어오지 않느냐" "앞으로 대장지구가 개발되면 좋아지지 않겠느냐"며 원종역 신축을 쉽게 놓지 못했다. 신도시가 개발된다고 해서 곧바로 주변 집값이 상승하는 것은 아니다. 오히려 주변 기존 주택에는 악재가 되는 경우가 많다. 수요를 빨아들이기 때문이다. 결국 나는 계약을 취소하라고 조언했다. 당시 비교 대상으로 본 곳이 광명 철산역 인근 대단지 구축 아파트였다. 5억 원 초반대에 20평대 매수가 가능했다. 이후 실제로 그 지역 시세는 더 올랐다. 핵심 노선 위의 대단지였고, 입지가 검증된 곳이었기 때문이다.

신축이라는 이유 하나만으로 입지가 약한 곳을 선택하면 신축 프리미엄이 빠지는 순간 가격은 정체되기 쉽다. 특히 200세대 이하 소규모 단지는 시장에서 가장 먼저 외면받는다. 입지는 시장의 관점으로 봐야 한다. 사람들이 가장 먼저 선택하는 길목에 내 집이 있어야 한다.

입지의 힘은 같은 평형대 아파트를 비교해보면 더욱 분명해진다. 30평대 단지 중 연식 차이가 크지 않은 사례를 보자. 철산동은 2007년식, 원종동은 2011년식으로 오히려 원종동이 더 신축이다. 하지만 가격 흐름은 정반대의 모습을 보인다. 결국 격차를 만들어내는 것은 연식이 아니라 입지다. 과거에는 두 단지의 격차가 크지 않았을 수 있다. 하지만 시간이 지날수록 가격은 점점 벌어진다. 핵심은 노선이다. 지속적으로 수요가 유입되는 일자리로 향하는 노선 위에 있느냐, 그렇지 않느냐에 따라 희비가 엇갈린다. 이 차이가 금리 하락기나 유동성이 풀리는 시기에 상승폭을 결정짓는다.

시장이 조용할 때는 겉으로 보기에 가격 차이가 크지 않아 보일 수 있다. 그러나 금리가 낮아지고 시장이 다시 움직이기 시작하면, 입지 좋은 곳은 가파르게 오르고 그렇지 않은 곳은 제자리걸음을 한다. 이때 기울기 자체가 완전히 달라진다. 문제는 그다음이다. 처음 선택이 잘못되면 나중에 갈아타고 싶어도 쉽지 않다. 소규모 단지, 특히 100세대 이하 단지는 거래가 막히기 쉽고 원하는 시점에 매도도 어렵다. 시간이 지나 격차가 벌어지면, 과거에는 가능했던 선택지가 불가능한 선택지가 된다.

처음에는 철산동과 원종동 중 하나를 고를 수 있었을지 모른다. 하지만 시간이 지나면 그 선택지 자체가 사라진다. 입지에 따라 가격의 기울기가 다르기 때문이다. 이 격차는 앞으로 더 커질 가능성이 높다. 부동산에 대한 이해도가 높아지고, 시장에 참여하는 사람들의 눈높이가 계속 올라가고 있기 때문이다.

그래서 선택은 빠를수록 중요하다. 지금의 작은 차이를 가볍게 보면, 나중에는 따라갈 수 없는 큰 격차가 되어 돌아온다.

세 번째
요소: 학군

입지 우위를 결정짓는 세 가지 요소를 기억해야 한다. 내 집 마련을 할 때 나의 편의만을 기준으로 보기보다, 사람들이 공통적으로 선호하는 곳이 어디인지를 먼저 봐야 한다. 그 중심에는 일자리가 있고, 그 일자리로 빠르게 이동할 수 있는 교통이 있다. 이 두 가지가 입지의 핵심이다.

그렇다면 학군은 무엇일까? 학군은 독립적으로 먼저 만들어지는 요소가 아니다. 일자리가 많고 교통이 좋은 곳에 경제력 있는 사람들이 모여 살기 시작하면서 자연스럽게 뒤따라온다. 학군이 좋아서 집값이 오른 것이 아니라, 집값이 오를 수밖에 없는 입지에 사람들이 몰리면서 학군이 만들어진다. 여의도에 일자리가 집중되자 인근에 거주할 공간이 부족했고, 그 수요가 영등포를 거쳐 목동으로 이동했다. 영등포는 노후화되어 주거환경이 좋지 않았기 때문이다. 목동에 고소득 가구가 정착하면서 교육 수요가 생겼고, 학원가가 형성되었다. 경쟁하는 환경이 만들어지자 학업 성취도가 높아지고, 그 결과 '학군이 좋은 지역'이 된 것이다.

이 과정은 단기간에 만들어지지 않는다. 학군은 오랜 시간에 걸쳐 축적된다. 교육에 관심이 많은 가구가 지속적으로 유입되고, 그 분위기가 유지되면서 서서히 완성된다. 우리가 지금 '학군이 좋다'고 말하는 지역들은 대부분 오랫동안 입지가 좋았던 곳들이다. 학군은 원인이 아니라 결과다.

신도시를 보면 이 구조가 더 명확해진다. 새로 조성된 신도시는 초기부터 학군이 뛰어나기 어렵다. 다만 가격대가 높고 젊은 맞벌이부부, 고소득 가구가 빠르게 유입되기 때문에 학군이 비교적 빠른 속도로 형성된다. 그렇다고 해서 조성 초기부터 최고 수준의 학군이 만들어지는 것은 아니다.

평촌이나 일산처럼 학군으로 평가받는 지역들은 오랜 기간 사람들이 거주하며 만들어진 결과물이다. 그래서 우리는 학군을 볼 때 그 자체만 보지 말고 왜 이 지역의 학군이 좋아졌는지를 함께 봐야 한다. 학군은 결국 입지가 좋았다는 증거이자, 그 지역의 입지 가치가 반영된 결과다.

특히 학군을 볼 땐 중학교 학군을 기준으로 삼아야 한다. 대부분 중학교까지는 집에서 통학을 하기 때문이다. 통학 거리가 짧을수록 선호도가 높아지고, 그 결과 집값도 높게 형성된다. 고등학교는 버스를 타고 먼 거리까지 이동하는 것이 일반적이기 때문에 거주지를 결정하는 핵심 요인이 되기 어렵다. 그래서 많은 가정이 초중학교 학군을 기준으로 거주지를 선택하고, 한 번 들어가면 그 인근에 오래 머무는 경향이 생긴다.

서울의 중학교 학군을 보면 이 흐름이 명확하게 드러난다. 국제중처럼 특수한 학교를 제외하고 보면 강남·압구정·반포·대치·목동·광진·광장동과 같은 지역이 상위권으로 분류된다. 이 지역들은 공통적으로 서울에서 집값이 가장 높은 곳들이다. 학군이 좋아서 집값이 오른 것이 아니라, 집값이 높아질 수밖에 없는 입지여서 학군이 강화된 것이다.

강남 8학군은 부동산 공부를 한 사람이라면 한 번쯤 들어봤을 것이다. 초기 개발 당시 학교 배치를 전략적으로 한 측면이 있긴 했다. 당시 정권에서 종로에 있던 명문 학교들을 강남으로 이전시켰기 때문이다. 다만 지금은 학교를 정책적으로 이전시키거나 새로 배치해서 학군을 인위적으로 바꿀 수 있는 시대가 아니다. 한 번 형성된 학군은 쉽게 바뀌지 않는다. 그래서 학군은 시간이 쌓인 결과물이다.

현재 서울에서 학원 수요가 가장 높은 곳은 대치동이다. 서울 1번 학원가라고 불릴 정도로 교육 열기가 압도적이다. 대치동 은마아파트는 학군을 상징하는 대표적인 단지다. 그다음이 목동이고, 이후 중계동 등으로 이어진다. 학군 좋은 지역의 공통점은 분명하다. 자녀 교육에 적극적인 가구가 많고, 부모의 경제력이 높으며, 집값 역시 높다. 학군은 원인이 아니라 결과다. 중학교 학군을 보면 그 지역이 오랜 시간 얼마나 좋은 입지였는지를 거꾸로 확인할 수 있다.

이 흐름은 서울만의 이야기가 아니다. 전국 어디를 보더라도 학군은 비슷한 방식으로 형성된다. 경기도를 보면 안양의 평촌이 대표적이다. 경기도 전체에서도 학군이 좋은 지역으로 항상 상위에 꼽히고, 분당 다음으로 거론된다. 분당은 학원가가 넓게 퍼져 있는 구조라면, 평촌은 학원가가 한곳에 밀집되어 있다는 특징이 있다. 대치, 목동, 중계, 분당, 수지, 평촌은 서울과 수도권을 대표하는 학군지다.

평촌에 있는 귀인중학교는 평촌 학원가 바로 옆에 위치한 중학교다. 경기도 전체 중학교 학군을 보면 상위권에는 국제중과 같은 특수학교가 있고, 그 아래로 분당과 평촌이 나란히 위치한다. 10위권 안에 든다는 것 자체가 해당 지역의 교육환경이 얼마나 오래 축적되어 왔는지를 보여준다. 평촌 학원가를 실제로 보면 얼마나 학원 수요가 많은지 짐작이 된다.

지방도 마찬가지다. 부산에는 남천동이 있다. 오래전부터 부촌으로 꼽힌 지역이고, 그만큼 자녀 교육에 대한 수요가 많았다.

그 결과 학원가가 자리 잡았고, 지금까지도 부산을 대표하는 학군지로 인식된다.

대구는 범어동이다. 수성구와 비수성구를 나눌 정도로 학군과 집값이 한곳에 집중되어 있다. 범어동은 대구에서 가장 상징적인 학군지다. 대전은 둔산동이다. 법원, 검찰청, 시청과 같은 주요 기관이 모여 있고, 상권과 학원가도 가장 잘 형성되어 있다. 유성 등 다른 지역에 신축이 들어와도 둔산동의 학군과 집값은 여전히 최상위다.

울산은 신정동과 옥동 일대가 대표적이다. 학원가가 독보적으로 형성되어 있고, 다른 지역과의 집값 격차도 크다. 광주는 봉선동이 전통적인 학군지다. 최근에는 젊은 세대가 많이 유입된 수완동으로 학원 수가 일부 이동했지만, 여전히 학군의 상징성은 봉선동에 있다.

광역시뿐만 아니라 중소도시도 동일하다. 천안은 불당동이 학원가와 학군이 가장 강하고, 그에 따라 집값도 가장 높다. 청주는 복대동에 복대중학교와 솔밭중학교를 중심으로 학군이 형성되어 있고, 그 인근에 대장 아파트가 모여 있다. 전주는 서신중, 포항은 포항제철중이 유명하다.

이러한 사례가 말해주는 것은 하나다. 학군은 우연히 생기지 않는다. 오래도록 좋은 입지에 사람들이 모이고, 경제력 있는 가구가 정착하면서 자연스럽게 만들어진 결과다. 지역은 달라도 구조는 같다. 학군은 원인이 아니라 결과라는 점을 전국의 사례가 그대로 보여준다.

만약 투자를 한다면 단순히 가진 종잣돈이 적다고 해서 갭에 맞는 곳만 보면 안 된다. 입지가 좋은 곳부터 선별해 가성비 있는 가격대에 들어갈 타이밍을 봐야 한다. 그래야 하락장을 만나더라도 가격이 버텨줄 수 있고, 시세 상승의 흐름에서도 가장 선봉에 설 수 있다.

유동성으로
시장 흐름 읽기

지금 사도 되는지 묻기 전에 내가 어떤 근거로
시장을 판단하고 있는지 먼저 점검해야 한다.

부동산 시장을 보면 언제나 하락을 말하는 사람과 상승을 말하는 사람이 동시에 존재한다. 유튜브나 언론을 보면 하나의 이유만으로 시장이 오른다거나 떨어진다고 단정하는 콘텐츠가 넘쳐난다. 하락을 말하는 영상에는 하락을 뒷받침하는 근거만, 상승을 말하는 영상에는 상승을 설명하는 근거만 제시된다.

흥미로운 점은 이 상반된 전망들이 같은 시기, 심지어 같은 주에 동시에 나온다는 것이다. 누군가는 금리와 경기 침체를 이유로 하락을 말하고, 누군가는 유동성과 수요를 이유로 상승을 말한다. 각각의 주장에 나름의 논리와 데이터가 있어 더 헷갈린다.

사람은 누구나 자신의 경험을 기준으로 시장을 해석한다. 과거에 매수 후 상승을 경험한 사람은 상승 근거를 찾고, 반대로 하락장을 겪은 사람은 그 기억을 바탕으로 하락의 이유를 설명하려 한다. 더 안타까운 경우는 상승 기회를 놓친 사람들이다. 지금이라도 시장에 진입해야 한다는 판단 대신, 이를 '신포도'처럼 여기며 하락 논리를 찾아 스스로를 합리화한다.

문제는 특정 영상 하나가 내 상황과 맞아떨어진다고 느껴지는 순간이다. 그 순간부터 그 사람의 말이 다 설득력 있게 들린다. 그렇게 한쪽 주장만 반복해서 보게 되고, 결국 시장을 균형 있게 보지 못하게 된다. 시장을 읽을 때 가장 중요한 것은 한쪽 의견에 기대지 않는 것이다.

상승과 하락의 논리를 모두 받아들이되, 그 안에서 나만의 판단 기준을 가져야 한다. 지금 사도 되는지 묻기 전에 내가 어떤 근거로 시장을 판단하고 있는지 먼저 점검해야 한다. 그래야 시장의 소음에 휘둘리지 않고, 이번 장에서 다룰 유동성이라는 핵심을 제대로 이해할 수 있다.

유동성의 흐름:
M1과 M2

시장 흐름을 읽을 때 유동성을 빼놓고는 설명할 수 없다. 유동성이란 시중에 실제로 얼마나 많은 돈이 돌고 있는지를 의미한다. 집값은 결국 이 돈의 흐름에 가장 직접적으로 반응한다.

통화량은 M0, M1, M2, M3 등으로 나뉘지만 부동산 시장, 특히 아파트 가격에 의미 있게 작용하는 지표는 M1과 M2다. 다른 지표는 굳이 깊게 볼 필요는 없다.

▮▮ 통화지표의 범주

통화지표	유동성	화폐의 범주		
현금통화	매우 높음	현금		
M1 (협의통화)	높음	현금	요구불예금	
M2 (광의통화)	낮음	M1		만기 2년 이내 예적금
Lf (금융기관 유동성)	매우 낮음	M2		만기 2년 이상 장기 금융상품

M1은 협의통화다. 지금 당장 지불에 사용할 수 있는 돈을 말한다. 통장에 들어 있는 예금, 지갑 속 현금, 바로 인출해서 쓸 수 있는 돈이 여기에 해당한다. 즉 협의통화란 즉시 움직일 수 있는 돈이다.

M2는 광의통화다. M1에 더해 아직은 묶여 있지만 가까운 시점에 현금화가 가능한 돈까지 포함한다. 주식, 신탁 상품, 2년 미만의 정기예금과 적금처럼 필요하면 비교적 빠르게 현금으로 바꿀 수 있는 자금들이다.

중요한 것은 M1과 M2의 절대적인 크기보다 두 지표의 비율이다. M1이 M2에서 차지하는 비중, 즉 'M1/M2' 비율은 아파트

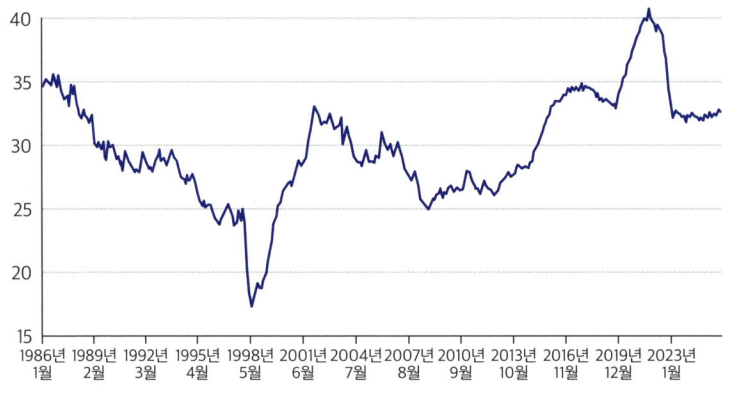

■ M1/M2 비율(1986년 1월~2025년 11월)

자료: 한국은행

가격과 매우 높은 상관관계를 보인다. 이 비율은 전체 통화 중에서 '지금 당장 쓸 수 있는 돈'이 얼마나 되는지를 나타낸다. 이 비율이 높아질수록 시장에 즉시 투입될 수 있는 돈이 많아지고, 이는 자산 가격 상승 압력으로 이어진다.

과거 흐름을 보면 이 패턴은 반복되어 왔다. 1986년에는 M1이 M2의 약 35% 수준이었다. 1997~1998년 IMF 외환위기 때는 17% 수준으로 급격히 위축되었고, 2008년 글로벌 금융위기 때도 크게 하락했다. 2009년 이후에는 점진적으로 유동성이 늘어났고, 2020년 코로나19 시기에는 기준금리를 거의 0%까지 내리면서 시중에 돈이 폭발적으로 풀렸다. 이때 자산 가격이 급등한 것은 우연이 아니다. 이후 2021년부터 급격한 금리 인상이 시작되면서 유동성은 빠르게 줄어들었고, 현재는 완만하게 하향 조정되는 흐름을 보이고 있다.

중요한 점은 이 흐름이 단기적인 현상이 아니라, 수십 년에 걸쳐 반복되었다는 사실이다. 시장은 항상 유동성의 방향에 따라 움직였고, 앞으로도 크게 다르지 않을 것이다. 이러한 시장의 흐름을 인지하고 있어야 한다.

M1이 M2에서 차지하는 비율이 30%를 넘어선다는 것은 시중에 즉시 움직일 수 있는 돈의 비중이 평균치를 상회했다는 의

미다. 다시 말해 유동성이 눈에 띄게 풍부해진 상태다. 이 시점을 기준으로 서울 아파트 매매가격지수를 겹쳐 보면 특징이 분명해진다. 겉으로 보면 상관관계가 바로 드러나지 않을 수 있지만, 30%를 초과한 구간만 떼어놓고 보면 서울 아파트 가격은 대부분 큰 폭의 상승을 보였다.

이 패턴은 특정 시기에만 나타난 현상이 아니다. 전두환·노태우 정부 시기, 노무현 정부 시기, 문재인 정부 시기 모두 M1/M2 비율이 30%를 넘는 구간에서 서울 아파트 시장은 강한 상승 흐름을 보였다. 반대로 이 비율이 하락 국면에 들어서면 집값도 조정을 받는 경우가 많았다. 이 지점에서 많은 사람이 정권과 집값을 단순하게 연결한다. 흔히 말하는 '좌파 정권이 들어서면 집값이 오른다'라는 인식도 여기서 나온 것이다. 하지만 이는 결과를 거꾸로 해석한 것이다.

집값이 오른 시기에 우연히 특정 성향의 정권이 집권해 있었을 뿐, 집값을 움직인 근본 원인은 정권이 아니라 유동성이었다. 만약 유동성이 대규모로 풀린 시기에 다른 정권이 집권해 있었다 해도 시장은 비슷한 방향으로 움직였을 가능성이 크다. 정부는 집값의 상승이나 하락 자체를 목표로 삼지 않는다. 정부가 가장 원하지 않는 것은 급등과 급락이다.

갑자기 집값이 급등하면 서민 부담이 커지고, 급락하면 금융 시스템과 실물경제에 충격이 간다. 그래서 정부 정책의 이름은 항상 '시장 안정화 대책'이다. 폭락 대책이나 하락 대책이라는 표현은 거의 쓰지 않는다.

정책은 시장을 미리 예측해서 만드는 것이 아니라, 이미 형성된 흐름에 뒤따라 나오는 경우가 대부분이다. 유동성이 풍부해지고 자산 가격이 빠르게 오를 때 규제가 나오고, 유동성이 위축될 때 완화 정책이 검토된다. 결국 서울 아파트 시장이 활황이었던 시기들의 공통점은 하나다. 정권이 아니라, 유동성이 풍부하게 흘렀다는 점이다. 이 흐름을 이해하는 것이 시장을 읽는 가장 기본적인 출발점이다.

이 기준이 중요한 이유는 반대의 경우를 보면 더 분명해진다. M1/M2 비율이 30% 아래로 내려갔던 시기에는 시장이 대부분 좋지 않았다. 긴 하락장이 반복되었고, 거래는 줄었고, 가격은 정체되거나 하락했다.

이 수치는 감정이나 느낌이 아니라, 과거 데이터를 기반으로 한 기준이다. 차트적인 관점이지만, 오히려 그렇기 때문에 개인의 기대나 공포에서 벗어나 판단할 수 있다.

앞으로의
유동성은?

앞으로 시장을 볼 때 복잡하게 생각할 필요는 없다. 유동성이 더 늘어날 것인지, 아니면 줄어들 것인지만 보면 된다. M1/M2 비율이 30% 이상을 유지하거나 다시 넘어선다면, 시중에 돈은 계속 돌게 되고 그 돈은 결국 자산 시장, 특히 아파트 가격에 반영된다. 토지거래허가제로 일부 지역이 묶여 있더라도, 유동성은 다른 경기도 지역이나 지방으로 번져나가게 된다. 풍선효과를 일으키는 것이다. 다만 무조건 유동성이 늘어난다고 보면 안 되고, 시나리오를 두 가지로 나누어 대응할 필요가 있다.

첫 번째 시나리오는 유동성이 다시 30% 아래로 내려가는 경우다. 과거를 보면 유동성은 항상 한 방향으로만 움직이지 않았다. 극단적으로 풍부해졌던 시기도 있었고, 10%대까지 급격히 축소되었던 시기도 있었다. 만약 이 시나리오대로 간다면, 아파트 시장으로 유입되는 돈은 줄어들 수밖에 없다. 특히 유동성과 가장 밀접하게 움직이는 서울 아파트 시장은 상대적으로 더 큰 영향을 받을 가능성이 있다. 이 경우만 놓고 보면 서울 아파트가 오히려 위험하다고 해석할 수도 있다.

다만 이 시나리오를 과거와 똑같이 적용하기에는 한 가지 중요한 차이가 있다. 2008년 이후 유동성 구조가 이전과 완전히 달라졌기 때문이다. 2008년 글로벌 금융위기 당시 미국은 양적완화를 통해 위기를 넘겼고, 코로나19 시기에도 같은 방식으로 시장을 부양했다. 이 경험은 미국뿐만 아니라 한국 정부와 금융 시스템에도 그대로 학습되었다. 그 결과 금융 시스템은 이전보다 훨씬 보수적으로 운영되고 있다. 은행의 지급준비율은 높아졌고, 통화구조도 달라졌다.

여기서 중요한 개념이 통화승수다. 과거에는 본원통화 대비 시중통화가 20배 이상까지 불어났던 시기가 있었다. 돈이 은행과 시장을 빠르게 오가며 레버리지가 극단적으로 커졌다는 의미다. 지금은 다르다. 통화승수는 약 14 수준에서 유지되고 있다. 이 말은 돈이 예금이나 장기 적금에 묶이기보다는, 언제든 움직일 수 있는 상태로 대기하고 있다는 뜻이다. 투자 대기 자금이 많아졌다는 의미로 이해하면 된다. 이 변화의 기점이 바로 2008년이다.

리먼 브라더스 파산을 겪으면서 은행이 절대적으로 안전하지 않다는 인식이 전 세계적으로 퍼졌다. 정부 역시 이를 학습했고, 그 결과 금융 시스템 전반이 이전보다 안정성 위주로 바뀌었다. 그래서 2008년 이전과 이후의 유동성 흐름은 동일하게 보아서는 안 된다. 과거와 똑같은 패턴이 반복될 것이라고 단정하는 것은 위험하다.

2008년 이후 달라진 또 하나의 결정적인 요소가 있다. 바로 스마트폰의 등장이다. 스마트폰 보급 이후 사람들은 언제든지 뉴스를 보고, 정보를 검색하고, 시장 상황을 확인할 수 있게 되었다. 과거처럼 복잡하게 PC를 켜고, 로그인을 하고, 로딩을 기다리며 정보를 찾던 시대와는 완전히 다르다. 그 결과 정보 비대칭은 크게 줄었다. 사람들은 더 빠르게 움직이고, 더 빨리 판단하고, 자산 시장에 대한 이해도도 전반적으로 높아졌다. 이 변화 역시 2008년 이전과 이후의 시장을 다르게 봐야 하는 이유다.

앞으로의 유동성 흐름은 과거와 유사한 면도 있겠지만, 결코 똑같이 반복되지는 않을 것이다. 이 전제를 가지고 시장을 바라봐야 한다.

두 번째 시나리오는 지금이 바닥이라는 가설이다. 이전 위기에서 시장이 무엇을 학습했는지 돌아봐야 한다. 1997년 IMF 외환위기 당시를 떠올려보자. 그때 우리나라는 외환 보유액이 사실상 바닥을 드러냈고, 결국 IMF에 구조 요청을 하며 달러를 들여왔다. 이 경험 이후 한국은 외환 보유액을 국가 차원에서 철저하게 관리하기 시작했다. 그 결과 이후에는 외환 보유액이 급격히 고갈되는 상황을 다시 겪지 않았다. 지금까지도 외환 보유액은 비교적 안정적으로 유지되고 있다. 이것이 바로 학습이다. 시장은 같은 위기를 반복하지 않는다. 형태를 바꾸며 진화한다.

2008년 이후도 마찬가지다. 글로벌 금융위기를 겪으면서 은행의 지급준비율은 높아졌고, 통화승수는 낮아졌다. 사람들은 현금을 예금에 오래 묶어두기보다, 언제든 투자할 수 있는 상태로 대기시키는 쪽으로 행동이 바뀌었다. 이런 변화들을 종합해보면 두 번째 시나리오는 지금의 유동성 구간이 바닥일 수 있다는 해석으로 이어진다.

우리나라의 M1/M2 비율은 현재 30%대다. 그렇다면 미국은 어떨까? 미국은 코로나19 시기에 말 그대로 헬리콥터 머니에 가까운 정책을 썼다. 생활안정지원금, 각종 재정 지출이 대규모로 풀렸다. 트럼프 정부와 바이든 정부를 거치면서 유동성은 극단적으로 증가했고, 그 결과 미국의 M1/M2 비율은 한때 90%에 육박했다.

중요한 건 그 결과다. 유동성이 30%를 훨씬 넘어갔음에도 미국 경제는 시스템 붕괴로 이어지지 않았다. 물론 미국이기 때문에 가능한 측면도 있다. 그러나 이 사례가 보여주는 핵심은 하나다. 유동성의 바닥은 언제든 위로 움직일 수 있으며, 반드시 과거의 평균선에 묶여 있어야 할 이유는 없다는 것이다.

이 말은 한국의 유동성이 당장 90%까지 올라간다는 뜻은 아니다. 다만 지금 수준이 절대적인 상단은 아니라는 점, 그리고 현재 구간이 바닥에 가까울 수도 있다는 가능성을 열어두라는 의미다.

경제 위기는
예측할 수 없다

시나리오 1은 위기가 다시 올 것이라는 가정이다. 경제가 나쁘고, 침체 신호가 많으니 대형 위기가 터질 것이라는 주장이다. 그런데 질문을 하나 던져보자. 정말 위기는 예측할 수 있는가? IMF 외환위기를 예측한 사람이 있었는가, 아니면 리먼 브라더스 사태를 정확히 맞힌 사람이 있었는가?

대부분의 위기는 사람들이 가장 낙관적일 때, 투자에 가장 열광할 때 찾아왔다. 그래서 위기는 위기인 것이다. 모두가 알고 대비할 수 있다면 그건 더 이상 위기가 아니다. 지금 경제가 좋지 않은 건 사실이지만, IMF 외환위기나 글로벌 금융위기 때처럼 시장 전체가 패닉에 빠지는 형태의 위기를 미리 단정하는 것은 좋지 않다. 이 점에서 시나리오 1은 예측 난이도가 매우 높다.

반면 시나리오 2에는 몇 가지 분명한 근거가 있다. 2008년 이후 시장 구조가 이전과 달라졌다는 점, 통화승수가 낮아지며 금융 시스템이 보수적으로 바뀌었다는 점, 사람들이 언제든 투자로 이동할 수 있는 유동성을 유지하고 있다는 점, 스마트폰 보급 이후 정보 접근성이 극적으로 개선되었다는 점이다.

그리고 여기에 하나가 더 있다. 미국의 기준금리는 이미 정점 구간을 지나 점진적인 하향 흐름에 들어서고 있다. 금리는 유동성의 방향을 결정짓는 가장 직접적인 신호다. 미국이 금리를 내리기 시작하면 우리나라도 결국 같은 방향으로 갈 수밖에 없다. 금융 시장 구조상 미국과 완전히 다른 선택을 하기는 어렵다. 지금 시점은 금리가 고점에서 저점으로 이동하는 구간의 초입이라고 보는 게 합리적이다.

앙드레 코스톨라니는 20세기 유럽에서 워런 버핏에 비견되던 투자자다. 이 사람이 설명한 대표적인 개념이 달걀 이론이다. 경기는 침체기와 회복기, 과열기, 둔화기를 반복하고, 금리는 이 흐름에 맞춰 고점에서 저점으로 내려갔다가 다시 올라간다. 이 사이클을 달걀처럼 생긴 곡선으로 설명했다.

▌ 앙드레 코스톨라니의 달걀 이론

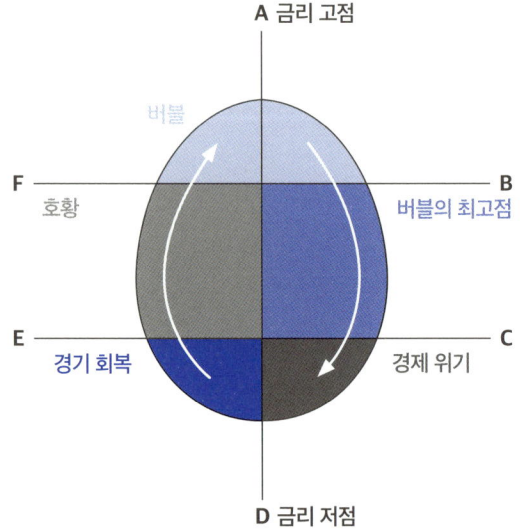

지금 우리는 어디에 있는가? 미국은 이미 금리 정점을 통과했다. 고용지표는 둔화되고 있고, 인플레이션은 어느 정도 통제 가능한 범위로 들어왔다. 이런 환경에서는 금리를 더 올릴 이유가 없다. 그래서 지금은 금리를 조금씩 내리는 국면이다.

금리는 한 방향으로만 움직이지 않는다. 현대 금융 시장에서 기준금리는 대략 0%에서 5% 사이를 오간다. 경제가 좋을 때는 미리 금리를 올려두고, 경기가 나빠질 때는 그 금리를 다시 내린다. 그래야 정책 수단이 남는다. 코로나19 때 금리를 극단적으로 낮춘 것도 이와 같은 이유였다. 경제가 멈추자 금리를 내리고 돈을 풀어 시장을 살렸다. 이후 경기가 살아나고 투자와 소비가 과열되자 금리를 빠르게 올렸다. 그래서 현재 미국은 '중금리'를 유지하고 있다.

유동성이
미치는 영향

각자의 상황과 성향에 맞게 시나리오를 세우고
그에 맞춰 대응해나가면 된다.

금리는 유동성을 결정하는 가장 직접적인 변수다. 금리가 내려가면 대출 부담은 줄고, 개인은 더 많은 레버리지를 쓸 수 있다. 기업도 마찬가지다. 투자 비용이 낮아지면 설비 투자와 고용이 늘어난다. 결국 시장에 도는 돈이 많아진다. 과거를 봐도 명확하다. 금리가 급격히 오를 때 유동성은 줄어들었고, 금리가 급격히 내려갈 때 유동성은 늘어났다. 금리가 낮은 구간에서는 시장에 자금이 머무르며 자산 가격이 상승하는 경향이 나타났다.

지금은 금리가 고점에서 점진적으로 내려오는 구간이다. 앞으로 기준금리가 2%대, 그 이하로 내려가는 흐름이 이어진다면 유동성은 다시 늘어날 것이다. 이 흐름이 바로 앞에서 말한 두 번째 시나리오, 지금이 바닥일 수 있다는 가설의 중요한 근거다. 금리의 방향만 봐도 시장이 어디로 흘러갈 가능성이 높은지는 충분히 읽을 수 있다.

시나리오별 시장의 반응

시나리오 1은 유동성이 축소하는 국면, 2는 증가하는 국면이다. 만약 유동성이 다시 축소되는 흐름으로 간다면 지방 부동산이 상대적으로 유리해질 수 있다. 시나리오 2로 간다고 해서 지방이 나쁘다는 뜻은 아니지만, 유동성이 줄어드는 국면에서는 오히려 자금이 수도권보다 지방으로 분산될 가능성이 있다.

지방 부동산은 수도권과 달리 거시경제 흐름에 100% 종속되지는 않는다. 물론 영향은 받지만, 금리나 유동성보다는 해당 지역의 공급과 수요, 즉 자체적인 수급구조에 따라 움직이는 비중이 더 크다. 그래서 유동성이 줄어드는 국면에서도 지역에 따라서는 비교적 안정적인 흐름을 보이거나 오히려 기회가 생기기도 한다.

반대로 유동성이 다시 증가하는 시나리오로 간다면 가장 큰 영향을 받는 곳은 수도권이다. 그중에서도 서울과 주요 수도권 핵심 지역이 가장 먼저, 그리고 가장 크게 반응한다. 이유는 명확하다. 대한민국의 유동성은 수도권 부동산과 가장 밀접하게 연결되어 있다. 수도권 부동산은 대출 비중이 높고, 금리 변화에 가장 민감하다. 같은 비율의 대출이라 하더라도 절대 금액이 다르다. 서울에서 10억 원짜리 집을 사면서 6억 원 대출을 받는 것과, 지방에서 4억 원짜리 집을 사면서 2억 5천만 원 대출을 받는 것은 금리 변동 시 체감 부담이 전혀 다르다. 금리가 내려갈수록 월 상환 부담이 크게 줄어드는 쪽은 수도권이고, 그만큼 가격에 반영되는 속도와 폭도 커질 수밖에 없다.

실제로 주택산업연구원이 지난 20년간 주택 매매가에 영향을 미치는 요인을 분석한 결과, 수도권에서 금리와 유동성의 영향력이 더 큰 것으로 나타났다. 단순상관계수를 보면 전국 단위로는 0.50, 수도권은 0.54로 차이를 보였는데, 이는 수도권 부동산 시장이 지방보다 유동성 변화에 더욱 민감하게 반응한다는 것

지역별 주택 매매가격 변동률 상관계수

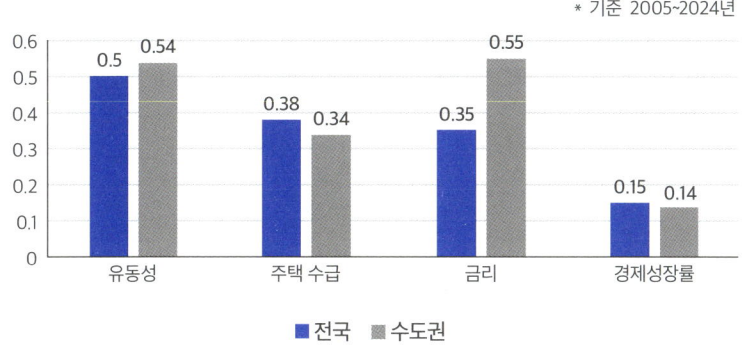

* 기준 2005~2024년

자료: 주택산업연구원

을 의미한다. 연구원은 수도권에서 유동성의 영향력이 더 큰 이유에 대해 "수도권의 주택 가격이 상대적으로 비싸고 봉급생활자가 많아서 주택 구입 시 금융기관 대출 의존도가 더 높기 때문"이라 분석했다.

반면 주택 수급 요인의 영향력은 수도권(0.34)보다 전국 평균(0.38)이 더 크게 나타났다. 수도권은 절대적인 수요 규모가 크기 때문에 신규 공급이 늘어나더라도 충격이 빠르게 완화된다. 다시 말해 공급 변수보다 유동성과 금리의 영향이 더 크게 작용하는 구조다. 이에 대한 설명은 뒤에서 다시 다루겠다.

지금의 금리 흐름은 시나리오 2와 더 맞닿아 있다. 1999년 이후 한국은행 기준금리를 보면, 2008년 글로벌 금융위기가 터지자 금리를 빠르게 인하했다. 이후에도 경기 상황에 따라 금리를 올리고 내리며 유동성을 조절했는데, 2026년 1월 기준 기준금리는 2.5% 수준에서 동결된 상태다. 금리 인하 기조를 보이던 미 연준은 2026년 1월 28일 기준금리를 연 3.50~3.75%로 동결했다. 다만 경기와 성장을 위해 상반기 내로 추가 인하를 예상하는 시각이 많다. 이런 상황에서 환율과 경제 여건을 고려하면 우리나라만 금리를 올리기는 현실적으로 어렵다.

지금 시장에는 경매 물건이 빠르게 늘어나고 있다. 상가, 빌딩, 주택 가릴 것 없이 대출 이자를 감당하지 못해 나오는 물건들이다. 이런 상황에서 금리를 더 올려 시장을 압박하는 선택을 하기는 쉽지 않다. 결국 지금 시장이 던지는 메시지는 분명하다. 앞으로의 방향은 추가 인상보다는 인하 쪽에 가깝고, 이는 유동성이 다시 늘어날 가능성을 높이는 신호다. 이 전제 위에서 각자의 상황에 맞는 전략을 세워야 한다.

M2의 증가로 전세든 매매든 전국 주택 가격은 큰 틀에서 계속 상승했다. 실제로 M2 상승률과 주택 가격 상승률을 비교한 자료를 보면, 중간중간 조정은 있지만 유사하게 움직였음을 알 수 있다. 한국개발연구원 분석에 따르면 통화량이 1% 증가할 시 주

M2 증가율과 주택 가격 상승률 추이

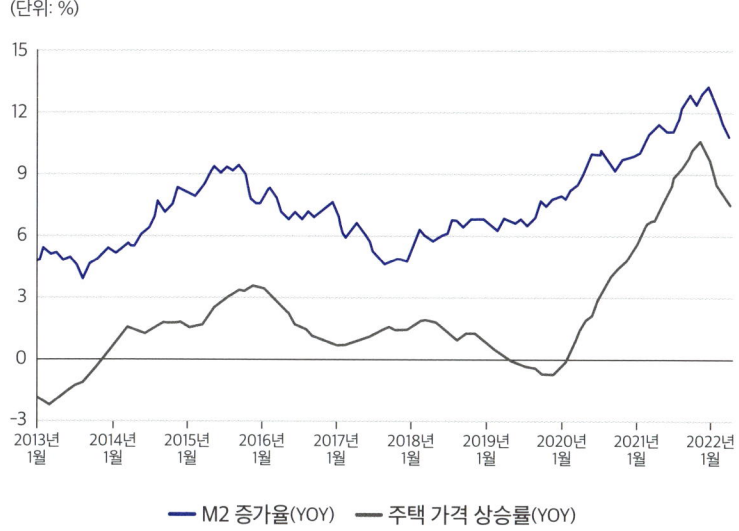

(단위: %)

자료: 한국은행, 한국부동산원

택 가격은 1년 후 약 0.9% 상승하는 것으로 나타났다. 통화량과 주택 가격이 유사한 추세를 보이는 동조화 현상을 보인 것이다.

민약 앞시 말한 시나리오 1, 즉 경기 침체나 유동싱 축소 국면이 온다고 하더라도 전국 단위에서는 오히려 지방이 상대적으로 견조할 수 있다. 수도권처럼 유동성에 민감하게 반응하지 않기 때문이다. 결론적으로 보면 시나리오 1이든 2든 '사지 말아야 할 이유'는 없다. 핵심은 어디를 사느냐의 문제지, 사느냐 마느냐의 문제가 아니다.

금리는 장기적으로 다시 낮아질 수밖에 없는 구조다. 신용이 과도하게 팽창한 사회에서는 금리의 작은 변화에도 경제가 크게 흔들린다. 이미 유럽과 일본은 0%대 금리를 경험했고, 우리도 그 흐름에서 벗어나기 어렵다. 이런 구조에서는 결국 금리 하락과 함께 유동성 증가 시나리오가 다시 작동할 가능성이 높다.

시장을 비교적 안정적으로 보고 있고 실거주 목적이고 수도권에 생활 기반이 있다면, 수도권 부동산이 합리적인 선택이다. 특히 생애 최초라면 대출을 활용할 수 있는 지금과 같은 시기는 더더욱 그렇다. 반대로 변동성을 감내할 수 있고 경제 위기가 오더라도 버틸 수 있고 더 높은 수익률을 노린다면, 지방 부동산이 전략이 될 수 있다. 유동성이 줄어드는 국면에서도 상대적으로 기회가 생길 수 있기 때문이다.

중요한 것은 하나다. 시나리오 1과 2 중 무엇이 맞을지를 맞히는 게임이 아니라, 두 가지 경우 모두에 대응할 수 있는 선택을 하는 것이다. 각자의 상황과 성향에 맞게 시나리오를 세우고 그에 맞춰 대응해나가면 된다.

금리와
공급

결론부터 말하면 금리의 영향은 수도권이 훨씬 크고,
공급의 영향은 지방이 훨씬 크다.

수도권
VS. 지방

아파트 가격에 가장 큰 영향을 주는 요소는 금리와 공급이다. 어떤 사람은 금리가 오르니 집값이 떨어질 것이라 말하고, 또 다른 사람은 공급이 줄어드니 집값이 오를 수밖에 없다고 말한다. 그러나 한 가지 요인만으로 시장을 판단하면 흐름을 놓치기 쉽다.

금리와 공급이 수도권과 지방에 어떻게 다르게 작용하는지를 함께 봐야 한다.

결론부터 말하면 금리의 영향은 수도권이 훨씬 크고, 공급의 영향은 지방이 훨씬 크다. 수도권에서 멀어질수록 금리에 대한 민감도는 낮아지고, 대신 공급에 따라 가격이 크게 흔들린다.

수도권 아파트는 가격 자체가 높다. 서울은 대부분 10억 원 이상, 수도권도 5억 원 이상이 일반적이다. 현금만으로 매수하는 경우는 드물고, 대출 비중이 매우 크다. 5억 원짜리 아파트를 사더라도 2억~3억 원은 대출을 활용한다. 수도권 전역이 대출 한도로 묶여 있는 상황에서는, 같은 한도 안에서 최대한 대출을 끌어다 더 좋은 집을 사려는 수요가 많다. 이 구조 때문에 금리 변화가 곧바로 가격에 반영된다. 2022년 금리 급등기에 수도권 아파트 값이 크게 조정받은 이유다.

지방 소도시는 다르다. 예를 들어 목포를 보면 선호되는 아파트 상당수가 3억 원대에 형성되어 있다. 대출을 받아도 70% 기준으로 2억 원 안팎이다. 집값에서 대출이 차지하는 비중이 상대적으로 낮기 때문에 금리가 오르더라도 체감 부담이 작다. 자연히 금리 변화에 덜 민감할 수밖에 없다.

공급의 영향은 반대다. 서울에 1만 2천 세대 규모의 대단지가 입주했을 때를 떠올려보자. 단군 이래 최대 규모라 불렸지만 시장 전체를 흔들지는 못했다. 서울 인구만 약 900만 명이고, 수도권 전체로 보면 2,500만 명에 달한다. 이 거대한 배후 수요 덕분에 대규모 공급도 빠르게 흡수된다. 강동구만 해도 인접한 하남, 송파, 성남은 물론 서울 전역에서 수요가 유입된다. 상급지로 인식되는 지역일수록 공급 충격은 더 제한적이다.

신규 단지가 들어와 일시적으로 가격이 조정될 수는 있다. 분양가가 15억 원인 단지가 입주 초기에 14억 원까지 내려갈 수는 있다. 그러나 주변 시세가 이미 20억 원 수준이라면 매매가는 결국 그 흐름을 따라간다. 전세가는 일시적으로 흔들릴 수 있지만, 수요가 워낙 많아 영향은 제한적이다.

지방은 구조가 다르다. 인구 20만 명에서 30만 명 수준의 도시에서는 1천 세대만 입주해도 시장이 크게 흔들린다. 생활권 자체가 작기 때문이다. 새 아파트가 들어오면서 가격이 눌리면, 기존의 준신축과 구축 단지들이 연쇄적으로 가격을 낮출 수밖에 없다. 목포, 당진, 서산, 충주, 강릉, 속초와 같은 도시들이 대표적이다. 이런 지역에서는 공급이 곧 가격을 결정짓는 가장 강력한 변수로 작용한다.

하락장에서
드러나는 차이

이 차이는 2021년 하반기부터 시작된 하락장을 보면 더 분명하게 드러난다. 미국 금리를 따라 우리나라 금리가 빠르게 인상되던 시기, 서울과 지방의 하락 폭은 확연히 달랐다.

2022년부터 2023년까지 기준금리가 3% 이상으로 올라갔을 때 서울 아파트 값은 약 6.6% 하락했고, 경기도는 9.5%, 인천은 10.4% 하락했다. 수도권 전체가 큰 폭으로 조정을 받았다. 평균 하락률이 이 정도였다는 것은 개별 단지로 보면 20~30% 이상 떨어진 곳도 적지 않았다는 의미다. 생활권이 이렇게 큰 지역이 두 자릿수에 가까운 하락을 보였다는 것은 상당히 강한 충격이었다.

반면 지방은 양상이 달랐다. 대전과 대구는 당시 세종 입주물량의 영향을 받아 하락폭이 컸지만 그래도 인천보다는 작았다. 부산과 울산과 같은 광역시도 하락은 있었지만 수도권만큼 크지는 않았다. 아파트 가격대가 높은 지역이 많아 금리 영향을 받기는 했지만 수도권 수준의 충격은 아니었다. 강원도, 충청북도, 경상북도처럼 아파트 가격이 전반적으로 낮은 지역들은 하락폭이 2~3% 수준에 그쳤다. 지방 소도시로 갈수록 금리의 영향이 현저히 줄어든다는 점이 명확하게 드러난다.

서울의 입주물량과 매매가격의 관계도 함께 살펴볼 필요가 있다. 입주물량이란 준공 이후 한 번에 시장에 쏟아지는 물량을 말한다. 1천 세대가 동시에 입주하면 그만큼의 빈집이 한 번에 시장에 등장하는 것이다.

1999~2000년 서울의 입주물량은 매우 많았고 이후 점차 감소했다. 2025년은 비교적 물량이 많은 해였지만, 2026년부터는 다시 급격히 줄어드는 구간이다. 만약 입주물량이 당해 연도 가격을 직접적으로 결정한다면, 물량이 많을 때 가격은 떨어지고 물량이 적을 때 가격은 올랐어야 한다. 하지만 서울은 그렇지 않았다. 생활권 자체가 워낙 크고 배후 수요가 방대하기 때문에 입주물량이 바로 가격에 반영되기까지는 시간이 걸린다.

실제 매매가격지수를 보면 공급이 많았던 시기에도 서울 아파트 가격은 상승했고, 오히려 공급이 적었던 시기에 가격이 정체되거나 조정을 받은 구간도 있었다. 입주물량과 매매가격을 같은 해에 직접 연결해 해석하는 것은 한계가 있다. 그렇다고 공급이 의미가 없다는 뜻은 아니다. 입주물량은 단기 가격보다는 중장기 흐름을 판단하는 데 유효하다. 특히 공급이 줄어드는 구간에서는 먼저 전세가가 움직이고, 전세가 상승이 매매 수요를 자극하는 흐름으로 이어진다. 이런 과정을 통해 시간이 지나며 가격에 반영된다는 점을 이해해야 한다.

지방 소도시에서는 공급이 가격에 미치는 영향이 훨씬 직접적으로 나타난다. 충주를 보면 이 흐름이 아주 명확하다. 2006년부터 2008년까지 공급이 많았던 시기에는 아파트 가격이 눌렸다. 이후 2009년부터 2013년까지 공급이 거의 없자 가격이 크게 상승했다. 같은 시기 서울은 가격이 오르내리며 부침을 겪었지만, 충주는 공급이 줄어든 덕분에 오히려 상승 흐름을 보였다. 반대로 서울 아파트 값이 크게 올랐던 2014년부터 2019년 사이에는 충주에 공급이 집중되면서 가격이 크게 하락했다. 이후 다시 공급이 줄자 가격은 반등했다. 공급량 변화에 따라 가격이 매우 정직하게 움직인 것이다.

인구 20만 명 안팎의 충주와 같은 소도시는 생활권이 작고 수요가 한정되어 있어, 공급이 들어오는 시기와 빠지는 시기에 따라 가격이 즉각적으로 반응한다. 이 점이 수도권과 가장 큰 차이다. 다만 모든 지방 도시가 동일하게 움직이는 것은 아니다. 예를 들어 경북 경산시는 인구가 22만 명 수준으로 충주와 비슷하지만, 공급의 영향은 상대적으로 덜하다. 대구 수성구와 바로 맞닿아 있어 수성구의 수요를 흡수할 수 있기 때문이다. 이런 지역은 자체 공급량보다 인접 대도시의 수급 상황을 함께 봐야 한다.

이처럼 지방이라 해도 도시의 위치와 인접 생활권에 따라 공급의 영향은 크게 달라진다. 이 지역별 차이는 뒤에서 다시 정리하겠다.

현재 상황과 투자 전략

수도권과 지방은 금리와 공급의 영향이 서로 다르게 작용한다. 그렇다고 지방 아파트가 금리의 영향을 전혀 받지 않는 것은 아니다. 다만 금리 리스크가 큰 구간에서는 공급이 적은 지방 지역이 상대적으로 기회가 될 수 있고, 금리 하락이 본격화되는 국면에서는 수도권 아파트가 더 높은 상승률을 보일 가능성이 크다.

결국 중요한 건 지금 금리가 어디에 와 있는지, 시장 환경이 어떤 방향으로 움직이고 있는지 이해하는 것이다. 그래야 자산을 어느 지역에 배치하는 게 유리한지 판단할 수 있다.

한국은행은 2025년 2월과 5월 기준금리를 각각 0.25%p씩 인하한 이후 7월부터 2026년 1월까지 5회 연속 금리를 동결했다. 2025년 경제성장률이 기존 전망치 0.9%보다 높게 나왔고, 2026년 성장률도 기존 1.4%에서 1.7%로 상향될 가능성이 제시되었기 때문이다. 수출 실적도 비교적 양호했다. 환율이 높은 상황에서 미국이 금리를 인하하더라도, 우리나라는 금리를 동결해 금리차 확대를 경계하는 모습을 보였다.

이 시점에서 금융당국의 표현을 유심히 볼 필요가 있다. 2025년 10월 발표에서는 "향후 통화 정책은 성장의 하방 리스크 완화를 위한 금리 인하 기조를 이어가되, 기준금리의 추가 인하 시기와 속도를 결정해 나갈 것"이라고 밝혔다. 인하는 하되, 시기와 속도를 조절하겠다는 의미였다.

그런데 한 달 뒤 발표에서는 이러한 문구가 바뀌었다. 경제 전망이 개선되자 "향후 통화 정책은 금리 인하 가능성을 열어두되, 기준금리 추가 인하 여부와 시기를 결정해 나갈 것"이라고 했다. '인하 기조'에서 '인하 가능성'으로 톤이 낮아진 것이다. 기준금리를 반드시 내리겠다는 표현은 사라졌고, 동결 가능성도 함께 열어 둔 셈이다.

최근 장민 한국금융연구원 선임연구위원은 "환율이 가장 큰 문제로, 지금 시점에서 금리를 낮추면 환율이 다시 뛸 수도 있다"고 경고한 바 있다. 실제로 최근 금리 동결의 중요한 배경 중 하나는 환율이다. 지금 금리를 내릴 경우 환율이 다시 불안해질 수 있고, 이는 외환 시장과 외환 보유에 부담을 줄 수 있다. 이런 이유로 금융당국은 수개월간 금리를 쉽게 움직이지 않는 기조를 유지하고 있다.

미국이 기준금리를 다시 빠르게 내린다면 우리도 인하 여지가 생길 수 있지만, 그 시점과 폭은 누구도 단정할 수 없다. 금리 인하가 보수적으로 진행된다면 서울, 특히 수도권 아파트의 상승률 역시 기대치를 조금 낮춰서 볼 필요가 있다. 물론 현재 시장에서는 '서울 아파트만 살아남고 지방은 인구 감소로 구조적 한계에 직면한다'는 인식이 강해지고 있다. 그렇다고 서울 아파트의 상승 가능성을 단정적으로 제한하기도 어렵다. 다만 투자 선택지가 서울만 있는 것은 아니다. 경기도 아파트 역시 선택지가 될 수 있다.

같은 4억 원대 자금으로 경기도 아파트와 지방 아파트 중 하나를 선택해야 한다면, 금리 인하가 제한적인 국면에서 경기도 아파트가 무조건 정답은 아니다. 4억 원대로 접근 가능한 경기도 아파트는 입지가 뛰어난 지역이 아닌 경우가 많다. 그런 지역이라면 차라리 공급의 영향이 크게 작용할 수 있는 지방 핵심 지역을 검토하는 것도 하나의 전략이 될 수 있다.

이 선택은 정답이 정해져 있는 문제가 아니다. 본인이 거주하는 지역, 투자 목적, 자금 규모에 따라 판단이 달라져야 한다.

개발 호재는
덤이다

과거 금리 인하 국면에서 가장 먼저 크게 움직인 곳은 항상 서울 아파트였다. 그중에서도 강남 3구와 용산이 선두에 섰다. 현금 여력이 있는 수요자들이 가장 먼저 주목하는 지역이기 때문이다. 이후 상승 흐름은 마포, 동작, 성동, 광진, 강동처럼 한강벨트의 입지 좋은 지역으로 확산되었고 다시 외곽으로 퍼져나갔다.

상승 추세가 이어지자 정부는 토지거래허가제를 통해 거래를 강하게 눌렀다. 2025년에만 세 차례 규제가 나오며 대출을 통한 매수가 사실상 막혔고, 유동성이 부동산으로 과도하게 유입되는 것도 차단했다. 토지거래허가제는 갭투자를 불가능하게 만들고, 전세를 끼고 분양권을 매수하는 것도 소유권 이전 조건부 대출 금지로 봉쇄했다.

그 결과 투자 환경은 급격히 나빠졌다. 실거주자에게도 마냥 좋은 상황은 아니다. 매물이 많아야 실거주자도 선택지가 생기고 가격 협상력이 생기는데, 1주택자들은 갈아타기가 막히면서 집을 내놓지 않고 있다. 팔아도 더 좋은 집으로 갈 수 있다는 확신이 없기 때문이다. 매물이 줄어들자 거래 한 건 한 건이 신고가를 경신할 수 있다는 우려까지 나오고 있다.

그럼에도 많은 사람이 이런 구조는 보지 않고 개발 호재만 쫓는다. 청량리 개발, 초대형 개발과 같은 키워드가 붙은 영상들이 선호되는 이유다. 상승장에서는 호재가 많은 지역의 상승폭이 더 크게 보일 수 있다. 하지만 매도자 역시 그 호재를 알고 있고, 가격은 이미 그 기대를 반영한 상태다. 나만 알고 있는 대형 호재, 나중에 갑자기 터질 비밀스러운 개발은 없다. 지금은 정보가 모두 공개되어 있고, 매수자만큼 매도자도 잘 알고 있다. 호재만을 따라가는 방식으로는 장기적으로 좋은 투자를 만들기 어렵다. 개발은 어디까지나 덤일 뿐, 투자의 중심이 되어서는 안 된다.

과거 평택을 보자. 삼성전자가 수백조 원을 투자하며 공장을 증설했고, 반도체 산업에 대한 기대가 커지면서 경기 남부 전반에 대한 인식이 크게 좋아졌다. 평택은 한때 '미분양의 무덤'이라 불리던 지역이었지만, 삼성전자 평택캠퍼스를 중심으로 용인·이천까지 반도체 클러스터가 형성되며 일자리가 늘어났다. 대한민국의 중심이 이쪽으로 이동할 것이라는 해석도 많았다. GTX-A·C노선이 평택까지 연장된다는 강력한 교통 호재도 더해졌다. 자금 여력이 있는 투자자들은 미래를 보고 평택에 투자했다. 당시 분위기는 매우 뜨거웠다.

고덕국제신도시파라곤을 살펴보자. 당시 전용면적 $84m^2$가 10억 원 가까이까지 올랐다. 그러나 지금은 5억 원대까지 내려와 고점 대비 절반 수준에 머물러 있다. 언젠가는 회복할 수 있지만, 같은 9억~10억 원이면 당시에도 훨씬 좋은 입지를 선택할 수 있었다. 호재만 보고 들어갔을 때 감당해야 하는 리스크다.

외곽으로 갈수록 신축의 상품성이 초기에는 좋아 보일 수 있다. 하지만 시간이 지날수록 들어오는 사람보다 빠져나가는 사람이 많아진다. 서울과의 거리가 멀고, 호재는 당장 체감되지 않으며 미래의 이야기로 남아 있기 때문이다. 당시 커뮤니티를 보면 '삼성전자가 500조 원을 투자했다' '전국 최고 입지가 될 것이다' '정권만 받쳐주면 15억 원까지 간다' 하는 글이 넘쳐났다. 15억 원까지 간다고 믿으면 10억 원에 사는 것도 합리적으로 느껴진다. 동탄이 15억 원까지 갔으니 같은 국제신도시 대장 아파트인 고덕도 그 정도는 가야 한다는 논리였다.

하지만 평택은 경기 최남단에 있고 서울과의 거리가 멀다. 일자리가 단기간에 폭발적으로 늘어난 것도 아니다. 그 결과 서울과 경기도의 입지 좋은 지역들이 대부분 회복한 이후에도 평택은 회복 속도가 더디다.

개발 호재가 투자 기준의 중심이 되어서는 안 된다. 먼저 입지를 보고, 그 안에서 투자할 만한 지역을 고른 뒤, 그 지역에 어떤 호재가 있는지를 덤으로 확인해야 한다. 개발 호재를 최우선 기준으로 삼으면 실패 확률이 높아진다.

반대 사례로 압구정 현대아파트를 보자. 대한민국에서 가장 비싼 아파트 중 하나다. 3호선은 수십 년 전에 이미 개통되었고, 한강은 늘 그 자리에 있었다. 최근에 새로 생긴 대형 개발 호재는 없다. 연식은 40년이 넘었지만 가격 상승률은 여전히 압도적이다. 이처럼 호재가 없어도 입지가 좋으면 가격은 오른다. 호재는 투자 판단의 보조 수단일 뿐, 우선순위가 되어서는 안 된다. 개발 호재는 끝까지 덤으로만 봐야 한다.

흐름을 읽는
구체적인 방법

결국 흐름을 읽는 가장 확실한 방법은
꾸준히 보는 것이다.

그렇다면 무엇을 봐야 할까? 답은 흐름이다. 앞서 말한 금리와 공급은 큰 방향을 보여주는 거시지표다. 하지만 실제 시장은 그 안에서 조금씩 다른 속도로 움직인다. 지금 볼 때와 3개월 뒤에 볼 때는 분명히 다르다. 어떤 지역은 이미 올랐고, 어떤 지역은 아직 움직이지 않는다. 이 차이가 바로 흐름이다.

용산구를 예로 들어보자. 용산이 좋다고 해서 용산만 계속 보고 있을 수는 없다. 용산이 크게 오르면 다음 선택지는 자연스럽게 동작구로 이동한다. 이렇게 가격 부담이 이동하면서 흐름이 만들어진다.

잠실을 보자. 잠실엘스·리센츠·트리지움, 흔히 말하는 엘리트 단지들이 있다. 그 옆에 레이크팰리스, 잠실주공5단지가 있다. 사람들은 가장 선호도가 높고 강남 접근성이 좋은 엘리트부터 매수한다. 엘리트의 가격이 크게 오르면 그다음 단지로 수요가 이동한다. 재건축 이슈가 있는 잠실주공5단지는 예외적으로 이미 미래 가치가 반영되어 있지만, 일반적으로는 선호도가 높은 단지부터 가격이 움직이고 옆 단지로 확산된다.

전세도 동일하다. 가장 좋은 단지에서 전세를 살던 사람들이 전세가가 너무 오르면 매수를 고민한다. 하지만 가격이 부담되면 인근 단지로 눈을 낮춘다. 그렇게 전세 수요와 매매 수요가 함께 이동한다.

이 흐름은 동 안에서도 반복된다. 단지 안으로 들어가면 층, 향, 동에 따라 우선순위가 있다. 로열동·로열층·로열향이 먼저 오른다. 그 가격이 너무 높아지면 그다음 좋은 층, 그다음 방향으로 이동한다. 계산 가능한 우선순위에 따라 가격이 도미노처럼 움직인다.

잠실에서 시작된 상승은 옆 아파트, 그 옆 아파트로 퍼진다.

매물이 조금씩 손바뀜되고 신고가가 이어지면서 흐름이 확산된다. 이 과정을 이해하면 지금 가장 많이 오른 곳이 아니라 다음으로 번질 지역을 예측할 수 있다. 그래서 잠실이 과열되었다고 판단되면 방이동, 가락동으로 수요가 이동할 가능성을 본다. 헬리오시티를 미리 매수하거나, 금액이 부족하다면 가락동·문정동·거여동의 구축 아파트라도 선택해 포지션을 잡을 수 있다.

흐름을 모르면 잠실이 많이 올랐으니 송파는 끝났다고 판단해 아예 외면하거나, 근거 없이 강동구로 넘어가거나, 입지와 상품성이 떨어지는 아파트를 고르는 실수를 하게 된다. 흐름을 알면 미리 가서 기다릴 수 있다. 이후 뒤늦게 들어오는 사람들이 가격을 올려준다. 내가 매수한 직후에도 가격이 빠르게 반응할 수 있다.

이 흐름은 동에서 구로, 구에서 더 넓은 지역으로 번진다. 서울과 수도권은 범위가 넓기 때문에 최상급지에서 최하급지까지 확산되는 데 6개월에서 1년 정도의 시간차가 생긴다. 강남과 반포가 크게 오른 뒤, 경기도 여주나 이천까지 가격이 반영되기까지는 상당한 시간이 필요하다.

이 전체 과정을 우리는 수도권 상승장이라고 부른다. 과거를 보면 서울과 수도권 상승장은 짧게는 7년, 길게는 10년 이상 이어진 적도 있다. 흐름을 읽는다는 것은 이 긴 사이클 안에서 지금 내가 어디에 서 있는지를 아는 것이다.

관건은
꾸준함

시장 흐름을 읽는 방법은 단순하지만 쉽지 않다. 흐름이란 단절된 한 시점이 아니라 시간의 연속이다. 어느 한 순간만 떼어놓고 보면 흐름은 보이지 않는다.

그래픽카드를 예로 들어보자. 평소 관심이 없을 때는 뉴스에서 '그래픽카드 가격이 올랐구나' 정도로만 인식하고 지나간다. 부동산 뉴스도 같다. 관심이 없는 기간에는 '서울 아파트 값이 올랐네' 하고 흘려보낸다. 그러다 컴퓨터가 고장 나서 그래픽카드가 필요해진다. 당근마켓을 열어보니 RTX5080이 199만 원이다. 이 가격이 비싼지, 싼지, 정상인지 판단이 안 된다. 래미안원베일리 가격을 처음 들었을 때 무조건 비싸다고 느끼는 것과 같다. 기준이 없기 때문이다.

하지만 흐름을 본 사람은 다르다. 1월 말에 RTX5080의 가격이 199만 원인 것을 봤고, 2월 중순에 195만 원을 봤다면 가격이 내려왔다는 걸 바로 안다. 며칠 뒤 197만 원으로 나오면 '저번이 쌌구나'라는 판단이 가능해진다. 이 정도만 기억해도 이 제품은 대략 190만 원대에서 거래된다는 감이 생긴다. 3월에 우연히 180만 원짜리가 올라오면 바로 매입할 수 있다. 지금까지의 흐름을 알고 있기 때문에 이 가격이 명확한 기회라는 걸 알기 때문이다. 반대로 흐름을 모르는 사람은 3월에 180만 원에 올라온 물건을 보더라도 이 가격이 비싼지 싼지 알 수 없다. 며칠 뒤 190만 원이 나오면 오히려 '가격이 오르네?'라고 느낀다. 과거 해당 제품이 199만 원인 것을 알고 그 흐름을 지켜봤다면 전혀 다른 생각을 하게 된다. 출발점이 다르기 때문에 그렇다.

시장을 언제부터, 얼마나 자주 보느냐에 따라 판단은 완전히 달라진다. 수백만 원짜리 그래픽카드 하나도 이 정도다. 아파트는 지역별, 단지별, 평형별로 모두 다르다. 꾸준히 보지 않으면 지금 가격이 매수해도 되는 수준인지 절대 판단할 수 없다. 기축 아파트 시장은 당근마켓과 똑같다. 신규 청약이나 분양은 새 상품이고, 기존 아파트는 누군가 사용하던 중고 상품이다. 가격이 크고 공인중개사가 개입될 뿐, 구조는 동일하다.

중고 시장의 장점은 가격을 계속 확인할 수 있다는 점이다.

아파트도 마찬가지다. 매물 가격은 매일 열려 있고, 신규 분양은 모델하우스를 통해 새 상품 가격이 제시된다. 분양가 상한제가 적용되지 않는다면 신축 아파트는 최근 트렌드와 상품성이 반영되어 가격이 높을 수밖에 없다. 같은 입지라면 기축보다 신축이 가장 비싼 아파트가 되는 구조다.

결국 흐름을 읽는 가장 확실한 방법은 꾸준히 보는 것이다. 가격을 반복해서 보고, 변화를 체감하고, 그 안에서 기준을 만드는 것. 그것이 시장 흐름을 읽는 출발점이다.

분양가와 데이터로
시장 흐름 읽기

변동률로 열기를 보고, 지수로 방향을 확인하고,
심리로 수급을 읽고, 전세와 미분양으로 다음 흐름을 예측한다.

분양가로
시장 읽기

나는 과거에 약 5년간 분양가를 매주 정리한 적이 있다. 분양가를 꾸준히 정리하다 보면 시장을 읽을 수 있는 정보가 굉장히 많이 쌓인다.

분양가는 부동산114 사이트에서 확인하면 된다. 분양 탭의

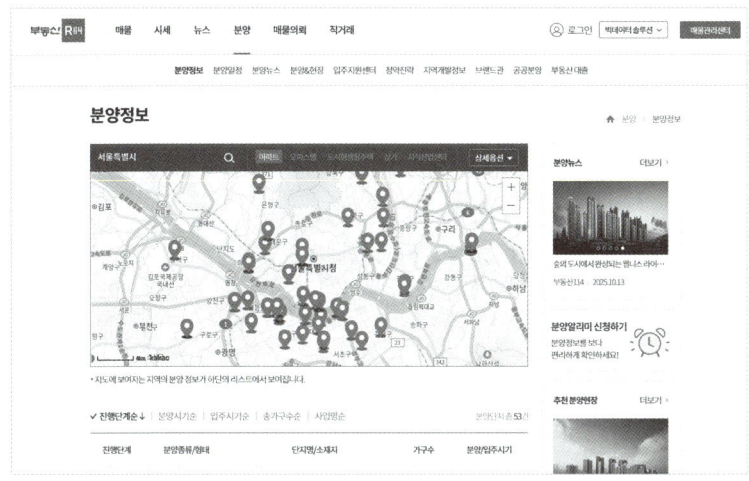

부동산114에서 확인 가능한 '분양정보' 화면

'분양정보' 메뉴를 보면 공식 공고가 된 단지들이 정리되어 있다. 청약홈보다 훨씬 직관적이다. 단지명, 위치, 세대수, 공급 면적, 입주 시기, 평형별 분양가까지 한눈에 볼 수 있다.

예를 들어 이 챕터를 쓰고 있는 2025년 11월 분양 일정을 보면, 안양자이헤리티온이라는 단지가 눈에 보인다. 24평 분양가는 9억 1,500만 원 수준이다. 분양가를 24평으로 나누면 평당 약 3,800만 원이다. 이 숫자를 보는 순간 질문이 하나 생긴다. 안양 명학동에서 평당 3,800만 원을 시장이 받아줄 수 있을까? 명학역 인근 2020년식 신축이 24평 기준 평당 2천만 원대라면, 3,800만 원 분양가는 체감상 매우 비싸다. 좀 더 입지가 좋은 호계동 준신축 단지들이 평당 3,800만 원 이하에 형성되어 있다면 선택지는 명확해진다. 굳이 3,800만 원 분양을 받을 이유가 없다는 판단이 가능하다. 이런 경우 미분양이 발생할 가능성이 높고, 이후 가격이 어느 정도 올라와야 소화될 것인지까지 예측할 수 있다. 같은 가격이면 입지가 더 좋은 호계동이나 평촌 쪽 신축을 선택하는 게 낫다는 결론도 바로 나온다. 반대로 주변 시세 대비 현저히 저렴하게 나왔다면 프리미엄이 붙을 가능성이 높다는 것도 알 수 있다. 분양가 하나만 봐도 신축의 향후 흐름을 어느 정도 가늠할 수 있는 이유다.

전국 분양 단지를 정리해보면 한 달에 많아야 10여 개 남짓이다. 이 분양가를 모두 평당가로 환산해놓고, 청약 경쟁률까지 같이 본다. 경쟁률이 높다면 이 지역은 이 가격을 흡수할 수 있다는 뜻이고, 미분양이 난다면 아직 시장이 이 가격을 받아들이지 못한다는 뜻이다.

분양가는 해당 지역의 최신 신축 가격이다. 동시에 청약 경쟁률은 신축에 대한 수요의 크기를 보여준다. 구미, 안양, 청주처럼 지역별로 정리하다 보면 '이 지역 신축은 이 정도 가격대까지 가능하구나'라는 감이 생긴다. 내가 당시 가장 중요하게 봤던 건 분양가를 반드시 평당가로 환산하는 습관이었다. 이걸 반복하다 보니 지금은 대부분 지역의 평당 시세가 머릿속에 정리되어 있다. 신축 분양권이 나왔을 때 어느 정도까지 오를 수 있는지도 자연스럽게 판단하게 되었다.

이 눈은 단기간에 만들어지지 않는다. 매주 정리하는 루틴이 쌓이면서 생긴 결과다. 처음에는 과정이 귀찮고 번거롭다. 하지만 시장을 제대로 이해하고 싶다면 이런 습관이 반드시 필요하다. 다만 이 방법은 초반 진입장벽이 있다. 이보다 훨씬 쉽게 흐름을 읽을 수 있는 방법을 이어서 이야기해보겠다.

데이터로 시장 읽기

시장을 감으로 보지 않고 데이터로 해석할 수 있게 해주는 도구가 있다. 내가 운영 중인 아파트써처 사이트(www.apartsearcher. ai)를 이용하면 된다. 접속해서 '시장 분석' 메뉴에 들어가면 '시장 동향 지표'를 볼 수 있다. 이 메뉴에서 각 지역별 다음의 일곱 가지 지표를 확인할 수 있다.

1. 아파트 매매/전세지수

2. 매매가격 증감률

3. 시장 심리 지표

4. 전세가율

5. 전세수급지수

6. 주택구입부담지수

7. 미분양 주택 수

단 중요한 건 숫자 자체가 아니라, 숫자가 의미하는 흐름을 읽는 것이다. 각 지표가 무엇을 말해주는지, 그리고 어떻게 해석해야 하는지를 정리해보자.

먼저 '아파트 매매/전세지수'다. 매매가와 전셋값의 장기 추세를 분석해 투자 수익성과 시장 방향성을 예측할 수 있다. 단기 변동보다 장기 추세를 읽는 데 적합하다. 이 지표는 하루아침에 방향이 바뀌지 않는다. 2012~2013년은 서울 아파트가 가장 외면받던 시기였지만, 지금 와서 보면 역사적인 저점이었다. 아파트 매매/전세지수는 '지금 비싼지 싼지'보다 '지금 어느 방향으로 가고 있는지'를 보여주는 지표다.

고가 아파트는 흐름이 빠르기 때문에 서울 전체 지수로는 세부 판단이 어렵다. 이럴 때는 구별 실거래가 증감률을 본다. 강남은 이미 과열 국면이고, 노원·도봉·강북은 아직 초입이다. 분위기를 읽을 때는 매매/전세지수보다 증감률이 훨씬 유용하다.

다음으로 '매매가격 증감률'이다. 이 지표는 일정 기간 동안 아파트 매매가격이 몇 퍼센트 오르거나 내렸는지를 보여준다. 단기 흐름과 시장의 온도를 파악하는 데 가장 직관적인 지표다. 서울 아파트 매매가 변동률을 보면 최근 상승폭이 점점 커지고 있다는 걸 알 수 있다. 과거 흐름과 비교하면 지금이 상승 초입인지, 과열 구간인지도 판단할 수 있다.

이 지표는 반드시 지역 간 비교로 봐야 한다. 서울과 고양시를 비교하면 서울은 이미 크게 상승했지만 고양시는 아직 상대적으로 부진하다. 과거 상승장을 보면 서울이 먼저 움직이고, 이후 고양시를 포함한 수도권 외곽으로 흐름이 번졌다. 데이터로 보면 수도권 아파트는 항상 서울의 상승을 따라간다는 게 명확하게 드러난다.

구 단위로 더 쪼개서 보면 지금 어디가 뜨겁고 어디가 막 시작인지가 보인다. 강남구는 이미 열기가 강하지만 노원구는 이제 막 움직이기 시작한 단계다. 내가 갈 수 있는 가격대가 노원구라면, 분위기가 완전히 달아오른 뒤가 아니라 지금 들어가 앉아 있어야 한다. 변동률은 '지금 어디에 먼저 자금이 몰리고 있는지'를 알려주는 지표다.

매매가격 증감률을 정권별로 나눠서 볼 수도 있다. 시장은 정책과 무관하게 움직이지 않는다. 규제 완화기에는 상승 탄력이 커지고, 규제 강화기에는 숨 고르기를 한다. 이 지표를 보면 어느 시기에 시장이 활발했고, 어느 시기에 눌려 있었는지를 한눈에 파악할 수 있다. 지금은 서울 대비 경기도, 지방이 상대적으로 덜 움직인 상태라는 것도 명확하다.

부산과 대구처럼 과거에 크게 하락했던 지역은 증감률 지표에서 바닥을 다지고 반등하는 모습이 보인다. 이런 지역은 상승 초입에서 신호가 먼저 나타난다. 하락이 길수록 반등 초반은 눈에 잘 띄지 않다가 이후에 상승 속도가 빨라지는 경우가 많다.

다음으로 살펴볼 것은 '시장 심리 지표'다. 이 지표는 숫자보다 심리를 본다. 파란색은 팔고 싶은 심리, 빨간색은 사고 싶은 심리다. 2026년 현재 서울 아파트는 팔고 싶은 심리가 계속 줄고 있다. 더 좋은 입지로 갈 수 있을지 확신이 없기 때문에 매도를 미루는 것이다. 이 심리는 매물 감소로 바로 이어진다. 실제로 매매 매물 수는 꾸준히 줄고 있다. 반대로 사고 싶은 심리는 2024년 이후 빠르게 올라왔다. 정부가 토지거래허가제를 강하게 적용한 이유도 여기에 있다. 심리가 달아오르면 거래를 막지 않으면 가격이 빠르게 반응하기 때문이다. 경기도 역시 심리가 서서히 살아나는 구간에 들어와 있다. 이런 구간에서는 가격이 바로 튀지 않더라도, 시간이 지나면 흐름이 붙는다.

지방을 보면 지역별로 심리 차이가 극명하다. 대구와 제주는 오랜 하락으로 심리가 많이 위축되어 있지만, 가격이 충분히 조정된 만큼 언제든 반등이 나올 수 있는 상태다. 부산은 겉으로는 조용하지만 입지 좋은 지역부터 전세가가 줄고 가격이 움직이려는 조짐이 보인다. 울산, 전주는 공급 부족으로 이미 크게 상승했고, 인근 지역으로 수요가 번질 가능성이 높다.

'전세가율'과 '전세수급지수'는 전세 시장을 읽는 핵심 지표다. 전세가율이 올라간다는 건 전세가 부족해지고 있다는 뜻이다. 전세가 부족하면 결국 매매 수요로 이어진다. 서울은 구조적으로 전세가가 늘 부족한 지역이고, 지금도 전세수급지수가 높은 수준을 유지하고 있다. 울산은 작년에 이미 전세수급지수가 빠르게 올라가며 전셋값이 강하게 반등한 적이 있다. 전세수급지수는 매매보다 한 발 앞서 움직인다. 과거에도 전세가가 먼저 오르고, 이후 매매가가 따라왔다. 이 지표만 봐도 해당 지역이 앞으로 매매 압력을 받을 가능성이 있는지 판단할 수 있다.

'주택구입부담지수'는 소득 대비 주택 구입 부담을 분석해 구매력과 시장 접근성을 평가한다. 그리고 '미분양 주택 수'는 신축을 시장이 얼마나 소화할 수 있는지를 보여준다. 요즘은 입지에 따라 미분양이 극단적으로 갈린다. 입지가 좋으면 분양가가 높아도 경쟁률이 붙고, 입지가 조금만 떨어져도 바로 미분양이 발생한다.

미분양 지표를 볼 때는 '얼마나 늘었느냐'보다 '어디에서 났느냐'가 더 중요하다. 경기도 미분양이 늘었다고 해서 시장 전체가 나쁘다고 해석하면 안 된다. 대구처럼 미분양이 많았다가 줄어드는 지역은 오히려 회복 신호일 수 있다. 특정 단지가 비싼 가격에도 미분양이 났다면, 그 자체가 해당 지역의 가격 상단을 알려주는 데이터가 된다.

아파트써처 사이트가 제공하는 각 지표는 단독으로 쓰는 게 아니라 서로 연결해서 볼 수 있다. 예를 들어 변동률로 열기를 보고, 지수로 방향을 확인하고, 심리로 수급을 읽고, 전세와 미분양으로 다음 흐름을 예측한다. 이 조합이 익숙해지면 시장은 더 이상 막연하지 않다. 추세가 말해주는 방향대로 움직이기 시작한다.

시계처럼 도는
부동산 시장

중요한 것은 정확히 몇 시인가가 아니라,
이 사이클이 반복된다는 데 있다.

사이클락을 알면
시장이 보인다

지방 도시의 공급은 왜 늘 일정하지 않을까? 수요에 맞춰 꾸준히
공급된다면 가격은 완만하게 우상향했을 것이다. 하지만 현실은
다르다. 어떤 시기에는 공급이 과도해 미분양이 쌓이고 가격이
하락하며, 또 어떤 시기에는 공급이 급감해 가격이 빠르게 상승

한다. 이 불균형이 반복되면서 시장에는 상승과 하락의 사이클이 생긴다.

이 구조를 이해하려면 건설사의 관점에서 시장을 바라봐야 한다. 주택 공급은 단기적으로 조절할 수 있는 변수가 아니다. 분양을 결정하고 착공해 입주까지 이어지는 과정에는 수년의 시간이 필요하다. 그동안 시장 분위기는 바뀌고, 그 결과 공급은 항상 늦게 따라온다. 이 지연이 사이클을 만든다.

나는 이 흐름을 시계에 비유해 설명한다. 시곗바늘이 한 바퀴를 도는 동안 상승과 하락이 반복되고, 시계는 멈추지 않는다. 이 개념을 '사이클락'이라 부른다.

0시부터 차례대로 살펴보자. 먼저 0시는 '무관심의 시기'다. 시곗바늘이 0시에 있을 때는 시장에 거의 관심이 없다. 신축 아파트가 나와도 경쟁이 심하지 않고, 선택지는 많다. 집을 사고 싶다면 언제든지 골라 살 수 있는 시기다. 부동산 뉴스에 대한 대중의 관심도 낮다. 현재 지방 일부 도시들이 이 구간에 해당한다. 서울은 구조적으로 수요가 많아 이런 시기를 겪기 어렵지만, 지방 도시는 주기적으로 0시 구간을 맞는다. 대구는 이 구간을 막 지나고 있다고 볼 수 있다.

3시는 '온기가 시작되는 구간'이다. 0시를 지나 3시로 가면 변화가 시작된다. 미분양이 조금씩 해소되고, 입지가 좋은 신축부터 프리미엄이 붙기 시작한다. 일부 사람들은 분양을 받아 소액의 수익을 경험하고, 실거주 만족도가 높다는 이야기가 나오기 시작한다. 로열층은 빠지고 저층만 남았다는 말이 돌면, 주변의 다른 신축 단지로 관심이 옮겨간다. 가장 상품성이 좋은 단지부터 수요가 붙고, 그 온기가 주변으로 번진다. 이 시점부터 청약 경쟁률과 거래 지표가 서서히 개선된다.

6시는 '대세 상승장'이다. 6시는 시장의 관심이 본격적으로 집중되는 시기다. 청약 경쟁률이 급등하고, 프리미엄이 크게 붙는다. 신축뿐만 아니라 구축 아파트까지 가격이 함께 오르며 갭 메우기 장이 펼쳐진다. 부동산 이야기가 일상적으로 오르내리고, 대부분의 사람이 상승을 체감한다. 흔히 말하는 대세 상승장이 이 구간이다. 이 단계는 어느 지역이든 한 번은 반드시 거치게 된다.

9시는 '상승의 끝자락'이다. 상승의 말기로 일부 매도자가 물량을 내놓기 시작하지만, 여전히 매수세가 이를 받아내며 신고가가 이어진다. 이 시기에 건설사들은 분양을 최대한 늘린다. 아파트뿐 아니라 오피스텔, 생활형 숙박시설, 레지던스 등 수익이 될 수 있는 상품이 대거 등장한다. 유동성은 주거용 부동산을 넘어 대체 상품으로까지 확산된다. 그러나 어느 순간부터 청약 경쟁률이 서서히 낮아진다. 높아진 분양가와 늘어난 공급을 수요가 더 이상 소화하지 못하는 지점이 온다. 이때 시장은 빠르게 식기 시작한다.

12시는 '원점으로의 회귀'다. 큰 상승장이 끝나면 반드시 하락 구간을 거친다. 영원히 오르는 시장은 없다. 12시는 다시 원점으로 돌아오는 시점이다. 이전의 0시와 본질적으로 같다.

다만 지역마다 사이클의 속도는 다르다. 인구 규모와 생활권 크기에 따라 시기 차이가 발생한다. 전주는 비교적 빠르게 출발했고, 이제 막 3시를 지나고 있다. 부산은 이제 0시에서 1시로 가고 있다. 물론 그 안에서 대장 아파트들은 이미 상승 구간에 진입했지만, 지금 말하고 있는 것은 지역 전체의 상승장이다.

중요한 것은 정확히 몇 시인가가 아니라, 이 사이클이 반복된다는 데 있다. 어떤 변수로 인해 기간이 짧아질 수도 있고 길어질 수도 있지만 구조는 바뀌지 않는다. 그래서 시계로 표현했다. 사이클은 돌고, 시장은 다시 같은 길을 걷는다.

이 흐름을 이해하면 내가 투자하려는 지역이 사이클상 어느 구간에 있는지 판단할 수 있다. 그것이 지방 시장을 이해하는 가장 중요한 출발점이다.

미분양으로 보는
시장 상태

사이클의 위치는 입주물량만으로 판단하지 않는다. 미분양 주택 수 역시 시장의 위치를 판단하는 중요한 지표다. 특히 지방 시장에서는 미분양의 변화가 사이클의 전환점을 비교적 명확하게 보여준다.

대구를 예로 보자. 2000년대 초반부터 2008년까지 대구는 미분양 물량이 크게 쌓였다. 반면 같은 시기 수도권은 미분양이 거의 없었다. 2009년 글로벌 금융위기 이후 수도권은 미분양이 늘며 침체를 겪었지만, 대구는 오히려 미분양이 빠르게 소진되며 시장이 회복됐다. 수도권과 지방의 흐름이 엇갈린 대표적인 사례다.

최근 흐름도 비슷하다. 2021년 금리 인상 국면에서 대구 역시 미분양이 다시 늘었지만, 이후 미분양 물량은 점차 감소하고 있다. 미분양이 줄어든다는 것은 신축 아파트를 매수하려는 수요가 다시 움직이기 시작했다는 의미다. 이 단계에서는 가장 입지가 좋은 단지, 좋은 동과 층부터 먼저 소진된다. 이후 저층 위주로 남고, 로열층에는 프리미엄이 붙기 시작한다.

▌ 대구 미분양 주택 현황

(단위: 가구)

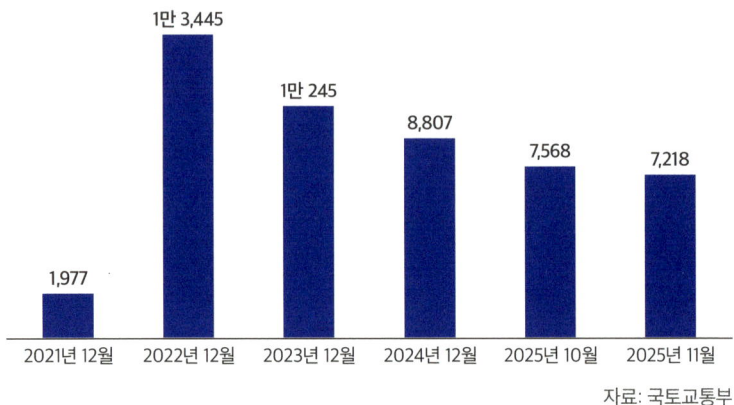

자료: 국토교통부

미분양과 가격을 함께 보면 흐름은 더 분명해진다. 대구의 아파트 매매가격지수와 미분양 주택 수를 동시에 보면, 매매가격지수가 장기간 정체되어 있던 구간은 신축 재고를 시장이 충분히 소화하지 못했던 시기다. 공급이 누적된 상태에서는 가격이 움직이기 어렵다. 반대로 미분양 재고가 점차 소진되기 시작하면, 일정 시차를 두고 가격이 반응한다. 재고가 거의 소화되는 국면에 접어들면 대세 상승장이 시작된다. 다만 현재 대구는 아직 그 초입 단계에 가깝다. 본격적인 상승으로 판단하기에는 이르다.

중요한 점은 지표는 항상 평균값이라는 사실이다. 매매가격지수가 반등한 이후에 움직이면 이미 늦다. 좋은 입지의 아파트는 매매가격지수가 바닥을 찍고 움직이기 전에 먼저 반응한다. 이런 시기에 선제적으로 진입하는 것을 선진입 투자라고 한다.

미분양이 많아 보이고 시장 분위기가 냉각되어 있을 때부터 관찰을 시작해야 한다. 그래야 가격이 충분히 눌린 구간에서, 입지가 좋은 단지를 선점할 수 있다. 미분양 지표는 지방 시장에서 이 타이밍을 포착하는 데 유용한 도구다.

가격 반등의
신호

전세가가 먼저 움직이고, 증감률이 방향을 바꾸며,
그 흐름이 매매가로 이어진다.

매매가격지수 증감률,
전세가격비율

입주물량과 미분양을 볼 줄 알게 되면 다음 단계는 비교다. 앞으
로 입주물량이 줄어드는 지역은 어디인지, 전세가가 막 상승하
기 시작한 곳은 어디인지 비교하면서 투자 대상을 좁혀가야 한
다. 입주물량은 곧 과거에 분양되었던 아파트들이고, 그 당시 청

약 경쟁률을 함께 보면 시장의 온도를 바로 읽을 수 있다. 청약 경쟁률이 살아나기 시작했다는 건 신축에 대한 수요가 다시 움직이고 있다는 뜻이고, 이는 상승 초기 단계에서 자주 나타나는 모습이다.

부산이나 대구는 지난 사이클에서 신축 분양이 많았던 지역이다. 그만큼 미분양도 많았지만, 최근 부산 해운대에서 분양한 신축 단지는 84타입 분양가가 13억 원대였음에도 높은 경쟁률을 기록하며 완판되었다. 지방에서 84타입 분양가가 14억 원에 가깝다는 점만 보면 과도해 보일 수 있지만, 희소한 입지의 신축이라는 점이 수요를 만들어냈다. 이 사례는 지방 시장이 어느 가격대까지 수용할 수 있는지를 보여주는 중요한 신호다.

가격 반등을 확인하는 대표적인 지표가 매매가격지수 증감률이다. 매매가격지수 증감률은 KB부동산 데이터를 통해 흐름을 확인할 수 있다. 기준선인 0을 중심으로 위는 상승, 아래는 하락을 의미한다. 이 지표는 방향성을 판단하는 데 적합하다.

부산의 경우 2021년 상반기까지 상승폭이 매우 컸다. 금리 인상 이전이었고, 시장에 유동성이 풍부했던 시기다. 이후 2022년 초를 기점으로 하락 국면에 접어들었고, 상당 기간 하락이 이어졌다. 서울은 비교적 빠르게 회복해 다시 상승 추세로 돌

부산 월간 아파트 매매가격지수 증감률

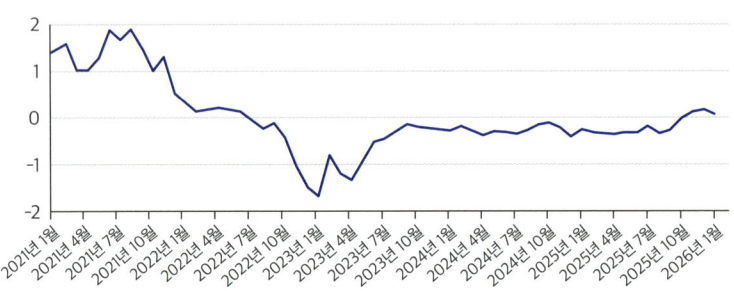

(단위: %)

자료: KB부동산

아섰지만 부산은 회복이 더뎠다.

최근 부산의 매매가 변동률은 하락 구간을 지나 상승 구간으로 전환되는 모습을 보이고 있다. 중요한 건 단발성이 아니라 이 상승 흐름이 몇 주, 몇 달 동안 유지되고 있다는 점이다. 오랜 하락 이후 나타나는 이런 변화는 단순한 반등이 아니라 분위기 전환의 신호로 해석할 수 있다.

매매가격지수 증감률은 가격이 이미 많이 오른 뒤에 알려주는 지표가 아니다. 오히려 하락이 멈추고 방향이 바뀌는 초입을 포착하는 데 의미가 있다. 지방 시장에서는 이 신호가 특히 중요하다. 오랜 침체 이후 처음 나타나는 상승 전환은, 다음 사이클이 시작되었음을 알리는 가장 빠른 신호 중 하나다.

▎ 부산 아파트 전세가격비율

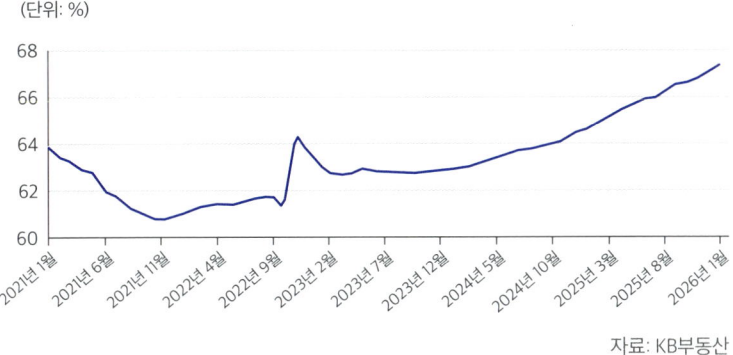

(단위: %)

자료: KB부동산

　　매매가격지수 증감률과 함께 가격 변화를 가장 먼저 보여주는 지표로는 전세가격비율이 있다. 특히 지방 시장에서는 전세가가 매매가보다 먼저 움직이고, 그 상승이 매매가에 강한 압력을 준다. 사람들이 집을 매수로 전환하는 대표적인 시점이 전세가가 크게 오를 때다. 전세를 더 올려주느니 차라리 매수하겠다는 판단이 늘어나기 때문이다.

　　이번에도 부산의 사례를 살펴보겠다. 부산 아파트 전세가는 이미 이전부터 상승하기 시작했고, 최근에는 상승폭이 더 커졌다. 이는 단기적인 투자 수요가 매매가를 끌어올린 결과라기보다, 실거주 수요가 전세 시장에서 가격을 먼저 밀어올린 것으로 해석할 수 있다. 인플레이션과 통화량 증가로 전세의 실질 가치가 올라가면서, 전세가가 먼저 움직이고 그 흐름을 매매가가 따라가는 전형적인 구조다. 부산 시장이 반등 국면에 들어섰다는 판단의 근거가 여기에 있다.

변동률 지표는 여러 사이트에서 확인할 수 있지만, 나는 항상 원천 데이터를 직접 확인하는 편이다. 가공된 자료에는 해석이 섞일 수 있기 때문이다. 원천 데이터를 직접 보면 숫자의 흐름을 그대로 볼 수 있고, 필요한 방식으로 재구성할 수 있다.

KB부동산에 들어가면 하단에 KB통계 메뉴가 있다. 여기서 주간 시계열과 월간 시계열 데이터를 확인할 수 있는데, 매매가격지수 변동률과 전세가격비율은 주간 시계열 자료를 활용하는 게 좋다. 이 데이터는 많은 프롭테크 서비스가 공통으로 사용하는 기준 데이터이기도 하다. 공공 데이터로는 한국부동산원, 민간 데이터로는 KB부동산이 가장 널리 활용된다.

KB부동산 메인 화면에서는 매주 매매가격지수 상승률 순위를 바로 확인할 수 있다. 최근 전국 상승률 상위 지역을 보면 서울이 1위고, 그중에서도 용산구, 서초구, 송파, 분당 등이 높은 상승률을 보였다. 토지거래허가제 같은 강한 규제가 있음에도 불구하고 오히려 최상급지에서 상승률이 높게 나타나는 모습이다. 반면 공급이 적고 전세가가 먼저 올랐던 울산 남구와 같은 지역도 상위권에 함께 등장한다. 하락 지역도 동시에 확인할 수 있다. 지금 하락 중인 지역들은 시간이 지나면 다시 상승률 상위로 올라오는 흐름을 반복해왔다. 이 지표는 현재의 좋고 나쁨을 판단하기보다, 지역별 위치를 파악하는 데 의미가 있다.

매매가격지수 증감률을 보면 2026년 1월 기준 서울은 25개 구 전체가 모두 플러스 구간에 있다. 시계열을 과거로 돌려보면 2022년부터 2023년 상반기까지는 마이너스 구간이었고, 2021년까지는 강한 플러스 구간이 이어졌다는 걸 한눈에 볼 수 있다. 오랜 상승 이후 하락을 거쳤던 서울 시장이 다시 온기를 회복하고 있다는 흐름이다. 11·8 대책 이후에도 상승률이 급격히 꺾이지 않는 점은 이 흐름이 아직 살아 있음을 보여준다.

▌ 서울 월간 아파트 매매가격지수 증감률

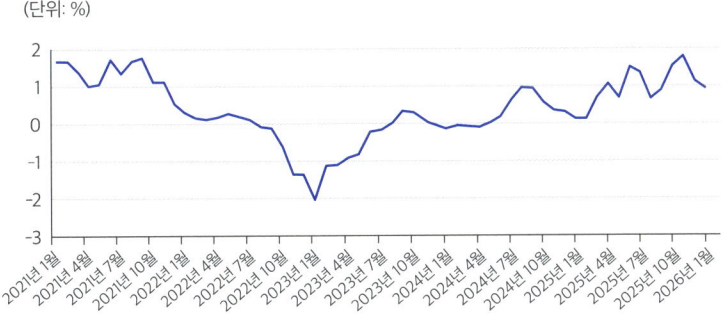

(단위: %)

자료: KB부동산

데이터를 직접 시각화해보는 것도 도움이 된다. 예를 들어 서울 전체 매매가격지수 증감률 데이터를 2008년부터 막대그래프로 그려보면 상승폭이 점점 커지는 구간과 줄어드는 구간이 명확히 드러난다. 이런 차트들은 프롭테크 사이트에서 이미 구현되어 있지만, 직접 만들어보면 흐름을 더 깊이 이해할 수 있다.

결국 중요한 건 도구가 아니라 관점이다. 전세가가 먼저 움직이고, 변동률이 방향을 바꾸고, 그 흐름이 매매가로 이어진다. 이 순서를 이해하고 꾸준히 지표를 관찰하는 사람만이 반등의 초입을 알아볼 수 있다.

KB부동산에서 데이터를 확인하는 방식은 지역만 바꿔주면 동일하다. 서울에서 만들었던 차트를 부산으로 옮기면 부산 차트가 그대로 그려진다. 물론 이런 과정을 직접 하는 게 번거롭게 느껴질 수 있다. 나 역시 최근에는 데이터를 직접 가공하지 않는다. 프롭테크 사이트 화면을 통해 습관적으로 지역별 흐름을 확인할 뿐이다. 다만 실제 투자 판단을 할 때, 최신 데이터가 필요할 때, 여러 지표를 겹쳐서 보고 싶을 때는 직접 데이터를 내려받아 가공한다. 프롭테크 사이트는 편리하지만 데이터 반영이 약간 늦을 수 있기 때문이다.

예를 들어 부산은 최근 들어 완만한 반등 흐름이 나타난다.

매매가격지수 증감률뿐만 아니라 전세가격비율을 함께 보면 이 흐름이 더 명확해진다. 전세가격비율 변동률을 보면 매매보다 전세가가 더 큰 폭으로 움직이고 있음을 알 수 있다. 이는 실거주 수요가 먼저 움직이고 있다는 신호다.

구별로 보면 해운대구, 연제구, 금정구 등에서 전세가가 조금씩 오르는 모습이 나타난다. 이런 지역들은 공통적으로 전세 매물 수가 빠르게 줄고 있다. 전세 매물이 줄어들면 가격은 오를 수밖에 없다. 실제로 해운대 전세 매물만 따로 보면 이전보다 눈에 띄게 감소한 걸 확인할 수 있다.

전세가와 매매가가 동시에 움직일 때는 의미가 분명해진다. 단순히 투자 수요가 매매가를 끌어올린 게 아니라, 공급 대비 전세 수요와 매매 수요가 모두 많아졌다는 뜻이다. 부산 시장이 단기 반등이 아니라 구조적으로 회복 국면에 들어섰다는 해석이 가능한 이유다.

부산 입주물량 차트를 보면, 2009년부터 2011년처럼 입주물량이 적었던 시기에는 전세가가 크게 올랐다. 반대로 입주물량이 많았던 시기에는 전세가 상승이 제한되었다. 2020년은 예외적인 시기였다. 임대차 3법과 0%대 금리가 맞물리면서 공급과 무관하게 전국적으로 전세가가 급등했다. 하지만 2년 후 금리가 오르고

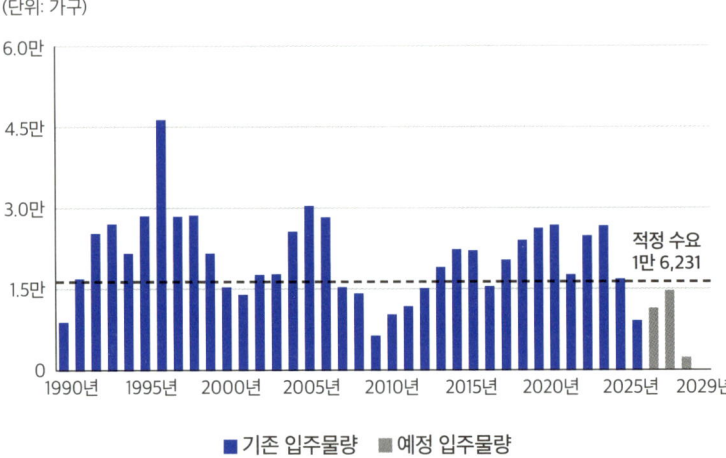

(단위: 가구)

■ 기존 입주물량　■ 예정 입주물량

자료: 주택산업연구원

공급이 이어지자 전세가는 급격히 하락했다. 이런 배경을 함께 이해해야 데이터를 제대로 해석할 수 있다.

지금 흐름을 보면 2024년은 수요와 공급이 비교적 균형을 이루던 시기였고, 2025년에 들어서며 공급 대비 수요가 부족해지면서 전세가가 다시 빠르게 오르기 시작했다. 이 변화가 바로 시장 반등의 신호다.

서울은 상황이 조금 다르다. 서울 인구는 약 900만 명이지만, 경기도까지 포함하면 배후 수요가 1,300만 명을 넘는다. 배후 수요가 워낙 크다 보니 입주물량과 전세가가 직관적으로 맞아떨어지지 않는 경우도 많다. 반면 지방은 입주물량과 전세가 변동이 훨씬 직접적으로 연결되는 경우가 많다. 그래서 예측이 상대적으로 수월하다.

앞으로도 같은 방식으로 해석할 수 있다. 특정 지역이 향후 몇 년간 입주물량이 부족하다면, 과거와 마찬가지로 전세가가 크게 오를 가능성이 높다. 이 흐름을 미리 읽을 수 있다면 투자 기회를 선점할 수 있다.

물론 미래 데이터가 항상 맞는 건 아니다. 그렇다면 어떻게 검증해야 할까? 답은 간단하다. 이 사이클을 먼저 겪은 도시를 보면 된다. 그 도시들이 어떤 순서로 움직였는지를 확인하면, 지금 보고 있는 지역이 어디쯤 와 있는지 충분히 유추할 수 있다.

반등에 성공한
지방 도시들

부산이 겪고 있는 흐름을 먼저 겪은 도시는 어디일까? 2026년 현재 부산이 겪고 있는 국면을 앞서 경험한 대표적인 도시가 울산과 전주다.

전주를 보면 매매가와 전세가가 동시에 움직였다. 2024년 1월을 기점으로 매매가와 전세가가 빠르게 상승하기 시작했다. 부산보다 거의 2년 먼저 반등을 시작한 셈이다. 이유는 단순하다. 공급이 없었기 때문이다. 전주시는 2023년부터 입주물량이 급감했고, 2024년 이후에는 사실상 물량 공백 구간에 들어섰다. 인구 약 60만 명 규모의 지방 도시에서 공급이 끊기자 전세가가 먼저 반응했고, 이어 매매가가 따라올 수밖에 없었다.

이 흐름은 수도권과는 다르다. 수도권 아파트는 금리가 급등했던 2022년 말에 이미 바닥을 찍었다. 반면 전주 덕진구 아파트를 보면 2022년 말까지도 흐름이 좋지 않았고, 2024년 초부터 본격적인 상승이 시작되었다. 이후 현재까지도 가파른 상승세를 유지하고 있다. 지방 아파트라도 공급이 부족해지면 이렇게 정직하게 반응한다는 걸 보여주는 사례다. 금리의 영향이 아예 없는 건 아니지만, 지방에서는 공급이 훨씬 더 직접적인 변수로 작용한다.

나는 2년 전에 전주를 주제로 영상을 만든 적이 있다. 당시 제목은 '전주 전세 살면 후회하는 이유'였다. 전주시 입주물량 데이터를 기준으로 보면 2023년부터 2026년까지 공급이 극단적으로 적었고, 4년을 합쳐도 500세대가 채 되지 않았다. 이런 구조에서는 전세가가 오를 수밖에 없고, 전세 계약 2년을 피해야 한다는 판단을 내렸다.

하지만 당시 반응은 냉담했다. 조회수도 낮았고, 댓글에는 '지방이 인구 소멸인데 무슨 집값 상승이냐' '나라가 어려운데 집값이 오르면 나라가 망한다' 등과 같은 반응이 많았다. 조롱에 가까운 댓글도 적지 않았다. 좋아요 수만 봐도 적지 않은 사람이 그런 인식에 공감하고 있었다. 이건 전주만의 문제가 아니라, 지방 시장을 바라보는 전반적인 시선의 문제였다.

하지만 지금 데이터를 다시 보면 흐름은 명확하다. 전주의 전세가 변동률을 보면 2024년 1월부터 이미 상승 국면에 들어섰고, 매매가도 그 뒤를 따라 움직였다. 우리가 앞서 본 부산의 현재 모습과 거의 같은 구간을 전주가 먼저 지나간 것이다.

이 차이를 만든 건 결국 공급이다. 전라북도 전주시 전체로 보면 2023년 이후 입주물량이 급격히 줄었고, 2024년과 2025년은 사실상 공급 공백기였다. 그 결과 전세가가 먼저 오르고, 매매가가 뒤따라 반등했다. 이런 시기를 먼저 겪은 도시를 기준으로 삼으면 지금 어떤 지방 도시를 눈여겨봐야 할지도 자연스럽게 보인다. 앞으로 수년간 입주물량이 거의 없는 지역, 전세매물이 빠르게 줄고 있는 지역이라면 전주와 같은 흐름을 다시 한번 반복할 가능성이 높다. 이런 도시들이 바로 다음 구간에 들어설 후보들이다.

대표적인 도시가 하나 더 있다. 바로 대구다. 대구는 자체적인 대형 일자리가 많다고 보긴 어렵지만, 투자 수요가 유난히 많은 도시다. 입지의 양극화가 매우 심하고, 부자 동네와 그렇지 않은 동네의 격차도 전국에서 가장 크다. 대구라는 도시는 전반적으로 극단적인 성격을 가진다. 공급이 늘 때는 과할 정도로 몰리고, 줄어들 때는 한동안 완전히 끊긴다. 그만큼 사이클이 뚜렷하다.

최근 몇 년을 보면 이 특성이 그대로 드러난다. 2023년과 2024년은 대구 역사상 손에 꼽힐 정도로 입주물량이 많았다. 반면 2025년에는 그 물량이 줄어들었고, 2026년과 그다음 해로 갈수록 공급이 급격히 말라붙는 구간에 들어선다. 과거 2000년대 초반, 2010년대 초반과 비슷한 환경이 다시 만들어지고 있다.

이 때문에 대구에 비교적 이른 시점에 진입한 사람들은 현재는 체감상 힘들 수 있다. 가격 회복이 더디고, 반등이 눈에 띄지 않기 때문이다. 하지만 좀 더 여유를 갖고 1~2년 정도의 보유 기간을 염두에 둔다면 이야기는 달라진다. 공급 사이클만 놓고 보면 대구는 지금이 바닥 구간에 가깝다.

대구 아파트 매매가격지수를 보면 이 특성은 더욱 분명해진다. 대구는 인구 200만 명이 넘는 대형 광역시임에도 불구하고 입주물량과 가격 흐름의 연관성이 매우 높다. 1990년대부터 2000년대 초반까지도 공급이 몰렸던 시기에는 가격이 눌렸고, 이후 공급이 줄어들자 가격이 크게 상승했다. 이후의 사이클에서도 같은 패턴이 반복되었다. 공급이 많을 때는 가격이 오르지 못했고, 공급이 끊기자 상승이 시작되었다.

최근 몇 년간 대구가 부진했던 이유도 단순하다. 신축 공급이 과도하게 많았다. 신축이 계속 쏟아지는데 가격이 오를 수는 없다. 올해까지도 흐름이 좋지 않았고, 2025년까지는 여전히 답답한 모습이 이어질 가능성이 있다. 하지만 2026년 이후를 보면 상황은 달라진다. 공급이 급감하는 구간에 들어서고, 이미 부산이 먼저 반등을 시작했다는 점을 감안하면 대구 역시 시차를 두고 따라갈 가능성이 높다.

대구는 항상 극단적인 도시였다. 그렇기 때문에 지금처럼 바닥에 가까운 구간에서는 오히려 다음 사이클을 준비할 수 있는 여지가 생긴다. 어느 시점에 있는지를 냉정하게 판단하는 것이 무엇보다 중요하다.

입주물량을 보는
세 가지 방법

입주물량은 지방 시장의 흐름을 읽는 데
가장 중요한 지표 중 하나다.

재차 강조하자면 입주물량은 지방 시장의 흐름을 읽는 데 가장 중요한 지표 중 하나다. 다만 숫자만 보고 판단하면 오히려 오해할 수 있다. 같은 물량이라도 지역의 규모와 생활권, 배후 수요에 따라 의미가 완전히 달라지기 때문이다. 입주물량은 반드시 흐름 속에서 해석해야 한다. 이를 위해 활용할 수 있는 대표적인 방법은 세 가지다.

입주물량을 확인할 수 있는 대표적인 플랫폼은 부동산지인,

아실, 호갱노노다. 각각의 특징과 장단점을 알고 상황에 맞게 활용하는 것이 중요하다.

부동산지인(aptgin.com)에 로그인하면 '수요/입주' 메뉴에서 지역별 아파트 입주물량을 확인할 수 있다. 서울을 기준으로 보면 막대그래프가 높을수록 해당 연도의 입주물량이 많다는 의미다. 2000년부터의 데이터가 누적되어 있어 장기 흐름을 파악하는 데 유리하다. 그래프 상단에 표시된 빨간 선은 적정 수요량이다. 적정 수요량은 해당 지역 인구의 약 0.5% 수준으로 계산된다. 인구가 1천만 명이라면 연간 약 5만 세대가 적정 수요라는 뜻이다. 이 수치는 공공기관과 연구기관이 주택 구매 수요를 종합적으로 분석해 산출한 기준선이다.

입주물량이 이 적정 수요선보다 적게 들어오면 시장에는 자연스럽게 상승 압력이 생긴다. 전세 물건이 줄어들고 전세가가 먼저 오르며, 이후 매매가를 밀어 올리는 구조가 만들어진다. 반대로 적정 수요를 크게 초과하는 물량이 한꺼번에 들어오면 전세가가 흔들리고 매매가도 일시적으로 눌릴 수 있다.

부동산지인에서는 연도별로 아파트 입주물량을 확인할 수 있다. 매년 어느 정도의 물량이 들어오는지 큰 흐름을 보기에는 충분하다. 다만 1년은 365일이라는 긴 기간이다. 실제 시장에서는 특정 월에 물량이 몰리는지가 훨씬 중요하게 작용한다.

　부동산지인의 장점은 데이터 기간이 길다는 점이다. 과거 사이클과 현재를 비교하기에 가장 적합하다. 다만 시·군·구 단위로는 세부 분석이 어렵고, 실제 체감과 미세한 괴리가 있을 수 있다는 점은 감안해야 한다.

　다음으로 아실(asil.kr)은 부동산지인의 한계를 보완해주는 유용한 사이트다. 아실 상단 메뉴에 있는 '입주물량'을 클릭하면 연도별은 물론 분기별, 월별로 물량을 나눠서 확인할 수 있다. 어느 달에, 어느 지역에, 얼마만큼의 물량이 실제로 들어오는지 확인할 수 있기 때문에 보다 정밀한 분석이 가능하다. 아실에서는 이 물량이 구체적으로 어느 단지에서 나오는지도 확인할 수 있다.

　대전을 예로 들어보자. 연도를 줄여서 월별로 보면 2024년 10월부터 매월 꾸준히 입주물량이 들어오는 모습을 확인할 수 있다. 특히 눈에 띄는 시점은 2027년이다. 2027년 6·8·9월에 물량이 집중되어 있다. 만약 대전에 투자해 2년 정도 보유할 계획이라면, 매도 시점이 이 구간과 겹칠 경우 상당히 불리해질 수 있다.

　2027년 6월부터 9월 사이 입주 예정 단지를 보면 서구 가장동 힐스테이트가장더퍼스트가 약 1,700세대 규모다. 이는 단일 단지로도 상당히 큰 물량이다. 중구에서는 문화동이 입지적으로 좋은 편인데, 문화동 인근에 들어오는 문화자이SK뷰 역시 약 1,700세대다. 이런 정보를 알고 있다면 현재 중구 센트럴파크 2단지처럼 인근 단지를 보유 중일 때, 이 시기를 피해 매도하는 전략을 세울 수 있다.

월별로 어느 단지가 언제 입주하는지 확인할 수 있고, 우측 목록을 통해 한눈에 정리된 형태로도 볼 수 있다. 단순히 물량이 많다, 적다를 넘어서 실제 매도·보유 전략까지 연결할 수 있다는 점이 아실의 장점이다.

부동산지인과 아실이 추세를 읽기에 좋았다면, 지도로 좀 더 직관적으로 정보를 정리해주는 도구로는 호갱노노(hogangnono. com)가 있다. 호갱노노는 처음 입주물량을 확인하는 사람에게 특히 유용하다. 좌측 메뉴의 '공급'을 클릭하면 지도 위에 원의 크기로 입주물량이 표시된다. 한눈에 어느 지역에 물량이 몰려 있는지 확인할 수 있다.

부산을 보면 올해 12월부터 내년 12월까지 입주물량이 많은 지역이 지도에서 바로 보인다. 우암동 인근 북항 개발 지역과 광안동 쪽에 큰 원이 형성되어 있다. 해링턴마레, 두산위브더제니스오션시티와 같은 대단지가 입주하면 향후 1년간 이 일대 공급 부담이 커질 수 있다는 걸 직관적으로 알 수 있다. 반대로 내륙으로 들어가 보면 공급이 상대적으로 적은 지역도 바로 드러난다. 로그인 하면 연도를 늘려서 중장기 물량 흐름까지 확인할 수 있다.

내가 투자해서 보유할 기간 동안 주변에 입주물량이 적을수록 유리하다. 물량이 많다는 건 전세 경쟁이 심해질 가능성이 높고, 전세가가 눌릴 위험이 커진다는 뜻이다. 매도 시점에 맞춰 바로 옆 단지에 신축 입주가 겹치면 가격 협상력이 크게 떨어질 수 있다.

입주물량을 확인할 때는 반드시 이 세 가지를 함께 활용해야 한다. 부동산지인으로 큰 흐름을 보고, 아실로 월 단위 리스크를 점검하고, 호갱노노로 지도를 통해 직관적으로 확인하는 것이다. 여기에 더해 입주 예정 단지가 최근 분양 단지라면 청약 경쟁률까지 함께 확인할 수 있다. 경쟁률이 높았다면 수요가 확인된 것이고, 미분양이 있었다면 향후 가격 흐름을 보수적으로 봐야 한다.

입주물량은 단순한 숫자가 아니라 리스크 관리 도구다. 이걸 확인하지 않고 투자하는 것은, 옆에 어떤 경쟁자가 들어오는지도 모른 채 시장에 뛰어드는 것과 같다. 이런 기본적인 확인만으로도 투자 리스크는 크게 줄일 수 있다. 이제 지역별로 어떤 해석이 가능한지 살펴보도록 하자.

입주물량으로 읽는
지역별 차이

먼저 서울을 보자. 서울은 구조적으로 늘 공급이 부족한 도시다. 입주물량이 조금만 줄어도 전세 시장에 즉각적으로 반응하고, 전세가는 대부분의 해에 상승한다. 하락하는 시기가 드물다. 그만큼 서울은 만성적인 전세 부족 상태에 놓여 있다. 작년까지도 입주물량이 많지 않았는데, 올해부터는 더 큰 폭으로 줄어든다.

과거 오세훈 시장 이전 시기에 서울은 재개발 구역이 대거 해제되었다. 서울은 신축 아파트를 지을 수 있는 택지가 거의 없기 때문에 재개발과 재건축을 통해 공급해야 하는 구조다. 하지만 재개발 구역 해제와 사업 지연이 이어지면서 착공 물량이 줄었고, 그 영향이 지금 입주물량 감소로 이어지고 있다. 앞으로 몇 년간 이 흐름은 쉽게 바뀌지 않는다.

이런 상황을 시장은 이미 선반영하고 있다. 서울 고가 아파트와 신축 상급지, 입지 좋은 지역들이 먼저 크게 상승했다. 부동산에 대한 전반적인 이해도가 높아지면서 금리 방향, 정권 기조, 공급 구조를 아는 사람들이 먼저 움직였다. 실행할 수 있는 자금력을 가진 수요가 선제적으로 시장에 진입한 결과다.

다음으로 부산을 보자. 부산은 2013년 이후로 비교적 긴 기간 동안 입주물량이 많았다. 그 영향으로 가격 조정도 길게 이어졌다. 하지만 작년부터 올해를 기점으로 입주물량이 눈에 띄게 줄기 시작했고, 그에 따라 전세가가 서서히 상승하는 흐름이 나타나고 있다. 내년 이후로도 물량은 적은 수준이 이어지고, 2028년까지 공급 부담이 크지 않은 구간이 지속된다.

부산은 서울과 달리 단일 도시로만 보면 안 된다. 서울에 경기도라는 배후 수요가 있다면, 부산에는 경상남도와 울산이라는 배후 수요가 있다. 수도권 시각에서는 지방으로 보일 수 있지만, 경남에는 창원이라는 대도시가 있고 양산, 김해처럼 인구 50만 명 내외의 도시들도 있다. 부산 인구만 300만 명이 넘고, 부울경 전체를 합치면 약 700만 명에 달하는 거대한 생활권이다.

그동안 부산에 공급이 많았음에도 가격이 완전히 무너지지 않았던 이유다. 부산은 지역 내 상급지고, 다른 경남 지역의 수요를 흡수할 수 있는 구조를 갖고 있다. 금리가 내려오는 국면에서는 공급이 많았던 시기에도 가격이 반등하는 모습을 보였다. 이제는 과거 10년에 비해 공급 자체가 크게 줄어들고 있기 때문에 부산에 대한 관심이 다시 높아지고 있다.

특히 수도권은 규제가 매우 강하다. 토지거래허가구역, 대출 규제, 2주택 취득세 중과 등으로 투자 접근이 쉽지 않다. 반면 부산은 아직 2주택 취득세 중과가 없고, 토지거래허가구역도 아니다. 전세를 끼고 매수하는 방식도 가능하다. 이런 환경 차이 때문에 최근 서울·수도권 수요가 부산으로 조금씩 이동하고 있다.

대구는 가장 극단적인 흐름을 보이는 도시다. 2020년 이후 전국에서 가장 먼저 하락을 시작했고, 하락 폭도 가장 컸다. 이유는 명확하다. 역대급으로 많은 신축 아파트 공급 때문이다. 수요를 훨씬 초과하는 물량이 한꺼번에 쏟아지면서 가격이 크게 눌렸다. 하지만 이 흐름도 바뀌고 있다. 올해를 정점으로 대구의 입주 물량은 점차 줄어들고, 2027년에는 공급이 크게 감소하는 구간에 들어선다. 미분양 물량도 조금씩 소진되고 있다. 아직 시장 분위기가 완전히 바뀌었다고 보기는 이르지만, 다시 한번 사이클이 돌아가기 위한 준비 단계에 들어갔다고 해석할 수 있다.

입주물량만 보더라도 앞으로 공급이 줄어든다는 것은 가격에 영향을 줄 수밖에 없다는 뜻이다. 특히 지방 소도시로 갈수록 이 영향은 더욱 정직하게 가격에 반영된다. 대도시뿐 아니라 지방 소도시들도 과거 데이터를 따라가며 가격 사이클이 어떻게 형성되었는지를 살펴보면, 전국 어느 지역이든 그 지역의 미래를 어느 정도 가늠할 수 있다.

인천은 조금 다른 성격을 가진다. 인천은 자체 입주물량도 많았지만 수도권에 속해 있기 때문에 서울·경기 가격 하락의 영향을 동시에 받았다. 공급도 많고 금리 영향도 크게 받는 구조다 보니, 하락폭이 수도권 내에서도 컸고 지금도 회복하지 못한 지역들이 많다. 물론 서울 접근성이 좋은 지역, 서울 출퇴근이 가능한 곳은 회복이 빨랐다.

하지만 인천 전체로 보면 사정이 다르다. 인천에 거주하며 인천 내에서 생활하는 사람들의 주거 패턴은 사실상 지방 대도시와 크게 다르지 않다. 규모는 크지만 자체 배후 수요가 뚜렷하지 않고, 공급이 많으면 그 영향을 그대로 받는다. 이 점에서 인천은 지방 대도시와 매우 유사한 시장 구조를 가진다.

이번에는 광주광역시다. 광주는 비교적 꾸준한 흐름을 보이는 도시다. 물량이 많았다가 줄었다가를 반복하며 변동성은 크지 않다. 광주는 광역시인 만큼 생활권도 작지 않고, 7억~8억 원대 아파트들도 존재한다. 이런 고가 아파트들은 금리의 영향을 어느 정도 받으며 금리 사이클에 맞춰 움직인다. 광주는 아파트 선호도가 매우 높은 도시다. 전세가율도 높은 편이라 가격 등락 폭은 다른 지역에 비해 크지 않지만, 나름의 사이클을 분명히 갖고 있다. 급등락은 적지만 흐름은 분명히 존재한다.

반면 대전은 다른 양상을 보인다. 대전은 과거 오히려 신축 공급이 많지 않았다. 그 이유는 세종시 때문이다. 세종이 본격적으로 입주를 시작한 2014년 이후, 대전·세종을 하나의 생활권으로 보는 흐름 속에서 세종에 대규모 물량이 집중되었다. 세종에 미분양이 발생하는 시기도 있었고, 그 여파로 대전은 본격적으로 신축 공급을 늘리지 않았다.

그 결과 대전은 오랫동안 신축이 부족한 도시였다. 하지만 최근 상황이 달라졌다. 도안신도시 개발이 진행되고, 동구·중구를 중심으로 선화동, 신흥동 등 구도심 재개발이 본격화되면서 신축 아파트가 한꺼번에 입주하기 시작했다. 최근 공급 증가가 지금 시점에서는 오히려 부담으로 작용하고 있다.

지방 시장 전반이 서서히 기지개를 켜는 국면이지만, 대전은 아직까지 추가적인 입주물량이 예정되어 있다. 다른 지역과 비교했을 때 투자 타이밍으로는 이른 구간이라고 판단할 수 있다. 이런 차이를 만들어내는 핵심이 바로 입주물량이고, 그 물량을 어떻게 해석하느냐에 따라 지역별 전략이 완전히 달라진다.

그 외 광역시로 울산이 있지만, 앞에 있는 서울과 함께 반등에 성공한 지방 도시에서 다뤘으니 넘어가기로 하자. 이제 도시 전체를 이해했다면 다음은 그 안에 있는 생활권을 배울 차례다.

PART 7

타깃 지역
분석부터
내 집 마련까지

생활권이란
무엇인가?

생활권은 정확한 선으로 나뉘지 않는다.
다만 누구에게나 체감되는 범위가 있다.

생활권이란 사람들이 실제로 생활하는 범위를 말한다. 출퇴근을 하고, 집에서 쉬고, 주말에는 쇼핑이나 여가를 즐기는 일상이 반복되는 공간이다. 행정구역으로 구분된 동이나 구의 경계와는 다르다.

예를 들어 용산에 사는 사람은 송파, 영등포, 성북까지는 자연스럽게 오간다. 반면 양주까지 가는 일은 드물다. 거리의 문제이기도 하고, 일상적으로 이용할 이유가 없기 때문이다. 이 차이가 바로 생활권의 경계다.

생활권은 정확한 선으로 나뉘지 않는다. 다만 누구에게나 체감되는 범위가 있다. 주거지와 직장이 가장 중요한 축이고, 그 사이와 주변으로 이동하며 익숙해진 지역들이 하나의 묶음이 된다. 사람들은 안에서 소비를 하고, 병원을 가고, 문화생활을 한다. 서울에서 한강변이 선호되는 이유도 여기에 있다. 평일에는 퇴근 후 산책을 하고, 주말에는 여가를 즐길 수 있다. 가족과 시간을 보내거나 혼자 쉬기에도 좋다. 이런 생활의 질이 생활권의 가치를 만든다.

중요한 점은 사람들이 실제로는 행정구역 기준으로 움직이지 않는다는 것이다. 구와 구, 동과 동을 나누지 않고 하나의 생활 범위 안에서 움직인다. 이 생활권 개념을 수도권과 지방 각각의 구조에 맞게 이해해야만, 가격의 흐름이 왜 그렇게 움직이는지 설명할 수 있다.

앞선 장에서는 거시경제 흐름과 수도권·지방의 구조적 차이를 중심으로 시장을 바라보는 방법을 정리했다. 하지만 아파트 시장은 거시 지표만으로 설명되지 않는다. 시장은 항상 미세하게 움직인다. 우리가 아무 일 없이 보낸 일주일 사이에도 특정 단지는 매물이 사라지고 가격이 500만 원, 1천만 원씩 조용히 올라간다. 한두 달이 지나고 나서야 '어느새 3천만 원이 올랐다' '이미 실거래가가 바뀌었다' '매도자 우위 시장이다'는 사실을 뒤늦게 알게 되는 경우가 많다. 이렇게 개별 거래가 하나씩 쌓이면서 가격이 움직일 때는 대부분의 사람이 체감하지 못한다. 그러다 전세가가 눈에 띄게 오르거나, 특정 단지가 급등해 언론에 등장하면 그제야 시장의 관심이 몰린다. 이후 다시 분위기가 식는 과정까지 이 흐름은 반복된다.

이 과정은 지역 단위가 아니라 생활권 안에서 먼저 나타난다. 같은 구와 동 안에서도 먼저 오르는 단지가 있고, 잠시 숨을 고른 뒤 그 주변 단지들이 순차적으로 따라온다. 이 흐름을 이해하지 못한 채 아파트를 선택하면 이미 상승이 끝난 단지를 고점에서 매수하거나, 아직 흐름이 오지 않은 곳에서 불안하게 기다리는 상황에 놓이기 쉽다.

생활권의 흐름을 읽는다는 것은 이 지역이 좋다, 나쁘다를 말하는 것이 아니다. 해당 생활권 안에서 지금 어디까지 가격이 반영되었는지, 다음 순서가 어디인지 파악하는 것이다. 이 감각이 있어야 매수 이후 급락을 피할 수 있고, 불필요한 고점 매수를 줄일 수 있다.

수도권의 생활권:
지하철로 연결된 거미줄

전국은 행정구역으로 나뉘어 있다. 하지만 이 경계는 행정을 위한 구분일 뿐, 실제 삶의 범위와는 다르다. 사람들은 행정구역을 넘나들며 생활한다. 특히 지방에서는 이런 현상이 더욱 분명하다. 전주에 사는 사람만 전주에서 생활하는 것이 아니라, 익산에 사는 사람이 전주로 출퇴근하거나 전주에 집을 구하는 일도 흔하다. 행정구역에 매몰되면 생활권을 제대로 이해할 수 없다.

수도권은 이러한 특성이 더 강하다. 서울은 25개 구, 경기도는 31개 시·군으로 나뉘어 있지만, 실제 생활은 그렇게 구분되지 않는다. 과천에 사는 사람은 과천에서만 일하고 소비하지 않는다. 서울로 출퇴근하고, 과천에서 거주하며, 의왕이나 안양에서 소비한다. 이 연결을 만들어주는 핵심이 지하철이다.

수도권은 지하철을 중심으로 촘촘하게 연결되어 있다. 같은 노선 위에 있는 지역들은 자연스럽게 하나의 생활권으로 묶인다. 송파에 사는 사람이 성남 수정구나 분당까지 이동하는 것은 일상적인 일이다. 직장은 송파에 있지만, 집값 때문에 성남이나 용인으로 내려가는 선택도 충분히 가능하다.

반대로 송파와 은평처럼 지리적으로 멀고 교통 연결이 약한 지역은 같은 서울 안에 있어도 같은 생활권이라고 보기 어렵다. 행정구역이 같다고 해서 생활권이 같은 것은 아니다. 실제로 사람들이 이동할 수 있는 거리, 교통의 편의성, 출퇴근 가능 여부가 생활권을 결정한다.

수도권 시장을 볼 때는 구나 시의 경계가 아니라, 지하철과 교통으로 연결된 생활권 단위로 흐름을 읽어야 한다. 그래야 왜 어떤 지역이 함께 오르고, 어떤 지역은 뒤늦게 따라오는지 이해할 수 있다.

서울·경기·인천을 아우르는 수도권은 하나의 광역 생활권이다. 지하철을 통해 인천에서도 서울로 출퇴근하며 경기도 역시 대부분 서울을 중심으로 이동한다. 물리적 거리가 멀어도 1시간~1시간 반 내 이동이 가능하다면 실질적인 생활권에 포함된다. 이 때문에 서울·경기·인천 세 지역의 집값은 분리되지 않고 서로 연계되어 있다.

실제 데이터를 보면 이 연동성은 분명하다. 서울·경기·인천의 아파트 매매가격지수 변동률을 시계열로 비교하면 비슷한 시기에 함께 오르고 함께 내린다. 예를 들어 2018년 서울 집값이 먼저 큰 폭으로 상승했고, 그 뒤를 따라 경기도가 움직였다. 이후 서울의 상승 부담이 커지자 경기도 상승폭이 확대되었고, 마지막으로 인천 집값이 뒤늦게 크게 뛰었다. 서울에서 집을 사기 어려워진 수요가 경기로, 다시 인천으로 이동한 전형적인 상승장의 흐름이다.

이 패턴은 한 번으로 끝난 일이 아니다. 2008년 이후의 데이터에서도 같은 흐름이 반복된다. 서울이 가장 먼저 반등해 상승을 시작하고, 이후 경기와 인천이 순차적으로 따라온다. 반대로 하락 국면에서는 세 지역이 거의 동시에 하락한다.

최근 흐름을 보면 서울만 먼저 상승한 모습이 두드러진다. 이 지점에서 다음 흐름을 예측할 수 있다. 서울의 상승이 일정 수준 이상 진행되면 그 부담을 흡수할 지역은 경기도다. 이후 경기도 상승이 본격화되면 인천 역시 입지가 좋은 지역부터 반응하게 된다. 이것이 생활권 안에서 흐름을 읽는 방식이다.

이 데이터는 KB부동산의 매매가격지수 증감률 자료에서 확인할 수 있다. 서울·경기·인천을 나란히 놓고 시계열로 보면, 광역 생활권이 하나의 시장처럼 움직인다는 점이 분명하게 드러난다. 이 장에서는 그러한 세부 수치보다도 '같이 움직인다'는 구조를 이해하는 것이 중요하다.

지방의 생활권:
물리적 거리 접근성

수도권이 서울·경기·인천이 복잡하게 얽힌 거대한 생활권이라면, 지방은 훨씬 구조가 단순하다. 대신 생활권의 경계가 더 명확하게 드러난다. 그 대표적인 사례가 대전·세종·청주다.

지도를 놓고 보면 세종은 행정구역상 독립된 도시지만, 실제 생활권은 대전 쪽으로 강하게 연결되어 있다. 세종 북쪽은 사실상 생활권이 거의 형성되어 있지 않고, 대전 유성구와의 물리적 거리가 매우 가깝다. 청주 역시 마찬가지다. 청주는 대전 대덕구와 인접해 있고, 차량 이동 기준으로 30~40분이면 충분히 오갈 수 있는 거리다.

이 구조를 이해하면 투자 시야가 달라진다. 대전이 좋다고 해서 대전만 바라볼 필요는 없다. 대전이 먼저 오르면 같은 생활권에 묶인 청주가 그 영향을 받는다. 청주의 여지가 제한적이라면 그다음 생활권인 충주까지도 자연스럽게 검토 대상이 된다. 생활권을 기준으로 보면 투자 대상이 행정구역 단위가 아니라 연쇄 구조로 확장된다.

인구 순이동 데이터를 보면 이 흐름은 더 명확해진다. 세종의 순이동 인구 증가 지역을 보면 대전이 압도적으로 많다. 최근 3년 세종 전입 인구 순위를 보면 대전이 압도적인 1위고, 경기, 충남, 서울, 충북이 그 뒤를 이었다. 이는 세종의 실질적인 배후 수요가 대전에 있다는 의미다. 반대로 세종에서 대전으로 이동한 인구는 상대적으로 적다. 세종으로 들어온 뒤 다시 대전으로 나갈 이유가 크지 않다는 뜻이다.

세종의 전출 인구 순위 지역에 서울이 포함되는 점도 눈여겨볼 필요가 있다. 이는 세종만의 특징이 아니라 전국 대부분 지역에서 공통적으로 나타나는 현상이다. 서울은 전국의 인구를 흡수하는 중심지이기 때문에 주요 전출 지역으로 자주 등장한다. 이 자체로 세종의 약점이라고 해석할 필요는 없다.

다만 대전을 하나의 덩어리로 보면 안 된다. 대전 내부에서도 생활권은 분리되어 있다. 예를 들어 대전 동구는 세종과의 생활권 연계가 강하지 않다. 동구는 대덕구나 유성구와의 연계가 더 뚜렷하고, 세종으로 이동하는 인구는 상대적으로 많지 않다. 따라서 세종의 집값이 오른다고 해서 대전 전 지역이 동일하게 반응한다고 보는 건 위험하다.

지방에서는 '도시 단위'보다 '생활권 단위'로 보는 시각이 훨씬 중요하다. 어느 도시가 먼저 움직이고, 그 영향이 어디까지 번질 수 있는지를 이해하면 투자 판단의 정확도가 크게 올라간다. 생활권을 읽는다는 것은 결국 가격이 이동할 수 있는 경로를 미리 파악하는 일이다.

생활권을
파악하는 방법

생활권을 가장 직관적으로 보여주는 지표가
인구 순이동이다.

생활권 내부의
순서와 시간차

모든 지역이 동일하게 움직이는 건 아니다. 생활권 안에도 분명한
순서와 시간차가 존재한다. 앞서 언급한 대전 동구와 세종은 행정
구역상 같은 충청권에 있지만, 실제 생활권에서는 거리가 멀다.

유성구와 서구는 세종과 지리적으로 가깝고, 생활 수준과 집

값 차이도 크지 않다. 그래서 세종까지 출퇴근이 가능하고 주거 이동도 자연스럽다. 반면 동구는 대전 내에서도 집값이 상대적으로 저렴한 편이고, 생활권 자체가 세종과 직접 연결되어 있지 않다. 이 차이 때문에 상위 지역과 하위 지역 사이에는 상승의 시간 차가 발생한다.

부동산지인을 통해 2021년 1월~2025년 12월 유성구의 인구 순이동 데이터를 보면 이러한 흐름은 더욱 분명해진다. 유성구로 유입되는 인구는 서구가 약 4.8만 명으로 가장 많고, 세종이

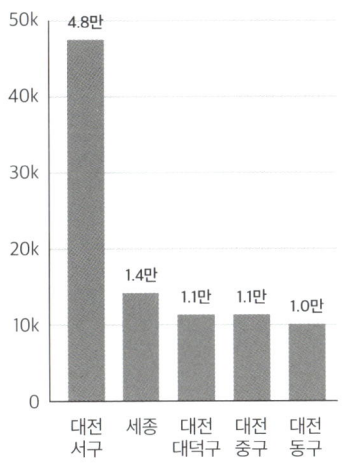

■ 대전 유성구
전입 인구 상위 5위

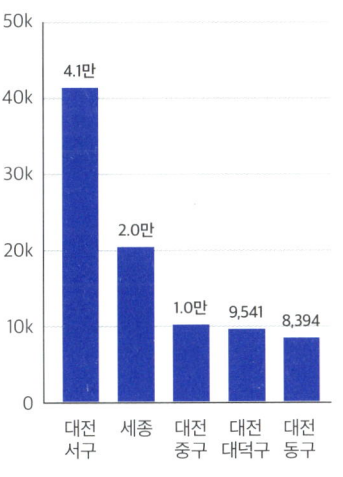

■ 대전 유성구
전출 인구 상위 5위

* 2021년 1월~2025년 12월 기준

약 1.4만 명으로 그 뒤를 잇는다. 주목할 부분은 세종으로의 유출입이다. 세종으로의 유출(약 2.0만 명)이 유입(약 1.4만 명)보다 크게 나타났다. 이러한 양상은 동구와 뚜렷한 대비를 이룬다. 동구에서는 세종으로 이동하는 인구가 거의 없는 반면, 유성구에서는 세종에서 오가는 이동 비중이 상당히 높게 나타난다.

이는 세종이 대전 전역의 인구를 직접 흡수하는 게 아니라, 유성구를 중심으로 인구를 끌어간다는 의미다. 대전 서구·대덕구·동구의 인구가 유성구로 모이고, 그 유성구의 인구가 다시 세종으로 이동하는 구조다. 큰 흐름으로 보면 세종이 가장 상위에 있고, 그다음이 유성구다. 유성구로부터 인구를 빼앗기는 지역들은 상대적으로 배후 수요가 약한 하위 지역에 속한다.

지방에서도 이런 구조는 반복된다. 수도권에서 서울이 중심이듯, 충청권에서는 세종이 그 역할을 한다. 각 지역마다 '지방의 서울' '지방의 강남'이 존재한다. 이 상위 지역을 기준으로 생활권의 우선순위를 나누면 어디가 먼저 올랐고 어디가 아직 안 오른 상태인지를 구분할 수 있다.

예를 들어 대전 서구를 보면 유성구로 인구를 많이 빼앗기지만, 동시에 외부 지역의 인구를 흡수한다. 의외로 전북 전주시에서 서구로 유입되는 인구가 많다. 겉으로 보면 복잡해 보이지만 핵심은 단순하다. 서구는 유성구의 배후 지역 역할을 하면서 동시에 다른 생활권의 인구를 받아들이는 중간 지점에 있는 것이다.

　모든 지역의 인구 이동을 하나하나 외울 필요는 없다. 실제로 인구 이동 데이터를 화살표로 그려보면 매우 복잡해 보인다. 중요한 건 세부 내역이 아니라 구조다. 지리적으로 가깝고 인구 교류가 꾸준히 일어나는 지역들은 같은 생활권으로 묶어서 이해하면 된다. 지방 시장 역시 이렇게 생활권 단위로 보면 흐름이 훨씬 명확해진다.

생활권을
파악하는 방법

생활권을 가장 직관적으로 보여주는 지표가 인구 순이동이다. 인구 순이동은 한 지역으로 얼마나 많은 사람이 들어오고, 또 어디로 빠져나가는지를 보여준다. 사람의 이동은 곧 생활권의 확장과 축소를 의미하고, 주거 수요의 방향을 그대로 반영한다.

　구리시를 예로 들어보자. 구리시는 서쪽으로 중랑구, 남쪽으로 광진구와 강동구, 배후에는 남양주시가 있다. 이 인접 지역들 사이에서는 꾸준한 인구 이동이 발생한다. 광진이나 강동에 직장이 있는 사람은 그 지역에 집을 사고 싶어 하지만 가격 부담 때문에 같은 생활권 안에서 대안을 찾게 된다. 그 과정에서 7호선으로 연결된 중랑구, 다시 경의중앙선으로 이어지는 구리시까지 이동이 가능해진다.

이런 이동이 바로 인구 순이동이다. 원자료는 행정안전부 주민등록 인구통계에 있지만 실무적으로는 부동산지인과 같은 사이트를 활용하면 훨씬 쉽게 확인할 수 있다. 2021년부터 2024년까지 구리시의 인구 순이동을 보면 중랑구·광진구·강동구·송파구 등 인접한 서울 동부권에서 인구가 순유입된 것을 확인할 수 있다. 반대로 구리시에서 인구가 빠져나간 지역을 보면 남양주시의 비중이 높다.

남양주시에는 다산지구, 진건지구, 지금지구 등 대규모 택지개발이 진행되면서 신축 아파트가 대거 공급되었다. 기존 구리시의 노후 주거지에 살던 사람들이 내 집 마련 시점에서 더 쾌적한 신도심으로 이동한 결과다. 이처럼 인구 순이동 데이터는 생활권 내부에서 어떤 지역이 수요를 흡수하고 있는지, 어떤 지역이 밀려나고 있는지를 명확하게 보여준다.

참고로 구리시 인구 순이동을 2024년까지로 끊어서 본 데는 이유가 있다. 2024년 8월, 서울 지하철 8호선이 구리시와 남양주시까지 연장 개통되었기 때문이다. 교통 인프라는 생활권을 바꾸는 가장 강력한 변수다. 8호선 개통 이전까지 구리시로 유입되던 인구는 주로 중랑구, 광진구, 강동구였다. 모두 지리적으로 인접한 지역이다. 그런데 8호선이 연장된 이후 인구 순이동 데이터를 보면 양상이 달라진다. 송파구와 성남시에서 유입된 인구가 눈에 띄게 늘어나며 기존 유입 지역을 앞질렀다.

송파구와 성남시의 공통점은 명확하다. 모두 8호선으로 직접 연결된 지역이라는 점이다. 2024년 8월, 8호선 개통 이후 두 지역에서만 400명 이상이 구리시로 순유입되었다. 이는 단순한 숫자가 아니라, 최소 수백 가구의 주거 수요가 새로 만들어졌다는 의미다. 전월세 수요로 이어질 수 있고, 이후 매매 수요로 전환될 가능성도 커진다. 송파구의 경우 최근 1년 4개월간(2024년 8월~2025년 12월) 약 300명이 유입되었다. 8호선 개통 전 3년간(2021년 7월~2024년 7월) 유입 인구가 345명이었던 것과 비교하면, 교통 변화가 생활권에 얼마나 강한 영향을 미쳤는지 직관적으로 알 수 있다. 반면 구리시에서 남양주시로 인구가 빠져나가는 흐름은 여전히 유지되고 있다.

이 구조를 보면 흐름이 명확해진다. 광진·강동·송파 등 상위 생활권의 집값이 크게 오를수록 그 부담을 흡수하는 대안 지역으로 구리시의 수요는 더 늘어날 수밖에 없다. 동시에 구리시와 인구 교류가 많은 남양주시 역시 같은 생활권 안에서 가격 영향을 받게 된다.

이런 구조는 구리시만의 이야기가 아니다. 8호선을 예로 들었을 뿐, 수도권 전체가 그렇다. 수도권에는 1호선부터 9호선까지, 분당선·신분당선 등 수많은 노선이 거미줄처럼 연결되어 있다. 특정 지역만 떼어놓고 보면 단순해 보이지만, 실제 시장은 광역 생활권 전체가 함께 움직인다.

강남을 중심으로 큰 상승이 시작되면 강남으로 직결되는 2호선, 7호선, 9호선, 신분당선 라인이 먼저 반응한다. 이후 물리적 거리가 더 먼 지역으로 수요가 순차적으로 이동한다. 가령 7호선이라면 서울 동작, 관악을 거쳐 경기도 광명, 부천으로 흘러간다. 이후 인천 부평으로 확산되는 흐름이 이미 여러 차례 반복되었다.

이제 해야 할 일은 명확하다. 관심 있는 지역을 기준으로 인구 순이동 데이터를 직접 확인해보는 것이다. 기간을 넉넉하게 설정해 어떤 지역과 인구 교류가 많은지, 어디에서 유입되고 어디로 빠져나가는지를 살펴보자. 인구를 많이 빼앗기는 지역은 상대적으로 상위 생활권일 수 있고, 반대로 인구가 빠져나간 지역은 더 쾌적한 주거를 찾아 이동한 배후 지역일 수도 있다. 이렇게 생활권을 묶어 이해하는 것이 이 장의 핵심 과제다.

<u>입주물량</u> <u>응용하기</u>

부동산지인 사이트의 '수요/입주' 메뉴에서 세종을 보면 2025년부터 2027년까지 세종 자체의 입주물량은 많지 않았다. 이 부분만 보면 세종은 좋은 투자처처럼 보인다. 그러나 같은 기간 대전의 입주물량을 보면 2026년과 2027년에 물량이 크게 몰려 있다. 생활권 전체로 보면 공급 부담이 존재하는 구조다.

이런 판단을 돕기 위해 두 지역을 비교할 수 있는 '수요/입주 플러스' 기능을 활용할 필요가 있다. 대전과 세종을 함께 묶어 보면 생활권 전체의 누적 입주물량이 한눈에 보인다. 이 데이터를 기준으로 보면 2025년에는 적정 수요 대비 입주물량이 많고, 2026년에는 다소 줄어들지만 2027년에 다시 크게 늘어난다. 만약 2025년에 진입했다면 2027년 매도를 계획해야 하는데, 그 시점에 물량 부담이 겹치면 기대했던 결과와 전혀 다른 흐름을 맞을 수 있다.

이 개념은 다른 지역에도 그대로 적용된다. 청주 역시 마찬가지다. 청주의 입주물량만 보고 판단할 게 아니라, 상위 생활권인 대전의 공급 상황을 함께 봐야 한다. 청주의 입주물량이 적더라도 대전이 많다면 청주의 가격 흐름도 영향을 받을 수밖에 없다.

생활권이란 결국 사람들이 실제로 이사할 수 있는 범위다. 물리적으로 이동 가능하고, 출퇴근과 일상생활이 가능한 범위가 곧 생활권이다. 갑작스럽게 생활 범위를 벗어난 지역으로 이동하는 경우는 거의 없다. 교통으로 연결된 범위 안에서 집값과 수요는 함께 움직인다.

대전·세종·청주의 집값 지도를 보면 이 구조가 분명해진다. 세종과 대전 유성구·서구는 집값 수준이 비슷하고, 이 지역들 사이에 인구 교류가 활발하다. 세종에 직장이 있어도 유성이나 도안에 거주하는 사람이 있고, 대전에 직장이 있어도 세종의 주거 환경을 선택하는 수요가 존재한다. 비슷한 가격대와 생활 여건을 가진 지역끼리 하나의 생활권을 형성하는 것이다.

이 개념을 놓치면 행정구역에 매몰된 판단을 하게 된다. 세종이 크게 올랐다고 해서 대전 전역이 동시에 오르지 않는다. 먼저 영향을 받는 곳은 유성구와 서구이고, 그다음이 대덕구와 동구다. 상위 지역의 흐름이 막히면 하위 지역의 상승도 기대하기 어렵다. 청주 역시 같은 원리로 움직인다.

생활권 안에서 상위 지역이 어떻게 움직이는지를 먼저 확인해야 한다. 서울·경기·인천이 비슷한 흐름으로 움직였던 것처럼, 대전·세종·청주 역시 같은 흐름을 가진다. 실제로 세종과 대전이 먼저 상승한 뒤, 청주가 시간차를 두고 갭을 메우는 패턴이 반복되었다.

이 흐름을 안다면 선택지가 달라진다. 세종이 막 오르기 시작했을 때 동구나 대덕구를 보는 게 아니라, 세종과 직접 연결된 유성구와 서구부터 살펴보는 게 맞다. 생활권 안에서 어디가 먼저 움직이고, 어디가 아직 남아 있는지를 구분하는 것. 그것이 생활권 흐름을 읽는 핵심이다.

신도심으로
이동한다

투자에서 중요한 건 지금 좋은 곳이 아니라,
앞으로도 계속 선택받을 곳을 찾는 것이다.

과거에는 교통이 좋은 구도심이 중심이었다. 천안을 예로 들면 동남구가 그 역할을 했다. 과거 천안의 중심은 동남구였고, 철도와 기존 상권을 기반으로 사람들이 모이던 곳이었다. 하지만 불당동이라는 신규 택지가 개발되면서 흐름이 바뀌었다. 서북구 불당동은 주거환경을 새롭게 설계한 지역이었다. 도로는 넓고, 아파트 단지는 최신 구조로 지어졌고, 상업시설과 생활 인프라도 함께 들어왔다. 이 시점부터 사람들이 선호하는 중심이 이동했다.

여기서 말하는 도심은 행정 중심이나 전통 상권을 의미하지 않는다. 사람들이 살고 싶어 하는 중심, 주거 선호가 집중되는 곳을 말한다. 이 선호의 중심이 불당동으로 이동한 것이다. 시간이 지나면서 불당동 역시 20년 가까이 된 신도심이 되었다. 그러자 그 옆에 신불당이 다시 개발되었다. 더 새로운 주거환경, 더 정돈된 도시 구조를 가진 지역으로 다시 한번 중심이 이동했다. 지방에서는 이런 흐름이 반복된다.

대규모 택지 개발이 이뤄지면 사람들은 자연스럽게 그쪽으로 이동한다. 더 새롭고, 더 편리하고, 더 쾌적한 환경을 원하기 때문이다. 과거 폴더폰에서 스마트폰으로 넘어간 것처럼 주거환경도 계속 진화한다. 깨끗한 상가, 정돈된 도로, 새로운 아파트 구조를 선호하는 흐름은 멈추지 않는다.

이 과정에서 도심은 계속 이동한다. 이 흐름을 이해하지 못하면 과거에 좋았던 곳에 머물게 된다. 투자에서 중요한 건 지금 좋은 곳이 아니라, 앞으로도 계속 선택받을 곳을 찾는 것이다. 단순히 가진 자금에 맞춰 들어가는 투자는 한계가 있다. 계속해서 사람들이 선호할 방향으로 이동하는 지역을 따라가야 수익률이 만들어진다.

많은 사람이 과거를 공부해야 하느냐고 묻는다. 역사를 깊게 파고들 필요는 없다. 대신 아주 간단하게 구도심과 신도심을 구분할 줄 알면 된다. 지방에서는 이 구분이 투자 판단의 핵심이 된다.

이제부터 구도심과 신도심을 어떻게 구별해야 하는지 정리해보겠다.

구도심, 신도심
구분 기준

구도심의 첫 번째 특징은 도로 구조다. 도로가 체계적으로 정비되어 있지 않다. 지도를 보면 쉽게 알 수 있다. 도로가 사선으로 얽혀 있고, 방향이 불규칙하다. 과거 생활 방식에 맞춰 자연스럽게 형성된 구조이기 때문이다. 천안역 주변만 봐도 도로가 직선으로 정리되어 있지 않고 구불구불 이어져 있다.

두 번째 특징은 낡은 상가와 건물이 밀집되어 있다는 점이다. 역 주변에 오래된 상권이 그대로 남아 있다. 전당포, 다방, 여관, 오래된 노래방 같은 업종들이 여전히 운영되고 있다. 이런 상권은 당장 사라지지 않는다. 사람이 다니고 장사가 되기 때문에 재개발이 쉽게 진행되지 않는다. 그래서 외형은 오래되었지만 구조적으로는 그대로 유지되는 경우가 많다.

신도심은 이와 정반대다. 도로가 계획적으로 설계되어 있다. 직선 위주의 도로망을 가지고 있고, 보행 동선과 차량 동선이 명확하게 분리되어 있다. 중심에는 공원과 녹지가 배치되어 있다. 최근의 택지 개발은 주거 만족도를 가장 중요하게 보기 때문에 공원과 산책로를 반드시 포함한다. 상가와 생활 인프라도 다르다. 신도심의 상가는 깔끔하고 구조가 통일되어 있다. 병원, 마트, 학원, 음식점이 집약되어 있고 보행 환경도 정돈되어 있다. 이런 차이는 불당과 신불당의 지도만 봐도 바로 구분된다. 구도심과 신도심의 분위기는 한눈에 봐도 다르다.

이 차이를 알고 투자에 적용하는 것과 그냥 지나치는 것은 결과가 다르다. 지방에서는 특히 그렇다. 단순히 자금에 맞춰 들어가면 사람들이 선호하지 않는 지역에 머물게 된다. 지방 투자는 철저하게 사람들이 어디로 이동하고 있는지를 기준으로 판단해야 한다.

천안의 흐름을 보면 명확하다. 중심은 천안역 주변에서 불당, 다시 신불당으로 이동했다. 당연히 시세는 신도심이 훨씬 높다. 개발 초기에는 미분양이 나고 비판도 많다. 인구가 늘지 않는데 왜 이렇게 많이 짓느냐는 말이 나온다. 하지만 개발이 완성되면 흐름은 바뀐다. 결국 사람들은 더 새롭고 쾌적한 지역으로 이동한다. 다른 지역 역시 마찬가지다.

신도심의 가격이 충분히 오르면 흐름은 주변으로 확산된다. 이때 구도심이 다시 주목받는다. 상승은 신도심에서 시작해 구도심으로 번진다. 그래서 투자 순서는 명확하다. 가능하다면 신도심부터 접근한다. 이미 신도심이 많이 올랐다면 구도심 중에서도 가장 선호도가 높은 곳을 선별해야 한다.

다만 구도심 투자는 난이도가 높다. 상승 구간이 짧고 하락 시 충격이 크다. 특히 지방에서는 더욱 그렇다. 충분한 가격 메리트 없이 접근하면 리스크가 커진다. 그래서 구도심 투자는 명확한 기준과 여유 있는 마진이 있을 때만 선택해야 한다.

수도권
분해하기

집값이 높은 지역부터 먼저 움직이고,
그다음 단계로 인접한 생활권이 갭을 메운다.

수도권 아파트 시장은 일정한 순서로 움직인다. 현재 가장 비싼 집값을 형성하고 있는 곳은 강남과 한강변이다. 여기에 목동 재건축 지역이 더해진다. 상승장이 오면 이들 지역이 항상 가장 먼저 상승한다.

　많은 사람이 의문을 가진다. 왜 싼 곳부터 오르지 않고 비싼 곳부터 오를까. 이유는 단순하다. 투자 환경이 좋아질 때 가장 먼저 움직이는 사람은 자금 여력이 있는 사람들이다. 금리가 낮아지거나, 정책적으로 완화 신호가 나오거나, 시장 분위기가 바뀔 때 이들은 가장 좋은 입지를 먼저 선택한다.

자금이 5억 원이든 2억 원이든 생각이 크게 다르진 않다. 처음부터 도봉이나 강북과 같은 지역을 보는 사람은 거의 없다. 누구나 눈높이를 최상급지에 둔다. 안 되면 그다음, 또 안 되면 그다음 지역으로 내려간다. 이게 실제 시장에서 반복되는 행동 패턴이다. 그래서 강남과 한강변이 먼저 오르고, 가격 부담이 커지면 그다음으로 마포·용산·성동, 그리고 강동으로 흐름이 확산된다. 이러한 순서는 거의 변하지 않는다. 상위 지역이 오르지도 않았는데 하위 지역이 먼저 치고 나가는 일은 없다.

생활권 개념을 이해하면 이 우선순위가 자연스럽게 보인다. 집값이 높은 지역부터 먼저 움직이고, 그다음 단계로 인접한 생활권이 갭을 메운다. 이 순서를 알면 지금 어느 단계까지 왔는지 판단할 수 있다.

이 흐름의 핵심에는 서울의 업무지구가 있다. 앞서 이야기한 서울 3대 업무지구가 그것이다. 수도권에 거주하는 많은 사람이 강남, 여의도, 중구 을지로로 출퇴근한다. 따라서 업무지구로 가장 빠르고 편하게 연결되는 교통 노선이 집값 흐름을 결정한다.

다만 수많은 노선 중에서도 분명한 우선순위가 있다. 사람들이 가장 선호하고, 가장 먼저 반응하는 노선들이다. 우선순위를 살펴보자.

1순위부터
5순위까지

먼저 1순위는 2호선, 3호선, 7호선, 9호선, 신분당선이다. 이 노선들은 강남, 여의도 등을 직접 연결한다. 주요 업무지구를 관통하거나 빠르게 접근할 수 있다. 출퇴근 수요가 가장 강하고 대체가 어렵다. 그래서 금리와 유동성 변화에 가장 민감하게 반응한다.

먼저 2호선은 강남을 관통하는 동시에 서울을 순환하는 노선이다. 업무, 주거, 상업 기능이 모두 밀집된 지역을 연결한다. 수요가 끊이지 않고, 생활권의 범위도 가장 넓다. 그래서 어떤 장에서도 가장 안정적으로 먼저 반응한다.

3호선 역시 강남으로 직결된다. 강북과 종로를 지나 송파까지 이어지며, 강남 접근성이 뛰어나다. 강북과 강남을 동시에 잇는 노선이기 때문에 수요층이 두텁다.

7호선은 한강 이남을 가로로 관통하며 강남 중심을 지난다.

노원까지 길게 연결되어 있어 상급지에서 가격이 오르면 중·하위 지역으로 흐름이 자연스럽게 확산된다.

9호선은 동서를 빠르게 횡단하는 노선이다. 급행이라는 강력한 장점이 있고, 강남 업무지구 접근성이 탁월하다. 자금 여력이 있는 수요가 가장 먼저 반응하는 노선 중 하나다.

신분당선은 강남 직행 노선이다. 속도가 빠르고 대체 노선이 거의 없다. 판교, 정자, 광교처럼 자족 기능이 강한 지역과 강남을 직접 연결하기 때문에 가격 탄력성이 크다.

수도권에서 흐름을 읽을 때는 이들 노선부터 확인해야 한다. 이 노선에 있는 아파트들이 이미 크게 올랐다면, 그다음 우선순위 노선을 보면 된다. 항상 최상위 노선에서 시작해 아래로 확산된다. 이 순서는 거의 변하지 않는다.

2순위는 4호선, 5호선, 8호선, 분당선이다. 이들 노선은 1순위 다음으로 흐름을 이어받는 라인이다. 강남 직행은 아니지만, 주요 업무지구와의 연결성과 생활권 확장성이 강하다. 다만 그렇다고 해서 1순위가 모두 상승한 뒤에 이 노선들이 오른다는 의미는 아니다. 모든 상승은 동시에 일어나지만 상대적으로 비교해야 한다.

4호선은 서울을 남북으로 관통하는 노선이다. 강남으로 바로 가지는 않지만 용산, 서울역을 지나고 2호선 환승을 통해 강남 접근이 가능하다. 이 노선의 핵심은 과천이다. 과천 집값이 높은 이유는 생활환경도 좋지만 서울, 특히 강남 접근성이 뛰어나기 때문이다. 이후 평촌, 산본으로 이어지며 가격 흐름이 순차적으로 확산된다. 다만 강남 직행 노선이 아니라는 점에서 1순위보다 한 단계 아래다.

5호선은 강남 대신 여의도와 광화문을 잇는다. 여의도는 금융 중심지고, 광화문과 중구 일대는 행정과 금융의 핵심이다. 고급 일자리가 밀집된 지역으로 직행하는 노선이기 때문에 선호도가 높다. 이 흐름을 따라 군자, 강동, 천호와 같은 지역이 안정적으로 상승해왔다. 강남이 아니어도 충분히 강한 수요를 받는 노선이다.

8호선은 과거에는 주목도가 높지 않았지만 상황이 바뀌었다. 잠실을 지나고, 향후 판교까지 연장되는 노선이다. 잠실에서 2호선 환승이 가능해 강남 접근성도 확보된다. 최근 구리까지 연장 개통되면서 생활권이 확장되었다. 실제로 8호선 개통 이후 구리시는 경기도 31개 시·군·구 중 전셋값 상승률 1위를 기록했다. 잠실로 출퇴근하는 수요가 실제로 유입되며 전셋값에 먼저 반영된 것이다.

분당선도 강남 접근 노선이지만, 경기도 구간에서 동선이 돌아간다. 수서를 거쳐 성남, 기흥으로 내려가는 구조라 직선성이 떨어진다. 이 때문에 신분당선보다 가격 상승 탄력이 낮다. 대표적으로 수지 풍덕천동과 죽전역 일대를 비교해보면, 신분당선 개통 이후 두 지역의 가격 차이가 크게 벌어졌다. 이 역시 데이터로 확인되는 흐름이다.

시장 초반에는 항상 1순위 노선이 먼저 움직인다. 그 구간이 과열되거나 진입이 어려워지면, 다음 흐름이 이어지는 곳이 바로 4호선, 5호선, 8호선, 분당선이다. 이 순서를 알고 있으면 쫓아가는 투자가 아니라 미리 자리 잡는 선택을 할 수 있다.

3순위는 1호선, 6호선, 경의선, 공항철도다. 세 번째 흐름에 해당하는 노선들의 공통점은 서울의 핵심 업무지구로 직행하지 않는다는 점이다. 그래서 상승 시점이 늦고, 상승폭도 상대적으로 작다.

1호선은 종로를 지나기는 하지만 주거 수요를 끌어들이는 구조는 아니다. 서울에서 가장 먼저 깔린 노선이다 보니 연결된 주거 지역들이 전반적으로 노후화되어 있다. 영등포, 금천, 도봉처럼 구축 비중이 높은 지역이 이어져 있고, 중구로 접근은 가능하지만 살고 싶어지는 주거지가 많지 않다. 실제로 1호선 라인을 따라가 보면 재개발이 안 된 지역이 많고, 집값 흐름도 느리다.

다만 노량진뉴타운은 예외다. 1호선 때문이 아니라 한강변 입지와 용산 접근성, 9호선 환승 효과로 움직이는 지역이다. 노량진을 1호선의 대표 사례로 보기는 어렵다. 전체적으로 보면 1호선 라인은 가격 상승이 가장 늦게 나타나고, 상승률도 낮다는 점이 데이터로 확인된다.

6호선도 비슷하다. 응암에서 시작해 마포, 공덕까지 이어지며 환승 편의성은 좋다. 강북권에서 여러 노선으로 갈아타기에는 유리하다. 하지만 직접적으로 일자리 밀집 지역으로 연결되지 않는다. 그래서 성북구 장위동과 같은 지역으로 흐름이 이어지지만, 2호선이나 3호선처럼 강한 상승 탄력을 받지는 못한다.

경의선과 공항철도 역시 마찬가지다. 접근성은 개선되었지만 주요 업무지구로의 직결성과 생활권 선호도 면에서 상위 노선에 비해 약하다. 물론 이들 노선이 그렇다고 나쁜 노선은 아니다. 다만 흐름의 순서가 있다. 강남 직결 노선과 주요 업무지구 노선이 먼저 움직이고, 그다음이 2순위, 마지막이 3순위 노선이다. 이 순서를 알고 접근해야 고점 추격을 피할 수 있다.

4순위는 서울 경전철이다. 서울 경전철은 지하철과는 성격이 다르다. 차량 규모가 작고 수송 능력이 낮다. 속도도 빠르지 않고,

대부분 주요 업무지구로 직접 연결되지 않는다. 그래서 경전철 자체만으로는 집값을 크게 끌어올리는 힘이 약하다.

그나마 예외에 가까운 노선이 신림선이다. 신림선은 여의도 생활권과 연결되는 성격을 가진다. 다만 현재는 여의도 핵심역이 아니라 샛강까지만 연결되어 있어 아직은 완성형이라고 보기는 어렵다. 그럼에도 경전철 중에서는 상대적으로 가장 선호도가 높다. 반대로 우이신설선처럼 강북권에 위치하고 주요 업무지구로 직결되지 않는 노선은 역세권임에도 집값이 낮게 형성되어 있다. 역이 있다고 해서 수요가 생기는 게 아니라, 어디로 연결되느냐가 더 중요하기 때문이다.

경전철은 기본적으로 환승 보조 노선의 성격이 강하다. 그래서 단독 호재로 보기보다는 2호선·3호선·7호선·9호선처럼 핵심 노선과 얼마나 가깝게 연결되는지를 기준으로 판단해야 한다. 핵심 노선 환승역 인근이라면 의미가 생기고, 그렇지 않다면 기대치를 낮추는 게 맞다.

5순위는 경기·인천 등 지방 도시철도다. 인천 1·2호선, 용인 에버라인, 의정부 경전철과 같은 자체 도시철도다. 구조적으로 보면 지방 광역시의 지하철과 크게 다르지 않다. 핵심 업무지구로 직접 연결되지 않고, 생활권도 제한적이다. 물론 인천 1호선처럼 서울 지하철과 환승되는 구간도 있다. 하지만 그 자체가 강남, 여의도, 중구 같은 핵심 업무지구로 직결되는 것은 아니다. 그래서 이런 노선 근처라고 해서 집값이 크게 움직이는 호재로 보기는 어렵다.

다만 입지 판도를 바꿀 수 있는 노선은 따로 있다. GTX, 월곶~판교선, 신안산선 같은 광역급행·직결 노선이다. 월곶~판교선은 판교로, 신안산선은 여의도로, GTX는 강남을 포함한 핵심 업무지구로 빠르게 연결된다. 이러한 노선은 개통 전후로 실제 집값에 미치는 영향력이 크다. 특히 개통 이후에는 체감 효과가 가격에 더 분명하게 반영된다. 아마 개통이 되면 1~2순위에 놓이게될 것이다.

▌ 수도권 노선 우선순위

순위	호선
1순위	2호선, 3호선, 7호선, 9호선, 신분당선
2순위	4호선, 5호선, 8호선, 분당선
3순위	1호선, 6호선, 경의선, 공항철도
4순위	서울 경전철
5순위	경기·인천 등 지방 도시철도

결국 중요한 건 우선순위다. 먼저 움직이는 노선과 나중에 움직이는 노선이 명확히 존재한다. 강남과 한강변이 먼저 오르고, 그다음 서울 외곽, 이후 경기, 마지막으로 인천과 일부 지방 생활권이 움직인다. 이 순서를 알고 있으면 지금 어디까지 올랐는지 판단할 수 있다. 이미 크게 오른 지역을 쫓아가기보다, 다음으로 흐름이 확산될 생활권에 미리 자리를 잡을 수 있다. 생활권과 노선 우선순위를 이해해야 하는 이유가 바로 여기에 있다.

상·하급지의 갭 메우기

노선에 대해 충분히 이해를 했다면 이제 실제로 그런지 비교해보자. 서울 최상급지인 송파구와 상대적으로 하급지로 분류되는 도봉구의 아파트 매매가격지수를 2026년 기준으로 비교해보는 것이다. 송파구는 이미 큰 폭의 상승을 기록했고, 도봉구는 아직 뚜렷한 움직임이 없다. 토지거래허가구역으로 묶인 영향도 일부 작용했을 것이다.

하지만 이 격차가 영원히 벌어지기만 하지는 않는다. 도봉구처럼 하위 지역이라 하더라도 상위 지역의 집값이 지나치게 올라가면 결국 수요는 이동한다. 늦게라도 들어가 집을 사려는 사람들이 생기고, 그 결과 상승률은 시간이 지나며 점점 따라붙는다. 여기서 중요한 건 해석이다. 송파구가 많이 올랐다고 해서 바로 도봉구로 가라는 의미는 아니다. 지금의 비교는 생활권 흐름을 직관적으로 이해시키기 위한 끝과 끝의 예시다.

송파구가 크게 올랐다면 다음 선택지는 한강변의 다른 지역이거나, 한강변에서 한 발짝 들어간 중구, 서대문구처럼 상대적으로 덜 오른 지역들이다. 이런 곳은 이미 상급지의 상승 흐름을 이어받을 준비가 된 지역이다. 이 구간에서 집을 사면 고점을 쫓지 않으면서도 상승 흐름에 자연스럽게 올라탈 수 있다. 또한 양극화에 대한 우려도 이해할 수 있다. 송파구만 계속 오르고 도봉구는 영원히 소외될 것처럼 느껴질 수 있다. 실제로 양극화는 장기적으로 더 심해질 가능성이 크다. 다만 양극화라는 건 상승률의 차이지, 한쪽은 오르고 다른 쪽은 계속 떨어진다는 의미는 아니다. 도봉구 역시 상승하되, 송파구보다 덜 오를 것이다. 가격이 5억 원과 30억 원이라면, 똑같이 10%가 올라도 금액차가 계속 벌어질 수밖에 없다.

과거를 보면 더 명확하다. 2014년부터 2018년 상승기를 보면 두 지역 모두 상승을 시작했다. 먼저 송파구가 크게 치고 나가며 격차를 벌리고, 이후 시간이 지나면서 도봉구가 그 상승률을 상당 부분 따라잡는다. 이 패턴은 항상 반복되었다. 상급지가 먼저 오르고, 이후 하급지가 뒤따른다. 상승 속도는 다르지만 방향은 같다. 그래서 도봉구 같은 지역에서도 입지가 상대적으로 나은 단지, 생활권 내에서 우선순위가 있는 아파트를 선점할 수 있다면 충분히 의미 있는 선택이 될 수 있다.

2026년 서울은 이런 벌어진 가격차를 따라가는 '갭 메우기' 장세가 펼쳐질 가능성이 높다. 같은 도시 안에서도 흐름은 분명히 갈린다. 부천시는 그 차이를 이해하기에 좋은 지역이다. 토지거래허가구역에 묶여 있지 않고, 선호도가 크게 다른 7호선과 1호선이 동시에 지나간다. 부천에는 부천시청을 관통하는 7호선 라인이 있고, 중동역과 송내역을 거쳐 인천으로 향하는 1호선 라인이 있다. 두 노선의 성격은 완전히 다르다. 7호선은 가산디지털단지, 구로, 강남으로 연결되는 핵심 업무지구 직결 노선이다. 반면 1호선은 상대적으로 노후 주거지와 연결되어 있고 업무지구 접근성이 떨어진다.

부천시청역 인근의 은하마을주공 아파트를 보자. 1995년식 24평 구축이지만 7호선 역세권이다. 지난 하락장에서 조정을 받았다가 빠르게 반등했고, 최근에는 전고점을 갱신했다. 부천이라는 지역 한계로 서울만큼의 상승은 아니지만 흐름은 분명하다. 노선의 힘으로 구축임에도 불구하고 상승이 먼저 나타난 것이다. 같은 조건의 비교 대상으로 1호선 라인의 뉴서울 아파트가 있다. 이 역시 1995년식 24평이고, 역과의 거리도 더 가깝고 단지 규모도 크다. 그럼에도 불구하고 상승 시점은 늦었다. 최근에서야 상승 흐름이 시작되었다.

원래라면 1호선 라인의 상승은 금천구와 같은 인접 지역이 오른 뒤에 나타났을 가능성이 크다. 하지만 금천구가 규제로 묶이면서 투자 수요가 이동했고, 인천으로 가기 전 단계인 부천이 선택지로 떠올랐다. 그중에서도 서울 접근성이 상대적으로 나은 중동역 인근, 즉 1호선 역세권이 뒤늦게 주목을 받은 것이다.

현재 흐름을 보면 7호선 라인은 이미 상당 부분 상승했고, 1호선 라인은 수요가 얇아 그동안 잠잠하다가 투자 수요가 가세하며 이제 막 움직이기 시작했다. 이 차이는 단기 흐름에 그치지 않는다. 장기적으로 보면 격차는 더 분명해진다.

은하마을주공의 지난 20년간 상승액은 약 4억 5천만 원이다. 상승률로 보면 약 265%다. 반면 뉴서울 아파트는 같은 기간 약 2억 9천만 원 상승했다. 동일한 부천, 동일한 연식, 동일한 평형임에도 노선 차이로 상승액과 상승률에서 큰 격차가 벌어진다. 이 비교가 부천이기 때문에 이 정도 차이로 보이는 것이다. 만약 입지가 더 떨어지는 단지와 비교했다면 격차는 훨씬 더 커졌을 것이다.

과거 매매가 흐름을 나란히 놓고 보면 패턴이 반복된다. 상승기에는 7호선 라인이 먼저 치고 나가며 격차가 벌어진다. 하락기에는 그 격차가 일시적으로 좁혀진다. 하지만 큰 흐름으로 보면 시간이 지날수록 가격 차이는 점점 확대된다.

관점에 따라
선택은 달라진다

여기서 좀 더 깊게 들어가보자. 부천의 사례를 통해 우리는 두 가지 관점을 구분해서 볼 수 있다. 내 집 마련 관점과 투자 관점이다.

먼저 내 집 마련 관점이다. 부천 생활권 안에서 장기 거주를 전제로 집을 고른다면 선택은 명확하다. 이미 많이 올랐더라도 은하마을주공을 선택하는 것이 맞다. 과거로 돌아간다고 해도 같은 선택을 했을 것이다. 지난 20년의 흐름이 그것을 증명한다. 더 빠르게 오르고, 더 크게 올랐다. 장기 거주자는 결국 입지와 노선이 좋은 곳에 사는 게 맞다.

반면 투자 관점은 다르다. 투자는 반드시 매도를 전제로 한다. 보유 기간이 2년에서 4년 정도라면 절대액보다 수익률이 중요해진다. 그러려면 투자금이 적게 들어가야 하고, 투자금 대비 상승 여력이 커야 한다. 이미 크게 오른 은하마을주공은 투자금이 많이 들어간다. 이 상태에서 단기 보유 후 매도를 노린다면 추가 상승 여력은 제한적일 수 있다. 반대로 아직 갭 메우기가 본격적으로 시작되지 않은 뉴서울 아파트는 투자금이 상대적으로 적고, 상승 여지가 남아 있다. 그래서 투자 관점에서는 뉴서울이 더 합리적인 선택이 된다.

최근 뉴서울 아파트에서 가격 반등이 나타난 이유도 여기에 있다. 투자자들은 같은 부천 안에서 이미 오른 곳이 아니라, 아직 덜 오른 곳을 선택한다. 가격 격차가 벌어져 있을수록 그 격차를 줄이려는 흐름이 나타나기 때문이다.

정리하면 이렇다. 장기 거주 목적이라면 이미 오른 은하마을주공이 맞고, 단기 투자 목적이라면 아직 덜 오른 뉴서울이 맞다. 누가 틀리고 맞은 게 아니라, 목적이 다르기 때문에 선택이 달라지는 것이다.

이 흐름을 읽지 못하면 판단이 엇갈린다. 어느 곳이 좋은지보다 더 중요한 건 내가 '왜' 사는지다. 실거주 목적인지, 투자자인지에 따라 최선의 선택은 달라진다. 이 차이를 이해하고 흐름을 읽어야만 가시적인 결과를 얻을 수 있다.

지방
분해하기

지방은 이야기가 다르다.
수도권의 기준을 그대로 적용하면 판단이 어긋날 수 있다.

지방의
기준은 다르다

수도권의 흐름은 이제 충분히 이해했을 것이다. 상승 흐름의 키
는 지하철 노선 우선순위에 있었다. 어느 지역이 상위에 있고, 그
상위 지역의 흐름이 어디까지 와 있는지, 아직 흐름이 닿지 않은
곳에 어떤 기회가 있는지도 정리했다. 내 집 마련과 투자 관점에

서 각각 어떤 판단이 필요한지도 충분히 이해했을 것이다.

하지만 지방은 이야기가 다르다. 수도권의 기준을 그대로 적용하면 판단이 어긋날 수 있다. 대표적인 예가 준수도권으로 불리는 천안이다.

천안에도 1호선이 지나간다. 지하철만 놓고 보면 서울과 연결되어 있는 것처럼 보인다. 하지만 실제 수요를 보면 천안에서 서울로 출퇴근하는 사람보다, 천안 안에서 일자리를 오가는 사람이 훨씬 많다. 지방에서는 노선보다 생활의 중심이 어디에 있는지가 훨씬 중요해진다.

당연히 지하철을 타고 일자리로 바로 갈 수 있으면 좋겠지만 지방에서 1호선은 그런 역할을 하는 노선이 아니다. 1호선은 서울과 지방을 연결하는 광역 교통의 성격이 강하고, 일상적인 출퇴근을 위한 생활형 철도라고 보기는 어렵다.

천안역 인근은 과거에는 중심지였다. 철도가 교통의 핵심이던 시절에는 사람도 많았고 상권도 형성되었다. 하지만 지금 기준으로 보면 주거환경이 쾌적하지 않다. 구도심 특유의 혼잡함과 노후화가 그대로 느껴진다. 그래서 지방에서는 수도권과 같은 방식으로 지하철을 보면 안 된다. 노선이 있느냐 없느냐보다, 그 노선이 어떤 역할을 하느냐가 더 중요하다. 지방에서 지하철은 생활권을 확장하는 수단이기보단 이동을 보조하는 교통 인프라에 가깝다.

이걸 이해하려면 서울의 과거를 떠올리면 된다. 서울도 한때는 1호선만 있던 시절이 있었다. 2호선이 개통되기 전, 1호선은 서울역과 영등포를 잇는 핵심 노선이었다. 철도가 물류와 이동의 중심이던 시기에는 이 노선이 도심을 지탱했다. 하지만 이후 강남 개발이 시작되고 신도심이 만들어지면서 상황이 달라졌다. 서울의 중심이 이동했고, 1호선은 더 이상 핵심 업무지구를 관통하는 노선이 아니게 되었다. 강남을 직접 연결하지 못하는 구조가 되면서, 1호선 주변 지역은 상대적으로 집값이 낮은 축에 속하게 되었다.

지방에도 과거 서울의 1호선과 비슷한 모습을 가진 도시들이 있다. 이런 도시들은 현재까지는 역세권과 비역세권의 차이가 크지 않지만, 시간이 갈수록 그 격차가 점점 벌어질 가능성이 높다. 다만 아직은 그 차이가 명확하게 드러나지 않은 단계다.

대표적인 사례가 대전이다. 대전은 아직 2호선이 없고 1호선만 운행되고 있다. 그렇다고 해서 지하철이 없으면 집값이 낮고, 역세권이면 무조건 비싼 구조는 아니다. 애초에 입지가 좋은 곳에 지하철이 놓인 경우가 많고, 지하철 유무보다 더 중요한 요소가 가격을 결정했다. 실제로 대전에서는 지하철이 서울만큼 중요한 기준으로 인식되지 않는다. 대전 사람들의 생활 인식 속에서 역세권은 필수 조건이 아니다. 그래서 굳이 역세권만을 고집해서 주거지를 선택할 필요는 없다.

광주도 비슷하다. 광주광역시는 아직 1호선만 있다. 1호선은 송정역에서 출발해 금남로를 지나가는 구조인데, 이 노선은 과거의 도심과 상권을 연결하는 역할을 하고 있다. 금남로 일대는 한때 광주의 중심 상권이었다. 하지만 현재 광주의 대표적인 주거 선호 지역은 봉선동이다. 봉선동은 지하철과는 거리가 멀다. 그 다음으로 집값이 높은 수완동 역시 지하철이 없다. 광주에서는 지하철 접근성보다 학군, 주거환경, 생활 인프라와 같은 요소가 훨씬 더 중요하게 작용한다. 과거 서울에 1호선만 있던 시절과 유사한 구조다.

대전과 광주는 앞으로 역세권에 대한 인식이 점차 강화될 가능성이 있는 시점에 와 있다. 이유는 분명하다. 대전은 2호선이 트램 형태의 순환선으로 개통될 예정이고, 광주 역시 도시철도 2단계 사업이 예정되어 있다. 대전의 2호선은 서울 2호선처럼 도시를 순환하는 구조로 계획되어 있고, 광주도 현재 1단계 이후 추가 노선이 예정된 상태다. 새로운 노선이 완성되면 대전과 광주 역시 지금보다 역세권 선호도가 높아질 가능성이 크다. 다만 이 변화는 아직 시간이 필요하다. 그래서 지금 시점에서 지방을 볼 때 수도권처럼 무조건 역세권만 고집할 필요는 없다.

반면 부산은 다르다. 부산은 지하철이 4호선까지 구축되어 있다. 노선이 늘어날수록 역세권의 중요성이 커지고, 주거 선호도도 점점 역 중심으로 이동하는 경향을 보인다. 대구 역시 마찬가지다. 1호선과 2호선, 3호선에 더해 광역철도 성격의 대경선이 있고, 4호선도 추진 중이다. 지하철망이 확장될수록 역과의 거리가 주거 선택에서 점점 더 중요한 기준이 된다.

따라서 구분이 필요하다. 부산과 대구처럼 이미 지하철 노선이 여러 개 깔려 있고 도시 구조가 지하철 중심으로 형성된 광역시는 역세권을 우선해서 보는 게 맞다. 반면 대전, 광주처럼 지하철이 제한적이거나 아직 확장 중인 도시는 역세권이 절대적인 기준은 아니다. 그보다 더 중요한 요소가 있다.

울산처럼 지하철이 없는 도시는 역세권이라는 개념 자체가 성립하지 않는다. 이 경우 교통보다 산업 구조, 일자리 위치, 신도심 형성 여부 같은 요소를 더 중요하게 봐야 한다. 지방 중소도시 역시 마찬가지다. 지하철이 없는 지역에서는 철도보다 생활 인프라와 주거환경, 수요의 방향을 먼저 읽어야 한다.

천안으로 다시 돌아가보자. 천안은 지하철이 있어서 오히려 판단이 헷갈리는 도시다. 지방 중소도시인데 1호선이 지나가다 보니 역세권을 봐야 할지 고민하게 된다. 지하철이 없는 지방 도시는 상대적으로 판단이 쉽다. 생활 인프라가 잘 조성된 신도심 위주로 보면 되기 때문이다. 하지만 지방 전반을 관통하는 공통된 특성이 있다. 지하철 유무와 상관없이 도심이 이동한다는 점이다. 이건 지방만의 이야기가 아니다. 수도권도 이미 한 차례 겪었다. 과거 서울의 중심은 종로와 중구였지만, 강남 개발 이후 도시의 중심은 이동했다.

지방은 이 도심 이동이 더 빠르게 나타난다. 개발 가능한 땅이 많고, 서울처럼 고급 일자리가 한곳에 밀집된 구조가 아니기 때문이다. 지방에서는 특정 업무지구로 몰려 출퇴근하기보다 자가용 중심의 생활 패턴이 일반적이다. 이런 환경에서는 지하철보다 거주환경이 더 중요해진다. 살기 편한 곳, 쾌적한 주거환경, 신도심으로 형성된 지역이 먼저 선택받는다. 그런 곳들이 시세도 먼저 움직이고, 사람들이 모인다. 지방 입지를 볼 때는 이 도심 이동의 방향을 읽는 것이 가장 중요하다.

따라서 지방도 같은 흐름으로 봐야 한다. 지금의 지하철 노선이 과거의 중심지를 설명해줄 수는 있지만, 현재와 미래의 주거

가치를 드러내지는 않는다. 지방에서는 지하철이 아니라 어디가 새로 형성되는 생활의 중심인지, 신도심이 어디로 이동하고 있는 지를 먼저 봐야 한다.

대장 아파트란 무엇인가?

동일 평형에서 꾸준히 최고가를 유지하는 단지가
해당 지역의 대장 아파트라 할 수 있다.

서울 송파구에는 잠실엘스와 시그니엘이 있다. 이 두 아파트 중
대장 아파트는 어디일까? 답을 떠올렸다면 이번에는 잠실엘스와
헬리오시티를 비교해보자. 이 두 아파트 중 어느 곳이 대장 아파
트일까? 이 지역에 익숙한 사람이라면 어렵지 않게 답할 수 있지
만, 그렇지 않은 경우라면 판단 기준이 흐려지기 쉽다. 세대수가
많아서일까, 연식이 좋아서일까, 브랜드 때문일까, 아니면 커뮤니
티시설이나 언론 노출 빈도가 높은 이름값 때문일까? 아마도 시

그니엘과 헬리오시티의 이름이 더 익숙하게 느껴졌을 수도 있다. 그래서 많은 사람이 자연스럽게 이름이 유명한 단지를 대장 아파트로 꼽는다.

하지만 이 책에서 정의하는 대장 아파트의 기준은 명확하다. 국민평형이라 불리는 34평 기준에서 평당 거래가격이 가장 높은 아파트다. 다시 말해 시장에서 가장 많은 수요가 몰리는 평형대에서, 가장 높은 가격을 형성하는 단지가 대장 아파트다. 이 기준으로 송파구의 잠실엘스와 헬리오시티를 비교해보면 평당 거래가는 잠실엘스가 더 높다. 헬리오시티는 9,510세대에 달하는 대단지로 송파구를 대표하는 랜드마크라는 점에는 이견이 없다. 다만 최근 강동구에 올림픽파크포레온이 입주하면서 '단군 이래 최대 규모 단지'라는 타이틀은 내려놓게 되었다. 이처럼 랜드마크와 대장 아파트는 같지 않다.

시그니엘 역시 지역을 상징하는 랜드마크지만, 일반 수요자가 국민평형으로 접근할 수 있는 아파트는 아니다. 고급 레지던스에 해당하며, 청담동의 100~200평대 초고가 아파트들과 마찬가지로 이번 비교 대상에서는 제외해야 한다.

이번 장에서는 대장 아파트를 어떻게 쉽게 찾을 수 있는지 알아보려 한다. 생각보다 기준은 단순하다.

대장 아파트를
찾는 방법

대장 아파트를 찾는 첫 번째 방법은 프롭테크 플랫폼을 활용하는 것이다. 직접 데이터를 찾고 정리하기보다 아실, 네이버페이 부동산, 호갱노노, 부동산지인, KB부동산 등을 활용하는 것이 효율성이 높다. 내가 개발한 '아파트써처' 역시 맞춤형 단지를 검색하면 그중 대장 아파트가 카드 형태로 표시되도록 설계되었다. 원천 데이터의 상당수는 국가통계포털이나 통계청과 같은 공공기관에서 제공된다. 다만 이를 투자 판단에 바로 쓸 수 있도록 가공하고, 차트나 순위로 정리해 보여주는 역할은 프롭테크 플랫폼이 훨씬 잘해준다. 중요한 것은 데이터의 존재가 아니라, 얼마나 쉽게 활용할 수 있느냐는 점이다.

대장 아파트를 찾을 때도 같은 원리다. 평당가를 하나씩 비교할 필요는 없다. 프롭테크 플랫폼의 '최고가 순위' 기능을 활용하면 된다. 30평대보다 정확하게는 31평에서 35평 구간을 기준으로 설정하거나, 옵션에서 '84타입'을 선택해 비교하면 기준이 명확해진다. 전용면적이 동일한 아파트끼리 비교하기 때문에 판단이 흔들리지 않는다. 조회 기간은 최대한 넓게 설정하는 것이 좋다. 그래야 단기간의 일시적 고가 거래를 대장 아파트로 착각하는 실수를 피할 수 있다. 일정 기간 이상 동일 평형에서 꾸준히 최고가를 유지하는 단지가 해당 지역의 대장 아파트라 할 수 있다.

이 기준으로 보면 2023년 입주한 래미안원베일리는 34평 기준으로 서울 전체에서 가장 높은 거래가를 기록한 아파트였다. 명확한 신축이고, 재건축 이슈와 무관하기 때문에 대장 아파트의 기준으로 삼기에 적합하다. 반면 압구정 현대처럼 재건축을 앞둔 단지는 가격에 이미 미래 신축 프리미엄이 반영되어 있다. 재건축 이후에는 더 높은 시세가 형성될 수 있지만, 현재 시점에서는 신축이 아니기 때문에 대장 아파트 비교에서는 제외하는 것이 합리적이다.

예를 들어 32평을 보유한 경우 재건축을 통해 40평 이상을 배정받게 된다면 향후 받을 40평이나 50평대 아파트의 가치가 이미 현재 시세에 선반영되어 있다고 볼 수 있다. 이 점만 유의하면 지역별 대장 아파트를 어렵지 않게 가려낼 수 있다.

가장 직관적인 방법은 부동산지인을 활용하는 것이다. 부동산지인에서 '지역/아파트' 메뉴를 누르고 '아파트분석'으로 들어가면 지역별 단지를 한눈에 확인할 수 있다. 지역과 생활권을 직접 선택할 수 있는데, 예를 들어 대전에서 입지가 가장 좋은 서구를 선택하면 해당 지역의 전체 단지와 세대수가 함께 표시된다. 약 215개 단지가 검색되며, 매매가격이 높은 순으로 자동 정렬된다.

여기서 반드시 주의해야 할 점이 있다. 과거에는 평당가 기준으로 정렬하는 기능이 있었지만 현재는 해당 기능이 사라졌다. 따라서 화면 상단부터 내려가며 확인할 때, 가장 먼저 등장하는 34평형을 기준으로 판단해야 한다. 이 기준을 놓치면 50평이 넘는 초대형 평형을 대장 아파트로 오해하기 쉽다.

이처럼 프롭테크 플랫폼의 구조와 정렬 방식을 정확히 이해하면, 대장 아파트를 빠르게 선별할 수 있다. 특정 지역을 분석할 때는 항상 대장 단지부터 확인하는 습관을 들이는 것이 중요하다. 대장 아파트의 흐름이 해당 지역의 방향을 가장 먼저 보여주는 지표이기 때문이다.

전국의
대장 아파트들

지금 시점에서 전국의 대장 아파트를 정리해둘 필요가 있다.

먼저 서울부터 살펴보자. 현재 서울의 대장 아파트는 래미안원베일리다. 2022년부터 2023년까지는 아크로리버파크가 가장 높은 시세를 형성하고 있었지만, 2023년 11월 래미안원베일리가 입주하면서 흐름이 바뀌었다. 입주 직후부터 아크로리버파크를 넘어서는 실거래가가 형성되었고, 현재는 34평 기준 평당 2억 원 수준까지 올라섰다. 이는 단순히 강남권이나 특정 자치구의 최고가가 아니라, 서울 전체 아파트 시장의 최고점이다. 다시 말해 서울의 대장 아파트는 곧 전국 시장의 대장이라고 볼 수 있다.

다만 대장 아파트는 고정된 지위가 아니다. 더 우수한 입지에 위치한 구축 아파트가 재건축을 통해 신축으로 탈바꿈할 경우 기존 대장의 자리를 충분히 대체할 수 있다. 예를 들어 강남의 압구정 현대가 재건축을 거쳐 입주하게 된다면, 래미안원베일리보다 더 높은 가격에 거래될 가능성도 충분하다. 따라서 대장 아파트는 언제든 교체될 수 있다는 전제를 항상 염두에 둬야 한다.

한편 서울에서 교육 수요가 가장 집중된 지역으로는 강남구 대치동, 양천구 목동, 노원구 중계동을 꼽을 수 있다. 이 세 지역은 흔히 서울 3대 학원가로 불릴 만큼 교육 인프라가 밀집해 있다. 이러한 기본 정보를 미리 정리해두면 이후 판단이 훨씬 수월해진다. 특정 지역에 투자 타이밍이 왔을 때, 앞서 살펴본 기준을 적용해 선호 입지 안에서 어떤 아파트가 가장 경쟁력이 있는지 빠르게 추려낼 수 있기 때문이다. 이는 곧 임장해야 할 범위를 크게 줄여주는 효과로 이어진다.

다음은 부산광역시다. 부산의 대장 아파트는 삼익비치타운이다. 평당 약 3,500만 원 수준에서 거래되고 있다. 신축 단지인 해운대 마린시티자이가 더 높은 실거래가를 기록하는 경우도 있지만, 삼익비치타운은 재건축을 앞둔 단지라는 점에서 성격이 다르다. 재건축이 완료된다면 현존하는 어떤 신축 아파트보다도 높은 가격에 거래될 가능성이 크다.

앞서 살펴본 부동산지인을 통해 직접 조회해보고, 지도로 입지를 확인해보면 흐름이 명확해진다. 삼익비치타운 인근에는 남천동 학원가가 형성되어 있고, 해운대 일대는 센텀시티를 중심으로 교육 인프라가 잘 구축되어 있다.

부산에서는 동래구 사직동과 북구 화명동 역시 학원가가 발달한 지역으로 꼽힌다. 이처럼 학원 수요가 형성된 지역과 대장 아파트의 위치를 함께 정리해두면, 투자 대상 지역을 효율적으로 좁힐 수 있고 지속적인 모니터링도 수월해진다. 임장의 우선순위가 자연스럽게 정리된다.

인천의 대장 아파트는 송도더샵파크애비뉴다. 2025년 8월 기준 평당가는 약 3,600만 원 수준이다. 주변에 신축 단지 입주가 계속되고 있는 단계라 학군은 아직 강하지 않은 편이다. 인천 내에서 학군 선호도가 가장 높은 지역은 송도 1공구로, 이곳은 인천 내부 수요뿐 아니라 외부 지역에서 유입되는 수요도 꾸준하다.

대구는 단연 범어동이 중심이다. 대장 아파트는 힐스테이트 범어로 평당 약 4,600만 원에 거래되며 대구 내 최고 수준의 시세를 형성하고 있다. 2023년부터 2024년 사이 대구 시장의 저점 구간에서 유입된 투자자와 실수요자로 인해, 과거 상승기 수준에 가까운 시세 회복이 이뤄졌다. 최근 입주한 범어네거리 일대의 수성범어더블유도 힐스테이트범어의 시세를 빠르게 추격하고 있다. 힐스테이트 범어가 위치한 범어4동, 특히 수성구청역 일대는 대구를 대표하는 학원 밀집 지역이다. 교육 수요 측면에서도 확실한 경쟁력을 갖춘 입지다.

대구 부동산 시장은 흔히 '수성구와 비수성구'로 나뉜다고 말한다. 그만큼 수성구의 입지적 우위가 뚜렷하다. 그중에서도 범어4동과 만촌3동은 대표적인 학군지로, 대구 내 선호도가 가장 높은 지역이다. 이 사실만 알고 있어도 대구에서 내 집 마련이나 투자를 고민할 때, 우선 검토해야 할 범위가 크게 좁혀진다.

대전의 경우 현재 기준 대장 아파트는 유성구 도룡동에 위치한 스마트시티2단지다. 도룡동은 전통적으로 대전의 부촌으로 꼽혀왔으며 입지와 학군, 생활 인프라 전반에서 여전히 가장 높은 평가를 받고 있다. 아파트 가격만 놓고 보면 도룡동이 가장 높지만, 대전의 일급지는 여전히 둔산동이다. 둔산동의 크로바 아파트는 준공된 지 30년이 훌쩍 넘은 구축임에도, 도룡동을 제외한 대전 전역에서 가장 비싼 아파트로 평가받는다. 학원가가 밀집한 중심지에 위치해 있어 수요가 꾸준히 유지되고 있다는 점이 핵심이다.

다음은 광주광역시다. 광주를 대표하는 지역은 남구 봉선동이다. 광주 내에서 가장 오래된 전통 학군지이자 대표적인 부촌으로 자리 잡아왔다. 그중에서도 2016년 입주한 봉선제일풍경채 엘리트파크는 현재까지 봉선동 내에서 가장 높은 평당가를 기록하며 대장 아파트의 지위를 유지하고 있다.

신축 단지 중에서는 광주 서구 쌍촌동의 상무센트럴자이가 눈에 띈다. 올해 입주한 브랜드 아파트로, 상무지구 중심 상권과 인접한 유일한 신축 대단지다. 현재 평당 약 2,500만 원 수준에서 거래되고 있다.

최근에는 젊은 세대를 중심으로 광산구 수완동을 선호하는 흐름도 뚜렷해지고 있다. 수완동 역시 학원 수요가 빠르게 증가하고 있으며, 봉선동과 맞먹는 수준의 교육 인프라를 갖춘 지역으로 평가받는다. 광주 지역에 접근할 때는 봉선동과 수완동을 중심으로 우선순위를 정하고, 그 안에서 타이밍에 맞는 단지를 선택하는 전략이 효과적이다.

울산의 현재 대장 아파트는 남구 신정동에 위치한 문수로2차 아이파크다. 평당가는 약 3천만 원에 근접해 있으며, 울산 전역에서 가장 높은 시세를 형성하고 있다. 인근에는 울산을 대표하는 학원가가 자리하고 있고, 특히 옥동과 신정동 일대는 교육 수요가 집중된 핵심 지역이다. 다만 문수로2차아이파크는 2013년 입주한 단지로, 어느덧 10년을 넘긴 구축에 해당한다.

최근 신정동에 분양된 라엘에스는 2천 세대가 넘는 대단지로, 시공사는 롯데건설과 SK건설의 컨소시엄이다. 2028년 입주 예정으로 향후 울산의 대장 아파트 자리를 빠르게 넘겨받을 가능성이 크다. 물론 일정 시간이 지나면 똑같은 구축이 되어 신정동 아파트들이 다시 대장 아파트를 차지할 것이다.

향후 대장이
될 곳은?

핵심은 시세를 외우는 것이 아니라,
스스로 가격을 계산할 수 있어야 한다는 점이다.

그렇다면 앞으로 대장 아파트가 될 곳은 어떻게 찾아야 할까? 그리고 그 아파트의 가격은 어떤 기준으로 판단해야 할까? 이 질문에 대한 답은 복잡하지 않다. 강의에서 반복해서 강조해 온 '입지' '브랜드' '세대수' '연식', 즉 '입브세연'만 기억하면 된다. '이쁘세요'라고 외우면 편하다. 브랜드, 세대수, 연식을 기준으로 비교하고, 여기에 입지에 따른 플러스와 마이너스를 더해 가격에 대한 가설을 세우는 방식이다.

핵심은 시세를 외우는 것이 아니라, 스스로 가격을 계산할 수 있어야 한다는 점이다.

차세대
대장 아파트

그럼 차세대 대장 아파트는 어디일까?

먼저 서울 반포를 보자. 현재 반포의 신축 아파트는 평당 약 1억 8천만 원 수준이다. 이곳은 지금 기준으로 명확한 상급지다. 그렇다면 다음 후보는 어디일까? 압구정 현대는 아직 시간이 남아 있다. 재개발 이후 바로 입주 가능한 대표적인 곳은 한남뉴타운 3구역이다. 한남뉴타운 3구역은 강남과의 접근성이 뛰어나고 한강을 끼고 있다는 점에서 반포와 많은 공통점을 가진다. 한남대교만 건너면 강남 접근이 가능하고, 광역 입지로 보면 큰 차이는 없다. 다만 생활 편의성이나 기존 인프라 측면에서는 반포 대비 약간의 아쉬움이 있다.

입지가 거의 비슷하다면, 그 차이는 가격에서 조정해야 한다. 한남뉴타운 전체가 아니라 3구역이라는 점을 감안하면 일정 수준의 마이너스를 주는 것이 합리적이다. 예를 들어 입지에서 약 5% 정도를 낮춰 평가할 수 있다. 이렇게 보면 한남뉴타운 3구역은 장기적으로 반포를 넘어설 가능성이 있지만, 현재 시점에서 반포보다 우수한 입지라고 단정하기는 어렵다. 중요한 것은 정답을 맞히는 것이 아니라, 이런 방식으로 비교하고 판단할 수 있는 기준을 갖추는 것이다.

이제 실제로 가격을 어떻게 계산하는지 살펴보자. 기준은 이미 정해져 있다. 반포의 대장 아파트인 래미안원베일리의 평당 가격은 약 1억 8천만 원이다. 이 가격을 기준점으로 두고 비교를 시작한다.

첫 단계는 입지다. 한남뉴타운 3구역은 반포와 비교했을 때 입지 수준이 약간 낮다고 판단했다. 그래서 입지에서 마이너스 5%를 적용한다. 계산은 단순하다. 1억 8천만 원에 0.95를 곱하면 평당 약 1억 7천만 원이 된다.

다음은 브랜드다. 반포는 래미안이라는 최상급 브랜드를 가지고 있다. 한남뉴타운 3구역에는 DH, 즉 현대의 프리미엄 브랜드가 들어온다. 힐스테이트의 상위 브랜드이기 때문에 시장에서의 인식은 매우 좋다. 래미안과 비교해도 브랜드 가치에서 크게 밀린다고 보기는 어렵다. 따라서 브랜드에 대해서는 추가적인 감가는 적용하지 않는다.

그다음은 세대수다. 한남뉴타운 3구역은 약 5,900세대 규모다. 반면 래미안원베일리는 약 2,990세대로 규모가 크지만 한남뉴타운 3구역과 비교하면 거의 2배 가까운 차이다. 대단지 프리미엄이라는 측면에서는 한남뉴타운 3구역이 오히려 우위에 있다고 볼 수 있다. 세대수만 놓고 보면 앞으로의 커뮤니티시설 형성이나 단지 완성도 측면에서 대단지가 유리할 가능성이 높다. 그렇다고 해서 2,900세대와 5,800세대의 차이가 가격에서 극단적인 격차를 만들지는 않는다. 두 규모 모두 충분히 큰 단지이기 때문이다.

그래서 세대수 차이에 따른 조정은 과하지 않게 적용하는 것이 합리적이다. 차이가 아주 크다고 판단될 경우에는 10%까지도 고려할 수 있지만, 이 경우 그 정도까지는 아니다. 3천 세대와 5천 세대의 차이는 선택이 완전히 갈릴 만큼 큰 격차가 아니다. 다만 대단지를 선호하는 수요는 분명 존재하기 때문에 세대수에서 플러스 5% 정도를 줄 수 있다.

이렇게 보면 앞서 입지에서 적용했던 마이너스 5%가 세대수에서 다시 보완된다. 결과적으로 가격은 다시 기준점인 평당 1억 8천만 원 수준으로 돌아온다. 입지와 세대수가 서로 상쇄되는 구조다.

이제 남은 가장 큰 변수는 연식이다. 한남뉴타운 3구역은 2030년 입주를 기준으로 한다. 반면 래미안원베일리는 2023년 입주 단지다. 두 단지 사이에는 약 7년의 연식 차이가 발생한다. 이 연식 차이는 물가상승률로 반영해볼 수 있다. 연간 2% 수준으로만 보더라도 7년이면 약 14% 차이가 난다. 신축은 최신 건축 자재와 설계, 설비가 적용되기 때문에 시장에서는 이 연식 차이를 가격에 매우 민감하게 반영한다.

앞서 계산한 값을 다시 정리해보자. 입지에서 마이너스 5%를 세대수에서 플러스 5%로 만회했다. 그래서 가격은 평당 1억 8천만 원이다. 이제 마지막으로 연식을 반영해야 한다. 한남뉴타운 3구역과 래미안원베일리는 약 7년의 연식 차이가 난다. 연간 물가상승률을 보수적으로 2%만 적용해도 약 14%의 차이가 발생한다. 따라서 평당 1억 8천만 원에 1.14를 곱하면, 한남뉴타운 3구역의 합리적인 추정 평당가는 약 2억 원 수준이 된다. 이는 상당히 보수적인 계산이다. 물가상승률을 낮게 잡았고, 추가적인 프리미엄은 반영하지 않았기 때문이다.

이 가격을 실제 면적으로 환산해보자. 전용면적 34평 기준으로 계산하면 총 금액은 약 70억 원 수준이다. 이 계산 구조를 이해하는 것이 중요하다. 재개발이든 분양권이든, 이런 방식으로 미래 가격을 추정하고 현재 가격과의 차이를 통해 투자 판단을 하는 것이다.

예를 들어 현재 해당 입지의 매물이 30억 원에 나와 있다고 가정하자. 여기에 건축비나 분담금으로 10억 원을 추가해도 총 투입액은 40억 원이다. 미래 예상 가치가 70억 원이라면 여전히 충분한 마진이 남는다. 이 마진이 투자 판단의 근거가 된다.

이런 계산을 통해 지금 시점에서 서울의 차기 대장이 어디인 지도 가늠할 수 있다. 더 빠른 미래를 기준으로 2028년 입주 예정 인 반포주공1단지 재건축, 즉 디에이치클래스트가 가장 먼저 대 장 자리를 차지할 가능성이 높다.

그렇다면 부산은 어떨까? 부산은 아직 신축이 가격 격차를 크게 벌린 단계까지는 도달하지 않았다. 서울처럼 명확한 갭 벌 리기가 완성된 시장은 아니기 때문에 다소 보수적으로 접근해야 한다. 다만 그렇다고 해서 기준이 없는 것은 아니다. 부산 역시 주 변 신축 아파트와 분양권 시세를 기준으로 프리미엄을 계산할 수 있다. 방식은 서울과 동일하다. 기준이 되는 신축 가격을 잡고, 입 지와 상품성을 비교해 미래의 대장을 추정하는 것이다.

부산에서 향후 대장이 될 가능성이 가장 높은 곳을 꼽자면 답은 비교적 명확하다. 수영구 남천동이다. 그중에서도 삼익비치타운 재건축이 상징적인 위치를 차지하게 될 가능성이 크다. 입지, 조망, 상징성 측면에서 부산을 대표할 만한 조건을 갖추고 있다. 지금까지 부산의 내륙 대장은 동래구였다. 동래는 학군과 생활 인프라 측면에서 여전히 강점을 유지하겠지만, 아파트 상품성만 놓고 보면 흐름은 달라지고 있다. 향후 최고가 흐름은 시민공원 주변으로 이동할 가능성이 높다.

이 구조는 서울 성수동과 매우 유사하다. 성동구 자체가 원래부터 선호 지역이었지만, 서울숲을 중심으로 한 고급화 전략과 신축 초고층 아파트들이 성수동을 새로운 부촌으로 만들었다. 부산 역시 시민공원을 중심으로 고층 신축이 병풍처럼 들어서게 되면서 비슷한 흐름이 만들어질 수 있다. 이런 관점에서 보면 부산 시민공원 주변은 향후 대장 아파트가 형성될 가능성이 가장 높은 지역이다. 지방 재개발 투자 관점에서도 이보다 더 강한 후보를 찾기는 쉽지 않다. 부산에서 재개발을 본다면 이런 구조와 입지를 먼저 살펴봐야 한다.

대전은 서울이나 부산처럼 재개발이 전반적으로 활발한 도시는 아니다. 일부 서구 도마동이나 중구 일대에서 재개발이 진행되고 있지만, 우리가 흔히 말하는 대장 지역에는 재개발이 거의 없다. 그 이유는 명확하다. 서구 둔산동은 이미 잘 갖춰진 택지다. 흔히 '대전의 강남'이라 불릴 만큼 생활 인프라와 입지가 완성되어 있다. 여기에 더해 도안신도시 역시 새롭게 조성된 계획도시이기 때문에 재개발 대상이 될 여지가 크지 않다.

대전은 도심 확장의 방식으로 성장해왔다. 땅이 넓기 때문에 기존 도심을 허무는 대신 도안신도시 1단계·2단계·3단계처럼 외곽으로 확장 개발이 이어지고 있다. 이 과정에서 도심의 무게 중심은 점차 남쪽으로 이동하며 세종과의 거리도 가까워지고 있다. 이런 구조 속에서 재개발 중 향후 대장급으로 볼 만한 곳은 장대B구역이다. 장대B구역은 유성온천역 인근에 위치해 있고, 현재 시세 기준으로는 도안동의 도안베르디움이 최고가 단지에 해당한다.

두 지역을 비교해보면 입지 차이는 크지 않다. 장대B구역은 구암역 인근이지만, 유성온천역과는 한 정거장 차이에 불과하다. 입지에서는 소폭의 마이너스를 준다 해도 약 5% 수준이다. 반면 상품성에서는 차이가 분명하다. 장대B구역에는 DH, 즉 현대의 프리미엄 브랜드가 적용된다. 대전 최초의 DH 브랜드라는 상징성도 있다. 이 경우 브랜드에서는 최소 플러스 5%, 상황에 따라 플러스 10%까지도 적용할 수 있다. 도안베르디움은 호반건설 브랜드로 선호도가 아주 낮지는 않지만 프리미엄 브랜드와 직접 비교하기에는 한계가 있다. 만약 푸르지오처럼 중상급 브랜드와의 비교라면 플러스 5% 정도로 충분하지만, 호반건설과 DH의 격차는 그보다 더 크다고 보는 것이 현실적이다.

브랜드 차이에 따른 가격 조정은 유연하게 적용하면 된다. 반드시 10%를 채울 필요는 없다. 차이가 크지 않다면 3%, 조금 느껴지면 5%, 분명한 격차가 있으면 7% 정도를 주는 식이다. 최대치도 10%를 넘길 필요는 없다. 중요한 것은 일관된 기준으로 비교하는 것이다.

세대수도 같은 방식이다. 장대B구역은 약 2,700세대로 충분한 대단지에 해당한다. 이 점에서는 플러스 5% 정도를 줄 수 있다. 비교 대상인 도안베르디움 역시 대단지이기 때문에 세대수에서의 격차는 제한적이다.

가장 큰 차이는 연식이다. 장대B구역은 입주 시점을 기준으로 기존 단지와 최소 10년 이상의 연식 차이가 발생한다. 이 정도 차이라면 연식에서 플러스 20% 이상을 적용해도 무리가 없다. 보수적으로 잡아도 25%, 경우에 따라서는 30% 이상의 가격 차이가 형성되어야 한다. 이 계산은 과장된 전망이 아니다. 오히려 상당히 보수적인 가정에 가깝다.

일관된 기준으로 비교해보면 현재 나와 있는 가격이 비싼지 싼지 스스로 판단할 수 있다. 이 과정이 바로 시장을 해석하는 힘이다. 이러한 관점에서 보면, 대전에서 향후 대장 아파트로 자리 잡을 수 있는 재개발지는 장대B구역 외에 뚜렷한 대안이 보이지 않는다.

다음은 광주다. 광주에서 전통적으로 선호도가 높은 지역은 남구 봉선동이고, 업무와 상권 중심으로는 상무지구, 주거 확장 축으로는 수완지구가 있다. 이들 모두 의미 있는 입지지만 향후 대장 아파트가 될 가능성을 본다면 중심축에 위치한 광천동 재개발을 주목할 필요가 있다.

광천동 재개발이 중요한 이유는 단순하다. 투자 경험이 쌓일수록 시야는 수도권에서 지방으로 자연스럽게 확장된다. 수도권 가격이 너무 많이 올라 투자금이 맞지 않거나, 같은 자금으로 지방에서는 확실한 대장 아파트를 선택할 수 있는 상황이 오기 때문이다. 그때를 대비해 이런 지역들을 미리 알고 있어야 한다.

광천 재개발은 광주 도심의 중심에 위치해 있고, 입지 측면에서 상징성이 분명하다. 광주의 기존 선호 지역과 비교해도 동선과 중심성에서 강점이 있다. 이런 구조라면 장기적으로 대장 아파트가 형성될 가능성이 높다. 다만 지방 시장의 현실적인 변수도 있다. 광천동 재개발 역시 프리미엄 브랜드가 적용될 가능성이 크지만, 현재 지방은 건축비 부담이 여전히 큰 진입장벽이다. 이 때문에 신축 시세가 충분히 올라주지 않으면 사업성이 제한될 수 있다.

결국 지방은 인플레이션이 좀 더 반영되어야 시장이 본격적으로 움직인다. 신축 가격이 올라야 재개발과 재건축이 속도를 낼 수 있기 때문이다. 그럼에도 광천동 재개발이 광주의 차기 대장이 될 가능성 자체는 변하지 않는다. 이런 관점에서 광주는 미리 구조를 이해해두는 것이 중요하다.

미래 아파트 값을
결정짓는 3요소

본질적으로 사람들이 원하는 '좋은 집'의 조건은
점점 더 뚜렷해지고 있다.

첫 번째,
편의성

최근 아파트 단지는 단순한 주거 공간을 넘어 생활 인프라를 단지 내부에서 해결할 수 있도록 설계되고 있다. 커뮤니티시설은 이제 기본이 되었다. 헬스장은 물론, 수영장, 사우나, 스크린 골프장까지 포함되는 경우가 많아졌고, 아이들을 위한 유아풀이나 키즈카페가 있는 단지도 흔하다.

또 단지 내 조경 수준도 과거와는 비교할 수 없을 만큼 높아졌다. 인공호수와 산책길이 조성된 단지들은 쾌적한 환경을 제공하며, 단지 안에서 모든 일상을 누릴 수 있는 구조로 진화하고 있다. 앞으로 지어질 하이엔드 아파트들은 호텔에서만 누릴 수 있던 인피니티풀이나 명품 브랜드 쇼핑을 아파트 안에서 이용할 수 있게 된다. 따로 여행하거나 외출조차 필요 없을 정도가 되니 이것도 '편의성'이라 할 수 있다.

하지만 이런 '올인원 단지'는 전체 아파트 중 매우 소수에 불과하다. 아직은 비중이 크지 않기 때문에 희소성이 높고, 그래서 시세도 높게 형성되어 있다. 앞으로 편의성이 뛰어난 단지는 더욱 선호될 것이고, 주거 만족도가 높은 만큼 자산 가치도 꾸준히 유지될 가능성이 크다. 이런 커뮤니티시설 중심 아파트들의 비중이 점점 더 늘어나게 되면, 상대적으로 단지 안에서 편의성을 누릴 수 없는 아파트들은 자연스럽게 도태될 수 있다.

물론 재건축이 가능한 단지라면 예외가 될 수 있다. 현재 20년 이상 된 아파트들 중 상당수는 이미 용적률이 높아서 재건축보다는 리모델링이 유력한 상황이다. 그런데 리모델링으로는 단지 구조나 커뮤니티시설 수준을 신축 수준으로 끌어올리는 데 한계가 있다. 단지 내 수영장, 피트니스, 키즈카페와 같은 생활 인 프라를 누리던 사람들이 지하주차장 연결조차 안 되는 구축 아파 트로 다시 이사하는 건 사실상 불가능에 가깝다. 익숙해진 생활 수준을 포기하기란 생각보다 훨씬 어렵기 때문이다.

결국 이런 구조에서는 신축 단지나 커뮤니티시설이 잘 갖춰 진 단지에선 이탈이 줄고, 반대로 구축 아파트는 수요를 유지하 기 어려워진다. 커뮤니티시설 중심 단지들이 늘어날수록 이 '편 의성'이라는 요소는 아파트 선택의 결정적 기준으로 자리 잡을 수밖에 없다. 이러한 변화는 이미 수치와 흐름을 통해 확인되고 있으며, 현재도 빠르게 진행 중이다.

예를 들어 서울 한남뉴타운이나 반포 신축 아파트는 루프탑 수영장에서 도시 전망을 내려다볼 수 있다. 주거 공간이 단순히 '사는 곳'을 넘어 '경험하는 공간'으로 변하고 있다는 의미다. 이 런 변화는 주거 격차를 더욱 크게 벌어지게 만든다. 단순히 집을 갖는 것을 넘어서 어떤 환경에서 사느냐가 자산 가치와 직결되는 시대다. 사람들은 더 나은 공간, 더 나은 일상을 제공하는 아파트 를 선호하게 될 수밖에 없다.

이런 흐름 속에서 우리는 편의성이라는 요소를 단순 부가 조 건이 아닌, 아파트 선택의 핵심 기준으로 삼아야 한다. 주거의 질이 차별화된 단지들이 점점 많아지고 있고, 이 격차는 단기간에 좁혀지기 어렵다. 지금부터라도 이 기준을 선별 조건으로 활용할 필요가 있다.

두 번째, 쾌적성

이 역시 이미 서울과 수도권의 많은 지역에서 뚜렷하게 나타나고 있는 현상이다. 서울 성수동의 사례가 대표적이다. 서울숲이 조성되기 전까지만 해도 성수동은 낙후된 공장 밀집 지역이라는 이미지가 강했다. 하지만 서울숲이 들어서고 쾌적한 자연환경이 확보되면서, 도심 속에서도 여유를 누릴 수 있는 공간으로 탈바꿈했다. 이 변화는 단순한 조경 수준을 넘어 해당 지역 전체의 위상을 끌어올렸고, 결과적으로 자산가들이 모여드는 고급 주거지로 재편되었다. 이처럼 쾌적성 하나만으로도 입지 가치는 극적으로 달라질 수 있다. 서울숲은 성수동을 서울 최상위 입지 중 하나로 끌어올린 결정적인 요소가 되었다.

수원 광교신도시도 마찬가지다. 이곳에 위치한 광교중흥S클래스 34평형은 현재 시세가 16억 원에서 18억 원 사이로 형성되어 있다. 이는 서울 외곽을 넘어 일부 서울 지역보다도 높은 수준이다. 그 이유는 단순한 신도시 프리미엄이 아니라, 광교호수공원이라는 압도적인 자연환경이 실거주 수요를 집중시키고 있기 때문이다.

쾌적성은 이제 단지 내 조경 수준을 넘어서, 입지 자체를 고급화시키는 가장 강력한 요인 중 하나로 작용하고 있다. 광교신도시 중흥S클래스가 높은 시세를 형성하는 결정적인 이유는 바로 이 쾌적한 호수공원을 내 집 앞마당처럼 누릴 수 있다는 점에 있다. 택지 개발 초기부터 공원 인근 부지는 프리미엄 입지로 간주되어 더 비싼 분양가로 공급되었고, 시간이 흐른 지금도 그 차이는 더욱 벌어졌다. 또 다른 예로 일산호수공원을 앞마당으로 둔 킨텍스역 주변 아파트의 가격 역시 무시할 만한 수준이 아니다.

단순히 공원 유무가 아닌, 공원과의 거리가 얼마나 짧은가에 따라 아파트 시세에 결정적인 영향을 미친다. 주거지에서 자연을 쉽게 접할 수 있다는 건 일상의 질 자체를 바꿔주는 요소다. 조망, 산책, 여가, 정서적 안정까지 모두 포함된다.

결국 우리가 입지를 판단할 때는 교통이나 개발 호재뿐 아니라, 사람들이 얼마나 쾌적한 환경을 선호하는지를 반드시 고려해야 한다. 도심 한가운데서도 자연과 가까운 삶을 누릴 수 있다는 점은 단지의 경쟁력을 좌우하는 핵심 조건이 되고 있다.

세 번째, 차별성

요즘 많은 사람이 브랜드 아파트를 선호한다는 건 이미 널리 알려진 사실이다. 그런데 최근엔 대형 건설사들이 기존 브랜드에서 한층 더 고급화된 '프리미엄 브랜드'를 론칭하면서, 아파트 시장에도 명확한 급이 나뉘기 시작했다. 서울에서는 이미 이런 프리미엄 브랜드 아파트들이 눈에 띄게 늘고 있고, 지방에서도 하나둘씩 그 존재감을 드러내는 중이다. 이들 프리미엄 브랜드 아파트는 주변의 일반 아파트와 비교했을 때 분명한 가격 차이를 보인다. 단순히 브랜드명뿐 아니라 실제 단지 내부를 가보면 조경, 로비, 커뮤니티시설 전반에서 느껴지는 고급스러움이 전혀 다르다.

현대건설의 DH, 대림건설의 아크로, 대우건설의 푸르지오써밋 등은 각사의 하이엔드 브랜드로 자리 잡고 있고, 수도권의 핵심 입지에 하나씩 들어서며 브랜드 프리미엄을 현실화시키고 있다. 단순한 주거 공간이 아니라, 소비자들의 '소유욕'을 자극하는 자산으로 기능하고 있다는 의미다. 명품 가방처럼 가장 비싸고 상징성 있는 브랜드를 소유하고 싶어 하는 심리가 아파트에도 그대로 투영되고 있는 셈이다. 앞으로도 비싼 아파트가 계속 더 비싸지는 흐름으로 이어질 가능성이 높다.

편의성, 쾌적성, 브랜드가 앞으로 입지와 더불어 대한민국 아파트 값의 중요한 키가 될 것이라고 확신한다. 단기적으로는 여전히 학군 중심의 입지분석이 유효하지만 중장기적으로는 변화하는 수요에 대응할 필요가 있다. 실거주까지 염두에 둔다면 단순한 학군 외에도 편의성, 쾌적성, 브랜드 세 가지 요소를 함께 고려하는 것이 중요하다.

이 기준을 종합적으로 적용하면 상승장에서는 더 큰 폭의 상승을 누릴 수 있고, 하락장에서는 가격 방어력이 강한 단지를 선별할 수 있다. 결국 시장은 바뀌고 수요의 기준도 조금씩 달라지지만, 본질적으로 사람들이 원하는 '좋은 집'의 조건은 점점 더 뚜렷해지고 있다. 이제는 그 흐름을 미리 읽고, 거기에 맞춰 전략적으로 접근해야 할 시점이다.

마지막 단계,
임장과 계약

이제는 더 이상 아파트를
감으로 고르지 않는다.

이제는 마지막 단계다. 종잣돈이 부족하다면 갭투자를 하거나 대출을 활용할 수 있다. 먼저 갭투자는 이미 전세 세입자가 거주 중인 상태에서 매매가와 전세가의 차액만 지급하고 세입자를 그대로 인수하는 방식이다. 이 경우 매수자는 당장 거주할 필요가 없고, 전세계약이 종료될 때까지 안정적으로 보유할 수 있다.

네이버페이 부동산에 올라온 매물 설명을 보면 이 구조를 쉽게 확인할 수 있다. 예를 들어 '올수리, 27년 9월 만기 전세 안고'

라는 문구가 있다면, 해당 세입자가 전세계약을 갱신해 2027년 9월까지 거주한다는 뜻이다. 전세금이 2억 4천만 원이고 매매가가 6억 원이라면, 매수자는 차액인 3억 6천만 원만 준비하면 계약이 가능하다.

재건축 단지처럼 전세가율이 낮은 곳은 보통 40% 수준이지만, 전세가율이 높은 단지도 분명히 존재한다. 예를 들어 '전세 3억 안고 매매 가능'이라고 적힌 매물은, 매매가가 5억 원일 경우 전세가율이 약 60%에 해당한다. 이 경우 매수자는 자기자본 2억 원만으로 매입할 수 있다.

이 방식의 핵심은 전세 만기 시점에 있다. 전세계약이 끝나면 기존 세입자에게 전세금을 돌려줘야 한다. 하지만 이를 모두 현금으로 해결할 필요는 없다. 전세 시세는 보통 시간이 지날수록 상승하기 때문에, 만기 시점에 새로운 세입자를 더 높은 전세금으로 맞출 수 있다. 예를 들어 현재 전세금이 3억 원인데, 만기 시점에 시세가 3억 5천만 원으로 올라 있다면 새로운 세입자를 3억 5천만 원에 들일 수 있다. 기존 세입자에게는 3억을 돌려주고, 늘어난 5천만 원은 매수자가 인수하는 구조다. 이렇게 전세를 이어가며 자본 부담을 관리하는 것이 전세 낀 매물 매수의 기본 원리다.

다만 이 방식에는 분명한 제약도 있다. 현재 수도권의 토지거래허가구역 내에서는 전세를 낀 갭투자가 불가능하다. 해당 지역에서는 매수 시 실거주 목적의 전입신고가 필수이기 때문에, 기존 세입자를 인수하는 방식으로는 거래 허가가 나오지 않는다. 이 점은 반드시 사전에 확인해야 한다.

공실을 매수한 후 전세를 새로 맞추는 방법도 있다. 투자 경험이 쌓이기 시작하면 오히려 전세가 없는 공실 매물을 선호하게 된다. 전세를 안고 매수하는 경우 매매가 5억 원에 전세 3억 원을 끼고 사면 투자금 2억 원이 필요하다. 하지만 같은 단지를 공실 상태로 매수하면 구조가 달라진다.

예를 들어 동일한 단지에 공실 매물이 4억 7,500만 원에 나와 있다고 가정해보자. 현재 전세 매물이 거의 없고 최근 전세 실거래가가 3억 5천만 원까지 형성되어 있다면, 층이나 방향이 좋은 매물은 3억 7천만 원에도 전세를 맞출 수 있다. 이렇게 되면 실제 투자금은 약 1억 원 수준으로 줄어든다.

이 방식의 핵심은 전세 매물이 부족한 시기를 활용한다는 점이다. 전세 공급이 막혀 있는 상황에서는 새로 전세를 내놓는 사람이 가격을 주도할 수 있다. 그래서 투자 실력이 쌓일수록 투자금을 줄이기 위한 방법으로 공실 매수를 더 선호하게 된다. 물론 리스크가 없는 것은 아니다. 처음에는 전세입자가 바로 구해지지 않을 수 있다. 이 과정에서 심리적인 부담이 생길 수 있다. 하지만 경험이 쌓이면 전세 매물이 없는 시장에서는 언제든 세입자가 결국 들어온다는 것을 알게 된다. 전세입자를 구하기 어렵다면 가격을 소폭 조정하거나, 조건을 유연하게 가져가거나, 공인중개사를 적극적으로 활용하면 된다.

이 방식은 투자금을 확실히 줄일 수 있다는 장점이 있다. 예시에서는 5억 원대 매물을 1억 원으로 매수하는 구조를 보여줬지만, 시장 상황과 조건에 따라서는 투자금이 5천만 원 수준까지도 줄어들 수 있다. 공실을 활용한 갭투자는 소액 투자자가 고려할 만한 충분히 현실적인 선택지다.

갭투자를 하라 권하면, 전세로만 거주한 사람은 반감을 보이기도 한다. 타인의 전세금을 활용해 집을 산다는 구조 자체가 불편하게 느껴질 수 있고, 전세금을 돌려줄 능력이 없는 사람이 집을 사는 것처럼 오해되기도 한다. 특히 '내 전세금이 더 큰데'라는 감정이 드는 것도 자연스러운 반응이다. 하지만 갭투자는 본질적으로 실거주 가치를 제공하는 거래다. 세입자는 거주 공간을 안정적으로 이용하고, 집주인은 매매가 하락이라는 리스크를 온전히 부담한다. 이 모든 과정은 계약과 합의를 통해 이뤄진다. 감정가 대비 집값이 나오지 않는 빌라에 전세가를 과도하게 올려 차익을 취하는 전세 사기와는 구조적으로 완전히 다르다.

그래서 갭투자에 대해 지나친 편견을 가질 필요는 없다. 현재 수도권에서는 규제로 인해 갭투자가 어려워졌지만, 지방이나 일부 수도권 지역에서는 여전히 가능하다. 토지거래허가구역이 아닌 지역이라면 지금도 충분히 활용할 수 있는 방식이다. 또 토지거래허가구역은 한 번 지정되면 영구적인 것이 아니다. 통상 1년 단위로 재심의가 이뤄진다. 거래량이 줄거나 시장이 안정되는 흐름이 나타나면, 일부 지역은 해제될 가능성도 있다. 특히 선거를 앞둔 시기에는 정책 환경이 달라질 여지도 있다.

따라서 지금 토지거래허가구역이라는 이유만으로 아예 배제할 필요는 없다. 이사 계획이 내년 이후라면, 지정 시점과 재심의 시점을 함께 고려해볼 수 있다. 해제 가능성이 있는 시점을 염두에 두고 시장 흐름을 관찰하면 갭투자가 다시 가능한 구간에서 기회를 잡을 수 있다.

현재는 용산, 강남3구를 비롯한 서울 전역과 경기도 일부 지역에서 갭투자가 제한된 상태다. 하지만 향후 재심의를 통해 일부 지역이 풀릴 가능성은 충분하다. 이런 지역은 지금부터 가격 흐름을 지켜보다가 매수가 가능해지는 시점에 들어가는 전략으로 접근하는 것이 현실적이다.

현재 생애 최초 무주택자라면 굳이 갭투자를 하지 않더라도 선택지는 충분하다. 생애 최초 대출이 가능하기 때문에, 갭투자가 막혀 있다고 해서 해당 지역을 선택지에서 배제해서는 안 된다. 대출을 활용하면 보통 자기자본 30%에 레버리지 70%를 더해 아파트를 매수할 수 있다. 여기서 중요한 점은 집값을 결정하는 핵심은 결국 자기자본이라는 것이다. 동시에 70% 대출이 실제로 가능한지는 소득 조건을 통해 검증해야 한다.

전세를 끼고 매수하는 갭투자든, 대출을 활용한 매수든 본질적으로는 레버리지를 사용하는 방식이라는 점에서는 같다. 다만 결정적인 차이는 실거주 여부다. 대출을 활용한 매수는 내가 직접 거주해야 하고, 대출 이자가 곧 주거비가 된다. 이 점에서 투자 목적의 갭투자와는 성격이 다르다. 그래서 현재 생애 최초 무주택자라면 토지거래허가구역 안에서 자기자본 30%와 대출 레버리지를 활용해 매수할 수 있는 곳을 찾는 것이 가장 현실적인 선택지다. 지금 이 구간에서는 유주택자가 대출도, 갭투자도 활용하기 어렵기 때문에 경쟁자가 확연히 줄어든 상황이다.

이처럼 시장이 주춤하는 시기야말로 오히려 기회가 된다. 특히 내년까지 토지거래허가구역이 유지되는 동안은 생애 최초 무주택자에게는 상대적으로 유리한 환경이 이어질 가능성이 크다. 정책이 매년 조금씩 변한다는 점도 염두에 둬야 한다. 작년까지만 해도 생애 최초 대출 비율은 80%였지만, 현재는 70%로 줄어들었다. 이로 인해 접근 가능한 가격대 역시 자연스럽게 낮아졌다. 앞으로 60%까지 더 줄어들 수 있다는 이야기도 나오고 있지만 실제로 적용될지는 미지수다. 그럼에도 생애 최초 대출은 지금까지 비교적 안정적으로 70% 수준을 유지해왔다.

이런 점을 감안하면 현재 토지거래허가구역 안에서 생애 최초 대출을 활용한 매수 전략은 여전히 유효하다. 지금 주어진 조건 안에서 할 수 있는 최선의 선택을 고민해야 할 시점이다.

갭투자와 대출, 아직도 고민이라면

이렇게 각각의 장단점과 방법을 말해도 갭투자와 대출 중 무엇을 선택해야 할지 고민되는가? 판단 기준은 생각보다 단순하다. 먼저 내가 보고 있는 지역과 단지, 그리고 대략적인 가격대가 머릿속에 있어야 한다. 그다음 해당 지역이 토지거래허가구역이라면 선택지는 명확하다. 갭투자가 불가능하므로 대출을 활용해야 한다.

문제는 토지거래허가구역이 아닌 지역, 특히 지방이나 일부 수도권 외곽에서의 선택이다. 이 경우 하나만 보면 된다. 바로 전세가율이다. 전세가율을 대출 레버리지, 즉 LTV와 비교하면 답이 나온다. 예를 들어 종잣돈이 1억 원이라고 가정해보자. 전세를 끼고 매수하면 내 돈 1억 원으로 살 수 있는 집은 약 2억 5천만 원 수준이다. 반면 대출의 경우 같은 종잣돈 1억 원으로 LTV 70%를 활용할 경우 약 3억 3천만 원까지 매수 범위가 늘어난다. 특히 생애 최초 무주택자고 수도권에 있다면, 아파트 전세가율은 대체로 60% 안팎에서 형성된다. 앞서 본 사례처럼 매매가 5억 원에 전세가 3억 원 수준이 일반적이다. 이 상황에서는 전세를 끼는 것보다 대출을 활용하는 편이 더 높은 가격대의 자산을 확보할 수 있다.

여기서 중요한 포인트가 하나 더 있다. 전세가율은 고정된 값이 아니라는 점이다. 시장 흐름에 따라 전세가가 오르면 전세가율은 높아진다. 전세가가 3억 원에서 3억 7천만 원까지 올라간다면 같은 매물이라도 갭투자의 효율은 완전히 달라진다. 그래서 반드시 현재 전세가율과 앞으로 형성될 수 있는 전세가율을 함께 비교해야 한다.

현재 수도권에서 전세가율이 70%를 넘는 단지는 아직 많지 않다. 그래서 종잣돈이 적은 상태에서 갭투자와 대출을 고민하는 사람이라면, 가장 먼저 해당 단지의 전세가율부터 확인해야 한다. 만약 전세가율이 80%라면 이야기는 완전히 달라진다. 서울과 경기도 일부 토지거래허가구역을 제외한 지역에서 전세가율 80%인 단지라면, 종잣돈 1억 원으로도 5억 원짜리 아파트 매수가 가능하다. 이 경우 대출 70%를 활용해 3억 3천만 원짜리 아파트를 사는 것보다, 전세 4억 원을 끼고 5억 원짜리 아파트를 매수하는 편이 훨씬 유리하다.

전세가가 오를수록 그 효과는 더 커진다. 전세가가 5%, 10%씩 상승하면 그 상승분은 그대로 임대수익이 된다. 전세가율이 높다는 것은 단순히 투자금이 적게 든다는 의미를 넘어, 전세 수요가 향후 매매 수요로 전환될 가능성이 높다는 신호이기도 하다. 특히 전세가율 60~70% 수준을 유지하다가 80~90%를 넘어서는 구간은 매우 중요한 시점이다. 이런 구간은 시장에서 매수 타이밍으로 작동하는 경우가 많다. 전세 부담이 커질수록 실수요자들은 결국 매수를 고민하게 된다.

이런 지역에 이미 거주하고 있다면, 전세를 끼고 미리 매수해 두는 전략은 상당히 유효하다. 물론 대출을 활용해 매수하더라도 시기 자체는 나쁘지 않다. 지금은 집값이 상승 추세의 초입에 들어서는 국면이기 때문에, 전세 만기가 도래할수록 매수로 전환되는 수요가 늘어날 가능성이 크다.

전세가가 빠르게 오르고 전세 매물이 부족한 지역은 대출이든 갭투자든 시기적으로 좋은 구간에 해당한다. 다만 두 가지 중 하나를 선택해야 한다면 전세를 끼고 매수하는 편이 더 좋은 입지의 더 비싼 아파트를 확보할 수 있다. 대표적인 예로 울산이나 전주 같은 지역을 들 수 있다. 이들 지역은 전세 매물이 부족하고 전세가가 지속적으로 상승하며 상승 흐름을 이어가고 있다.

앞으로는 전세 공급이 부족해지고 전세가율이 높은 지방 도시들이 더 많이 등장할 가능성이 크다. 수도권이 아닌 지역에 거주하고 있다면, 반드시 전세가율과 대출 조건을 함께 비교한 뒤 매수 여부를 판단해야 한다.

그런데 만일 종잣돈이 5천만 원 미만이라면 어떻게 접근해야 할까? 수도권에 거주하는 생애 최초 무주택자라면, 일단 종잣돈을 모으는 편이 낫다. 왜냐하면 자기자본 비율을 높일수록 감당할 수 있는 매매가가 크게 늘어나기 때문이다. 예를 들어 종잣돈 5천만 원으로는 최대 약 1억 6천만 원 수준의 매매가가 한계지만, 여기에 3천만 원을 더 모으면 약 2억 6,600만 원대로 1억 원 이상 높은 아파트를 매수할 수 있다.

나 역시 처음 투자를 시작했을 때만 해도 종잣돈이 5천만 원 미만이었다. 분양권을 사고팔며 프리미엄을 쌓았고, 그 자금을 다시 갭투자로 연결하는 방식으로 종잣돈을 불렸다. 종잣돈이 적은 사람일수록 이 돈을 키울 방법을 적극적으로 찾아야 한다. 만약 아파트 투자, 특히 갭투자를 통해 종잣돈을 불리고 싶다면 구조와 흐름을 제대로 이해해야 한다. 방향만 잘 잡으면 분명히 길은 있다.

수도권 기준으로 종잣돈이 1억 원 정도만 있어도 아직 기회는 있다. 서울에서도 역세권을 중심으로 구축 아파트, 특히 20평대나 소형 위주로 여전히 선택지가 남아 있다. 모두가 선호하는 30평대는 어렵더라도 시장에 올라탈 수 있는 선택지는 존재한다.

이제 1주택자의 갈아타기 이야기를 해보자. 예를 들어 20년 전에 부천의 뉴서울 아파트를 매수해 지금까지 거주하고 있다고 가정해보자. 생활권은 계속 부천이고, 그동안 거주하며 여윳돈도 1억~2억 원 정도 모였다. 그리고 언젠가부터 7호선 라인으로 이사하고 싶다는 생각이 들었다면 남은 문제는 단 하나다. 갈아타는 타이밍의 문제다.

이 타이밍을 판단하는 기준은 복잡하지 않다. 바로 내가 살고 있는 아파트와 갈아타고자 하는 아파트의 매매가 차이가 좁혀졌을 때다. 은하마을주공과 뉴서울의 실거래가를 비교해보면, 두 단지의 가격 차이가 시기별로 어떻게 변해왔는지가 명확하게 드러난다. 예를 들어 2007년에는 두 단지의 매매가 차이가 약 8천만 원이었다. 그런데 2010년에는 그 차이가 5천만 원 수준으로 줄어든다. 이처럼 격차가 좁혀진 시점이 바로 갈아타기에 유리한 구간이다. 내가 목표로 하는 아파트와 현재 거주 중인 아파트의 가격 차이가 작을수록 갈아타기의 부담은 줄어든다.

역사적으로 보면 뉴서울에서 은하마을주공으로 갈아타기 가장 좋았던 시점은 2018년에서 2019년 사이였다. 이때는 두 단지의 매매가 차이가 4천만 원 이하로까지 좁혀졌다. 여윳돈이 1억 원 정도만 있어도 수리를 감안하고 충분히 갈아탈 수 있는 환경이었다. 이후 격차가 다시 크게 벌어지면서 갈아타기를 한 사람은 자산 상승 효과를 추가로 누릴 수 있었다.

이런 흐름을 이해하고 준비한 사람과 그렇지 않은 사람의 결과는 다를 수밖에 없다. 현재 시점에서는 두 단지의 가격 차이가 다시 크게 벌어져 1억 6천만 원에서 1억 7천만 원 수준까지 확대된 상태다. 투자 관점에서 보면 매매가 차이는 다시 줄어드는 방향으로 움직이는 경우가 많다. 지금처럼 격차가 크게 벌어진 구간에서는 오히려 하위 단지에서 갭을 메우는 흐름이 나타난다. 그래서 현재 시점에서는 은하마을주공보다 뉴서울이 상대적으로 더 유리한 투자 대상이 될 수 있다.

이 책을 읽은 후에 직접 자신의 생활권에 있는 아파트들을 분석해보길 권한다. 부동산지인과 같은 사이트에서 상위 지역과 하위 지역을 정리하고, 입주물량과 인구 이동 흐름을 함께 살펴보는 것이다. 시간이 더 있다면 내가 거주 중인 아파트와 비교 대상 아파트의 실거래가를 받아 분석해보자.

KB부동산에서 각 단지를 검색하면 실거래가 데이터를 확인할 수 있다. 이를 엑셀로 정리해 두 단지의 가격 차이를 수식에 넣어 추이를 확인하자. 차트로 그려보면 갈아타기 타이밍이 눈에 보이기 시작한다. 이 차이가 좁혀지는 구간, 그때가 바로 갈아타기를 실행할 최적의 타이밍이다.

내 첫 아파트와 마주했을 때

여기까지 오는데 고생이 많으셨다. 여러 단지를 임장하다 보면 드디어 내 첫 아파트와 마주하게 되는 순간이 온다. 마음에 드는 아파트를 찾았지만 아직 확신이 들지 않았을 수도 있다. 하지만 괜찮다. 실제로 계약서를 쓰고 도장을 찍는 데까지 그리 오랜 시간이 걸리지 않을 것이다.

이제부터는 아파트 '매매가' 외에 실제 계약 시 들어가는 '부대비용'을 알아보겠다. 가장 기본적으로는 취득세, 중개수수료, 등기비가 있다. 여기까지는 누구나 반드시 부담해야 하는 고정비다. 추가로 구축 아파트의 경우 내부 수리비가 발생할 수 있다. 연식이 오래될수록 수리 범위도 넓어지고 비용도 커질 수 있다. 대출은 가계약 전후로 비교해보면 된다. 내가 어떤 금융사에서 어떤 조건으로 받을 수 있는지 미리 확인하면 불확실성을 줄일 수 있다.

이때 중개수수료를 제외한 대부분의 절차는 직접 처리할 수 있다. 예를 들어 등기 업무, 서류 준비, 세금 납부 같은 것들이다. 내가 좀 더 알아보고 시간을 들여서 움직이면 비용을 절감할 수 있는 부분이다. 하지만 이런 걸 하나하나 챙기기 벅차거나 시간이 부족한 상황이라면 공인중개사에게 도움을 요청해도 된다. 공인중개사는 보통 등기대리인, 인테리어 기사, 금융 상담사 등과 연결되어 있으니 연락처만 받아서 진행하면 된다. 꼭 공인중개사에게 맡기라는 게 아니라, 필요할 때 선택지를 열어두라는 의미다.

전문가에게 절차를 맡기면 시간을 절약할 수 있지만 당연히 비용은 더 들어간다. 문제는 그 비용이 항목별로 세세하게 정리되어 있지 않다는 점이다. 그래서 초보자에게 가장 현실적인 방법은 매매가의 약 '3%'를 부대비용으로 가정하는 것이다. 예를 들어 A라는 사람이 4억 원짜리 아파트를 본다면 3%는 약 1,200만 원이다. 이 1,200만 원을 추가 여윳돈으로 준비하거나, 4억 원에서 이 금액을 제외한 3억 8,800만 원까지 매매가를 협상하는 방식으로 접근하면 된다.

처음엔 협상을 부담스러워하는 경우가 많지만, 막상 매도인의 입장이 되어 보면 생각이 달라진다. 매수자가 "이 가격에 바로 계약하겠다"고 하면 마음이 흔들린다. 실제로 많은 매도인이 일정 부분 가격을 조정해준다. 그러니 너무 뜨거운 분위기에 쫓기지 않는 선에서 협상을 시도해보자. 원하는 가격이 있다면 제안해보는 게 안 하는 것보다 훨씬 낫다.

여기서 팁이 있다. 해당 집을 임장하면서 찾아낸 하자를 명분으로 가격 협상을 시도하는 것이다. 예를 들어 베란다 천장에 누수 자국이 있다고 해보자. 이걸 수리해야 하므로 깎아달라는 식이다. 이렇게 하자를 많이 찾아낼수록 수리비 명분으로 가격 협상을 더 수월하게 할 수 있다. 인테리어가 안 되어 있는 집일수록 가격을 더 크게 깎을 수 있다.

가격 협상이 되는 순간, 공인중개사를 통해 매도인의 계좌를 받을 수 있다. 아무리 내가 마음에 들고 가격 협상까지 했다고 해도 매도인이 계좌번호를 알려주지 않으면 소용없다. 언제든 변심할 수 있으므로 매도인의 계좌를 받기까지 긴장을 늦춰서는 안 된다.

계좌번호를 받으면 계약서를 쓰기 전까지 가계약금을 입금해야 한다. 매도인이 변심하기 전에 얼른 입금하자. 가계약금은 보통 100만 원부터 1천만 원까지 중개인이 제시하게 된다. 매수 열기가 뜨겁지 않으면 100만 원이면 충분하지만, 집을 보러오는 대기자가 있는 경우 가계약금을 높게 부를 수 있다. 이건 내 자금 여유에 따라 너무 무리한 요구가 아니라면 중개인 의견을 따르도록 하자.

이렇게 가계약을 마쳤다면 본 계약까지 무리 없이 진행하면 된다. 본 계약을 위해 공인중개사무소에서 계약서를 쓰게 되는데, 매수인의 경우 도장과 신분증만 챙기면 된다. 그럼 이제 대출 일정, 이사 날짜 등을 맞추는 절차만 남는다.

실제로 진행하다 보면 신경 쓸 요소가 더 생긴다. 하지만 지금까지 설명한 내용만 얼추 이해해도 나머지는 알아서 해결될 것이다. 아주 복잡해 보이는 부동산 거래도, 사실 이렇게만 정리하면 충분히 해볼 만하다. 개인별로 제각각인 대출, 세금 관련 수치나 조항은 이 책에서 기술하지 않겠다. 개인마다 천차만별이고 수시로 바뀌기 때문이다.

여기까지 책을 읽었다면 이미 남들과는 전혀 다른 기준과 시야를 갖게 되었다. 이 책의 앞 장을 펼치던 순간과 지금의 당신은 분명 다를 것이다. 이제는 더 이상 아파트를 감으로 고르지 않는다. 흐름을 보고, 숫자를 읽고, 입지를 비교하고, 적정가를 감정하는 등 하나씩 단계를 밟아왔다. 그 과정에서 당신은 '사고 싶다'는 막연한 바람을 넘어 '살 수 있다'는 확신에 가까워졌을 것이다. 이건 단순한 지식의 축적이 아니다.

이제껏 몰라서 피해갔던 수많은 기회 앞에, 마침내 멈춰 서서 바라볼 수 있는 용기를 갖게 된 것이다. 부동산은 인생의 크고 깊은 선택이다. 그만큼 두렵고, 그만큼 중요하다. 하지만 그 두려움을 넘어서기 위해 지금까지의 과정을 하나하나 따라온 당신은, 분명 성공할 자격이 있는 사람이다.

지금 이 순간이 어쩌면 인생의 방향을 바꾸는 진짜 시작점일

지도 모른다. 마침내 첫 아파트가 눈앞에 그려진다면, 그건 단순한 벽과 천장이 아니라 스스로 선택한 '삶의 자리'다. 이제 정말 중요한 건 단 하나, 당신의 결단이다. 충분히 고민했고, 성실히 준비했고, 용기 있게 걸어온 스스로를 자랑스러워하길 바란다.

당신의 아파트를
써치하라

여기까지 읽었다면 이제는 정말 시작할 차례다. 내 집에서 출퇴근하고, 하루의 끝에 편안히 쉬는 자신의 모습을 떠올려보자. 물론 아직 종잣돈이 충분하지 않거나 전세 만기가 남아 있어 당장 움직이기 어려운 사람도 있을 것이다. 그렇다면 최소한 목표 금액부터 정해야 한다. 그 금액을 기준으로 지금 내가 매수할 수 있는 아파트가 무엇인지 확인해보길 바란다.

그 아파트 목록을 머릿속에 담은 채로 1년 뒤를 다시 떠올려보자. 1년이 지나면 분명히 알게 될 것이다. 아무리 열심히 저축하고 소득을 늘려도 시장은 그보다 더 빠르게 움직였다는 사실을 말이다. 점점 외곽으로 밀려나는 자신의 위치를 확인하게 될 가능성이 높다. 그때 가서 후회하지 말고, 지금 시작해야 한다.

모두가 달리고 있는데 나만 멈춰 서서 신발끈을 고쳐 매고 있을 것인가? 지금 당장 내가 신을 수 있는 신발을 신고 뛰기 시작해야 한다. 자전거든, 오토바이든, 중고차든 상관없다. 중요한 것은 하루라도 빨리 시장 위에 올라타는 것이다. 그래야 벌어지는 격차를 줄일 수 있고, 따라잡을 가능성도 생긴다.

지금 여러분 앞에는 두 가지 선택지가 있다. 하나는 지금 살수 있는 범위 안에서 최선의 선택을 하고 시장에 올라타는 것이고, 다른 하나는 더 나은 조건을 기다리며 전월세에 머무는 것이다. 1년 뒤, 어느 선택이 더 나았는지는 분명하게 드러날 것이다. 그 결과는 이미 지난 1년이 증명했고, 앞으로의 1년도 크게 다르지 않을 것이다.

다만 한 가지는 분명하다. 시장은 여러분을 기다려주지 않는다. 언젠가 다시 부동산을 공부해야겠다는 생각이 들 때, 확신이 필요할 때, 마음이 혼란할 때 이 책을 다시 펼치기 바란다. 그때도 답은 결국 같다. 당신의 아파트를 써치하라.

전국 유망
투자처 TOP 7

TOP 1:
누가 뭐래도 한강변

서울은 지금도 여전히 많은 수요가 집중되는 지역이며, 특히 한강을 중심으로 한 개발이 꾸준히 이뤄지고 있다. 단순한 생활 인프라를 넘어서, 서울의 도시 구조와 주거 선호도 자체가 한강을 중심으로 형성되어 있다고 봐야 한다. 한강 주변에 집을 갖는다는 건 단순한 입지 이상의 의미를 지닌다.

서울 안에서 한 채를 장기 보유한다면, 그중에서도 한강변에 위치한 아파트는 가장 안정적인 선택지 중 하나다. 이는 단기간의 흐름이 아니라, 수백 년에 걸쳐 한강이 서울이라는 도시 안에서 차지해 온 역사적·지리적 중심성을 기반으로 한다.

현재 한강변 중 상당수 지역은 개발이 완료된 상태다. 이미 고가 아파트들이 밀집되어 있다. 하지만 아직 미개발지나 개발 여지가 남아 있는 지역도 존재한다. 중장기적인 시각으로 접근한다면 상당히 유의미한 투자 포인트가 될 수 있다. 서울 한강변 중에서 아직까지 본격적인 개발이 이뤄지지 않은 지역은 극히 일부다. 그중 대표적인 곳이 마포와 광진이다. 나머지 대부분의 지역은 이미 개발이 완료되었거나 개발이 한창 진행 중이다.

예를 들어 노량진 일대는 뉴타운으로 급속히 변모 중이고, 동작구 흑석뉴타운 역시 거의 완성 단계에 접어들었다. 이들 지역은 이미 개발 효과가 시세에 반영되어 있는 상황이다. 또 한남뉴타운이나 성수전략정비지구처럼 시장의 주목을 받는 지역은 이미 진입장벽이 상당히 높아져 있다. 가격 자체가 너무 올라 있어서, 실질적으로 접근 가능한 수요층은 매우 한정적이다.

이런 상황에서 상대적으로 주목할 만한 곳이 마포구 성산동과 망원동 일대, 그리고 광진구 자양동 일대다. 자양동은 2동부터 4동까지 한강변 투룸 빌라 가격이 이미 10억 원을 호가한다. 그나마 아직 7억 원 이하로 접근해볼 수 있는 지역은 자양1동 역세권 모아타운 추진구역이다. 2025년 초에 멤버십 영상으로 한 차례 소개한 적이 있다. 이 지역들은 한강 접근성이 뛰어나면서도 대규모 개발이 본격화되지 않은 몇 안 되는 구역이다. 한편 마포는 이미 2호선과 6호선, 경의중앙선 등 교통 인프라가 잘 갖춰져 있고, 여의도의 양질의 일자리와 홍대·상암의 상권까지 인접해 있어 실수요 기반도 탄탄하다.

TOP 2:
수도권은 GTX

수도권에서는 서울 중심업무지구로 빠르게 접근할 수 있는 GTX 노선 주변을 봐야 한다. 과거 상승장에서 GTX 예정지 주변 아파트들의 급등세가 증명했듯이, 이 노선을 따라 연결된 수도권 전역은 많은 수요자의 기대를 한 몸에 받고 있다. GTX의 실질적인 개통 시점이 가까워질수록 그 수혜는 점점 더 명확하게 나타날 가능성이 높다. 물론 개통 이후로도 꾸준한 수요가 예상된다. GTX를 빼면 월판선, 신안산선이 전체 노선을 통틀어 압도적으로 좋을 수밖에 없다. 양질의 일자리인 판교, 여의도로 직행하는 광역철도이기 때문이다.

이와 별도로 앞으로 조성될 신도시에도 주목할 필요가 있다. 특히 공공택지를 중심으로 한 3기 신도시는 수도권 주택 수급의 핵심 해법으로 정부가 집중하고 있는 지역이다. 공공택지다 보니 청약으로만 분양받을 수 있지만, 조성 초기 단계에 가장 먼저 들어오는 시범 아파트의 경우 프리미엄을 조금 주더라도 매수해놓으면 좋다. 신도시 인프라가 조성될수록 시장 흐름과 별개로 웃돈이 생기기 때문이다.

아파트써처 멤버십 영상에서 수차례 강조했던 검단신도시의 경우 2기 신도시지만 이제 막 2단계 조성에 들어가기 시작했다. 이렇게 개발 초기 단계에 있는 미완성 상태 때부터 관심을 가지면 향후 수도권 전역에서 가장 큰 상승률을 기록할 가능성이 높다. 이런 신도시들은 초기에는 공급물량이 워낙 많기 때문에 시세가 정체되거나 하락세를 겪는 경우가 많다. 하지만 시간이 지나 조성이 어느 정도 진행되고, 교통·학군·생활 인프라가 안정화되는 마무리 단계에 들어갈수록 시장에서 제대로 된 평가를 받게 된다. 초기 구간을 견디고 나면 향후 상승장에서 강한 반등을 기대할 수 있다. 신도시는 '완성 후 평가받는다'는 점을 염두에 두고 중장기적인 관점에서 접근하는 것이 중요하다.

그런데 과거 수도권 상승장을 보면 이러한 신도시 입주물량조차도 가격 상승을 막지 못한 바 있다. 실제로 상승장이 본격화되면 입주물량보다도 입지의 미래 가치에 더 큰 기대가 쏠리게된다. 그래서 실거주든 투자든, 경기도를 고려한다면 결국 신도시 위주로 전략을 세우는 것이 합리적이다.

특히 1기 신도시 특별법으로 혜택을 얻게 된 기존 1기 신도시(분당·평촌·일산·산본·중동)들이 작년 선도지구를 지정하고 사업의 시작을 알렸다. 아직 구체적인 실행 단계에 도달하진 않았지만, 제도적으로 탄력을 받기 시작했다는 것만으로도 충분한 기대감을 형성하고 있다. 재건축이 실제로 언제 될지, 실거주 환경이 어떨지 따지지 않더라도 기대감이 가격에 반영될 수 있다. 재건축이 꼭 완성되어야만 시세가 오르는 것은 아니다.

마지막으로 쾌적성이라는 조건은 수도권이든 지방이든 언제나 유효하다. 그중에서도 호수공원을 중심으로 형성된 단지들은 인기가 꾸준히 높다. 조망, 산책, 여가 등 다양한 가치를 동시에 충족시키기 때문이다. 이런 자연 인프라는 단기간에 조성될 수 없기 때문에 장기적인 시선에서도 안정적인 입지로 평가된다. 한 강변을 선점하지 못했다면 광교, 동탄, 일산 같은 곳의 호수공원 인근 아파트 시세를 확인해보자. 그리고 앞으로 조성될 호수공원(예를 들어 의왕시 왕송호수공원)에도 관심을 가지면 좋을 듯하다.

TOP 3:
지방의 송도

수도권을 조금 벗어나면 주목해야 할 지역 중 하나가 바로 세종특별시다. 그중에서도 세종에서 가장 뛰어난 입지는 단연 나성동이다. 만약 생활권이 대전이나 충청권에 걸쳐 있다면, 가장 먼저 고려해야 할 입지이기도 하다. 지금도 세종 내에서 가장 높은 시세를 기록하고 있지만 실제 현장을 임장해보면 단순한 시세 이상의 위상을 실감할 수 있다.

호수공원과 중앙공원이 바로 앞에 위치하고 있고, 상권과 학군, 학원가까지 모두 갖춰져 있어 단지 하나만으로도 완결된 생활권을 형성하고 있다. 빠지는 요소가 하나도 없다. 단기적으로 봐도, 장기적으로 봐도 이 지역을 뛰어넘는 입지는 대전·세종·충청권을 통틀어 당분간 등장하기 어렵다. 현재 진행 중이거나 예정된 6생활권 등 일부 미개발 지역도 있지만 입지적 측면에서 나성동이 갖는 호수공원 조망, 행정타운 접근성, 기존 인프라 완성도는 쉽게 대체되기 어려운 수준이다. 새로운 지역이 개발된다 하더라도 입지의 희소성과 누릴 수 있는 쾌적성, 편의성에서 나성동은 당분간 세종의 대장 자리를 계속 유지할 가능성이 높다. 실제로 실수요자와 투자자 모두에게 가장 먼저 확인해야 할 지역으로 꼽힌다.

대전에서는 입지적으로 가장 뛰어난 둔산동이 최근 노후계획도시 특별법 통과로 인해 재건축 기대감을 한층 더 키우고 있다. 기존에는 크로바, 한마루삼성, 목련 등 대표 단지들이 지나치게 높은 용적률로 인해 재건축 추진이 현실적으로 어려운 상황이었다. 하지만 이 특별법이 시행되면서 용적률 상향을 전제로 한 '선도지구' 지정 가능성이 열리게 되었다.

그 결과 둔산동 일대는 하락장 속에서도 가격이 잘 버티고 있고, 재건축 기대감으로 인해 수요자들의 관심이 꾸준히 이어지고 있다. 특히 둔산동과 인접한 월평동은 아파트 밀집도가 매우 높은 지역이기 때문에 단 한 곳만 재건축에 들어가도 대규모 이주 수요가 발생하게 된다. 이로 인해 전세 수요가 연쇄적으로 발생하게 되고, 이는 곧 매매가에도 상승 압력을 가할 수 있다.

대전 거주자 중 일부는 둔산동의 노후화를 이유로 세종으로 눈을 돌리기도 하지만, 세종 내에서도 핵심 입지를 선점하지 못했다면 상대적으로 저평가된 둔산동이 지금 시점에서는 최적의 선택지일 수 있다. 특히 향후 재건축이 본격화될 경우 이 지역이 다시 한번 시세의 중심으로 올라설 가능성이 높다. 현재의 가격이 그런 가능성을 선반영하기 전이라면, 오히려 유리한 진입 타이밍일 수 있다.

대전 전체로 시야를 넓혀보면 유성구, 특히 도안신도시는 이미 많은 주목을 받고 있다. 대규모 택지 개발과 신축 위주의 아파트 공급으로 신도시 프리미엄이 반영된 곳이다. 최근 도안신도시 2단계 개발이 한참 진행되면서 많은 신축 아파트가 분양했다. 일시적으로 많은 물량 탓에 당장은 마이너스 프리미엄이 붙기도 했지만, 장기적으로 도안신도시 1단계 이상으로 시세를 회복할 가능성이 높다. 대전에서 도안신도시를 대체할 만한 택지가 없다는 점에서 길게 봐도 유효하다.

아직 사람들에게 잘 알려지지 않은 곳도 있다. 유성온천역과 가까운 장대동 재개발이다. 앞서 대장 아파트가 될 곳으로 한 차례 소개한 바 있다. 장대동은 대전 중심에서도 상대적으로 노후화된 지역이지만, 이번 재개발을 통해 완전히 다른 위상을 가질 가능성이 높다. 가장 큰 이유는 프리미엄 브랜드 건설사가 시공을 맡게 되면서 대전 최초의 하이엔드 브랜드 아파트가 들어서기 때문이다. 지금까지 대전에는 아크로리버파크나 아크로서울포레스트처럼 '하이엔드'라는 개념의 아파트가 없었다. 서울의 고급 주거지를 대표하는 브랜드들이 지방에서 처음 등장하는 곳이 바로 장대동이 될 수 있다는 의미다.

TOP 4:
비수성구 중에선?

대구 부동산의 핵심은 단연 수성구다. 특히 그중에서도 범어동은 수성구 내에서도 독보적인 입지를 자랑한다. 너무 빤하다고 말할 수도 있지만 대구에서는 수성구와 비수성구로 시장이 갈릴 만큼 지역 간 격차가 뚜렷하게 나타난다. 다만 수성구는 가격대가 워낙 높다 보니 초기 자금이 부담되는 수요자에게는 진입장벽이 될 수 있다.

이럴 경우 중구, 달서구 등 비수성구 지역으로 전략적 접근이 가능하다. 특히 대구는 최근 수년간 입주물량 과잉으로 가격 조정기를 겪었기에, 앞으로 이 물량이 해소되고 나면 반등의 가능성이 높은 지역이다. 대표적인 예는 태평로 일대 신축 아파트들이 있다. 공급 부담으로 눌려 있던 가격이 해소되는 시점에서 반등 탄력이 크게 나타날 수 있다. 최근 가격이 오르기는 했지만 아직 시작에 불과하다. 장기적으로 계속 선호되는 지역일 것이다.

비수성구 중에서 대장 역할을 하는 청라언덕역 주변은 역세권 아파트들의 연평균 상승률이 다른 대구 아파트 모두와 견주었을 때 가장 높은 편에 속한다. 이런 관점에서 비수성구라 할지라도, 분양권 매입이나 재건축 가능성이 있는 구역들을 선별해 접근하면 수성구 못지않은 수익을 기대할 수 있다. 단기적 가격 조정보다 구조적 흐름에 주목하는 것이 핵심이다.

TOP 5:
부산의 성수동

부산에서 가장 주목해야 할 전략은 핵심 재개발 구역을 선점하는 것이다. 여유가 있다면 가장 좋은 입지를 갖춘 두 곳의 재개발 구역을 먼저 확보하는 것이 최선이다. 바로 우동 재개발과 부산시 민공원 주변 촉진지구 재개발이다. 물론 이 지역들의 가격은 이미 상당히 높게 형성되어 있다. 하지만 앞으로 그 격차가 훨씬 더 벌어질 가능성이 높다. 개인적으로 촉진 3구역은 지금이 가장 싼 것 같다. 2020년 붙었던 프리미엄이 6년이 지난 지금도 거의 같기 때문이다.

부산은 통계적으로도 대한민국에서 소득 격차가 가장 심한 도시 중 하나다. 1분위에서 10분위까지의 소득차가 전국 최고 수준으로, 이러한 빈부격차는 주거지 선택에도 명확하게 반영된다. 소득 상위층이 선호하는 지역에 프리미엄 브랜드 아파트가 들어선다면, 그곳은 단순한 주거지가 아니라 지역을 대표하는 상징적인 자산으로 자리 잡게 된다. 특히 부산처럼 지역 격차가 크고 중심이 뚜렷한 도시에서는, 핵심 입지에 들어서는 프리미엄 브랜드 단지의 희소성이 극대화된다. 이런 아파트는 시간이 지나도 수요층이 명확하고, 대체재가 없어 가치가 쉽게 흔들리지 않는다.

물론 단기적으로는 부산 내 다른 다양한 지역에서 투자 기회가 있을 수 있다. 하지만 중장기적인 안목에서 보면, 결국 프리미엄 브랜드가 들어선 핵심 재개발 지역이 가장 높은 상승 여력을 지니게 된다. 이 흐름은 시간이 지날수록 명확해질 것이다.

TOP 6:
울산 재개발 원픽

울산에서는 남구가 핵심이고, 그중에서도 신정동이 입지적으로 가장 우수하다. 울산 전체를 통틀어도 생활 인프라, 학군, 교통 어느 하나 빠지지 않는 대표 거주지로 손꼽히는 곳이다. 특히 이 지역에서 가장 기대되는 재개발 구역이 바로 B07구역이다.

B07구역은 입지 자체도 뛰어나지만 재개발을 통해 완전히 새로운 고급 주거지로 탈바꿈할 가능성이 매우 크다. 울산 내에서 상징적인 위치이자 기존 구축 아파트들의 한계를 단숨에 뛰어넘을 수 있는 신축 프리미엄이 더해질 지역이다. 이미 인프라가 갖춰진 곳에 대형 건설사의 브랜드 아파트가 추가로 들어선다는 점은 울산 부동산에서 큰 변곡점이 될 수 있다.

물론 재개발 사업 특성상 초기 자금이 많이 들어간다는 부담은 있다. 하지만 반대로 생각하면 그만큼 진입장벽이 높아 희소성 있는 투자처가 된다는 의미다. 신정동 B07구역은 단순히 가격 상승을 넘어서 울산 최고가 아파트로 자리 잡을 가능성이 높고, 시간이 지날수록 지역 내 위상이 더욱 강화될 것이다. 실거주든 투자든 장기적으로 가장 먼저 눈여겨봐야 할 핵심 입지다.

얼마 전 바로 옆에 인접한 B08구역이 사업 마무리 단계에 들어갔다. 롯데건설과 SK건설 컨소시엄이 시공한 라엘에스다. 2028년 입주 예정인데, 이미 10억 원 이상을 호가하며 울산의 대장 아파트 자리를 점찍었다. B07구역이 개발되면 시너지가 날 수밖에 없다.

TOP 7:
넥스트 봉선동은?

광주는 전반적으로 안정적인 흐름을 이어온 시장이다. 공급이 급격히 늘거나 줄지 않았기 때문에 시세의 등락폭도 크지 않았다. 그래서 단기적인 수익률은 다소 낮을 수 있으나, 장기 보유 시 자산 가치 측면에서 안정성을 유지할 수 있는 지역으로 평가된다.

광주는 명확한 일급지 구분이 있는 도시다. 오랫동안 일급지로 자리 잡은 봉선동은 안정성과 교육환경, 생활 인프라 면에서 압도적인 입지를 자랑하며 광주 부동산의 중심 역할을 해왔다. 최근에는 수완동이 떠오르고 있지만, 앞으로 광주 시세를 이끌어 갈 지역으로 광천동을 주목할 필요가 있다. 광천동은 광주의 핵심 상업지와 행정시설, 교통 인프라가 밀집된 중심지로 입지적으로 매우 우수한 곳이다. 이곳이 대단지 하이엔드 아파트로 재탄생하게 되면, 광주에서 처음으로 프리미엄 브랜드가 들어서는 지역이 된다.

광천동 유스퀘어 인근이라는 입지적 가치와 하이엔드 브랜드라는 상징성, 그리고 중심지라는 희소성을 고려하면 앞으로 광주의 시세를 주도하는 새로운 대장 입지로 떠오를 가능성이 크다. 과거 봉선동이 그랬던 것처럼, 이제는 광천동이 광주의 차세대 일번지로 자리 잡을 가능성이 있다.

그리고 추가로 봐야 할 곳은 서구 풍암동과 금호동에 들어서는 중앙공원롯데캐슬시그니처다. 너무 높은 분양가로 수요자들의 외면을 받은 게 사실이지만, 광주의 유동성이 투입된다면 가장 우선순위가 될 곳이다. 주변 구축 아파트와의 격차는 더 벌어질 것이다.

당신의 첫 아파트는 여기입니다

초판 1쇄 발행 2026년 2월 25일

지은이 | 아파트써처
펴낸곳 | 원앤원북스
펴낸이 | 오운영
경영총괄 | 박종명
기획편집 | 이광민 김형욱 최윤정
디자인 | 이영재
기획마케팅 | 문준영 박미애 김연아
디지털콘텐츠 | 안태정
등록번호 | 제2018-000146호(2018년 1월 23일)
주소 | 04091 서울시 마포구 토정로 222 한국출판콘텐츠센터 319호 (신수동)
전화 | (02)719-7735   팩스 | (02)719-7736
이메일 | onobooks2018@naver.com   블로그 | blog.naver.com/onobooks2018
값 | 27,000원
ISBN 979-11-7043-728-4 03320